U0011385

誰說輪胎不能是方形？

從「水平思考」到「六頂思考帽」，
有效收割點子的發想技巧

SERIOUS
CREATIVITY

HOW TO BE CREATIVE
UNDER PRESSURE AND
TURN IDEAS INTO ACTION

當代最重要的思考大師
EDWARD DE BONO
愛德華‧狄波諾 著

許瑞宋 譯

Foreword ■ ■ ■ 推薦序

學習與運用創意思考的最佳工具

前科技部長、臺灣大學講座教授
陳良基

　　現代人正經歷快速無比的時代巨變，很多人說我們正在經歷所謂「第三次工業革命」。現今的工作型態已非往日可比擬，看看Google、Facebook、皮克斯，或是一些設計學院的工作類型與辦公方式，人們不用再像以往那樣線性單調地工作著，而是傾向團隊合作、腦力激盪、創意思考，共同發揮自己的專業，創造出具有價值的產品。每個人的才能更能相互流動。一直以來，我在各個演講場域、教育現場都一再強調教育創新與創意思考的重要性。

　　但還是常常有人懷疑，創意思考是可以培養的嗎？以創辦史丹佛d.school與IDEO而聞名於世的大衛·凱利（Daivd Kelley），長期以來一直推廣設計思考、創意思考，他認為創意思考這項能力並不是特定人才的天賦，而是我們有沒有建立起那份自信心。創造力人人可以學，更棒的是它可以被訓練，也可以被管理。

這本書提出水平思考的意念及實踐方式，詳細說明多種輔助創造發想的工具，幫助人們實踐創意，推動創新，建立起清晰的脈絡去輔助學業、事業或創業過程中極需具備的能力，是學習與運用創意思考的最佳參考書。特別是強調創意的創造價值，與本人理念一致，讀起來很有共鳴，值得關心創新經濟未來者，好好閱讀深思！

目錄
CONTENTS

PART 3　應用篇──在工作中運用創意思考

附　錄

水平思考，發揮創意的有效方法

當我遇到一些狀況或需求時，會坐下來對自己說：「我需要新想法……」這時我該怎麼做？

我可以著手進行研究，嘗試以邏輯方法獲得一個新想法；或是借用或竊取別人的想法；或是就無所事事地坐著，等待靈感降臨；我也可以請一個有創意的人替我出主意；或是匆匆忙忙召集幾個人進行腦力激盪。又或者，我可以靜靜地、有系統地運用水平思考，在十到二十秒內得到一些新想法。

我從事創意思考的工作已經四十七年，是時候做一番整理，更新一些觀念了。在這段期間，我提出的許多技巧因為遭到誤用而無法發揮它的全部效果，我希望能夠重新敘述並加以澄清。我曾經在許多國家、在不同的文化社會裡教授創意思考，對象包括商業界、教育界和政府部門等等，我也希望能夠進一步運用這些豐富經驗。

創意思考在這四十七年間發生了什麼事？在某些方面確實發生了一些變化，但某些方面則十分平靜。

1969年，我寫了《思考的奧秘》（*The Mechanism of Mind*）這本書，書中提出一個概念：人類大腦神經網路的運作，是一種自組織資訊系統。這個想法在當時有點奇特，但如今已是有關人類大腦運作的主流觀點。自組織系統也成為一門學科的研究課題，類神經網路電腦的設計便是基於這個原理。科學的發展已經趕上了當年的概念模型。人類的感知能力就像自組織資訊系統，所以創造力也是有邏輯的，這個系統需要創意，也需要刺激。

相對於四十七年前，現在人們對創意思考的興趣要大得多，幾乎每一家大公司都標榜自己是「創造型企業」，人們口頭上莫不極力強調創造力的重要。但就我看來，大家並未認真地想要發揮創造力。

這四十七年間，企業主要在玩三種遊戲：第一種是重組，包括收購、合併、槓桿收購或分拆等等。企業的成長和營利來自收購具成長動能的業務，銀行業者因此生意興隆，一些新的企業結構也大行其道。

其次是從未停歇的節流遊戲。如果你能削減成本，財務報表會好看得多。削減成本是你可以積極投入的事，你可以設定目標、測量進展，這樣確實可以改善盈利。但是當油脂去盡，再削下去，就會傷到肌肉。

最後是力求改善品質和服務，這種努力非常值得稱道，而且應該非常需要創意思考。

但就算你成功讓組織變得精實又高效，那又如何？這個精實高效的組織會做什麼？如果你的競爭對手也變得一樣精實高效，你的成本效益不再是獨特優勢，又該怎麼辦？一個有能力的組織高層會知道，創造力是這種情況下的最大希望。就連向來重視品質、追求卓越的日本和德

國，也開始對創造力展現出極大的興趣。

企業慢慢開始認識到創造力的重要，但不幸的是，很少國家的政府體認到富創意的改革也同樣重要。政府有必要改善做事方式、革新服務觀念。新加坡、馬來西亞、澳洲和加拿大政府已經警覺到有此需求，但是大部分國家仍覺得節流就夠了。人們對政府的期望不會只有節流，所有政府都需要一名「思考部長」。

教育界雖然開始將思考當作一門技能來教授，但是在創意思考方面幾無作為。許多人假定創造力是屬於「藝術」的世界，講求天賦。這種觀念非常老派，簡直是中世紀的思想。由於社會上大部分的領域並非時刻都需要創造新事物，因此往往滿足於敘述和論證。但是有越來越多人認識到，未來需要更好的思考方法，而當中有一部分需要我們發揮創造力。

我們對創造力仍然不夠重視，背後有一些看似充分的理由。最有力的原因是，每一個有價值的創見，事後看來都是合乎邏輯的。一個想法如果事後看來不合邏輯，我們就無法判斷它的價值，它將不過是一個「瘋狂」的想法。然而，一個看來合乎邏輯、有價值的創見，人們就會假定並宣稱這個點子是靠邏輯推理得到，不必仰賴創造力，這是我們在文化上向來不夠重視創造力的主要原因。我認為，世界上有超過95%的學者仍抱持著這種觀點，但這種觀念完全錯誤。

在被動（仰賴外部力量）的資訊系統中，我們可以宣稱，一個事後看來合乎邏輯的構想，必定可以藉由邏輯推理得到，因為這種說法完全正確；但是在主動（自組織）的資訊系統中可不是這樣。在主動的資

訊系統中，因為形態不對稱，一個事後看來合乎邏輯，甚至顯而易見的點子，可能不是藉由邏輯推理得到的。可惜只有少部分的人察覺到這一點，他們可以從外部組織系統範式，轉移到自組織系統。多數人不願意或沒有能力做這樣的範式轉移，只能永遠相信邏輯推理就足以應付一切。

還有一些人相信創造力很重要，也相信相關事實，但是認為我們在這方面無能為力。這些人認為創造力是一種神祕的天賦，有些人有這種能力，有些人就是沒有。他們顯然是混淆了藝術創造力（往往不是真的有創意）與改變觀念和感知的能力。還有一種類似的觀點認為，新構想取決於事件與環境的偶然配合，這種機緣可遇不可求。抱持這種觀點的人認為，任何新構想的產生都是出於偶然，未來也會是這樣，我們不必做任何事，也無能為力，唯一要做的，就是找出有創意的人，鼓勵他們發揮創造力。

儘管現在有越來越多人相信，創意思考是可以培養的，但我們還面臨兩方面的困難。對犯錯的恐懼阻礙了人們為發揮創造力而冒險，因此有一些人認為，只要消除抑制作用，人就會有創造力。這種觀念已經普及，在北美尤其流行，然而，這種觀念阻礙了真正的創意思考的發展。人們致力於消除恐懼，以求發揮天生的創造力，但這麼做的效果相當有限。人的大腦運作並非以發揮創造力為目標，因此消除抑制作用，並不會賦予大腦創造力。情況就像你不會因為鬆開煞車板，就變成技術精湛的駕駛者。

接下來要講「腦力激盪法」造成的危害。這種做法提供一個比較輕

鬆的環境,鼓勵參與者提出想法,而不必擔心會立即遭到否決。它是有用的,其意圖是可敬的,背後部分原則是合理的,然而,當腦力激盪法變成創意思考的同義詞時,也阻礙了創意思考的發展。

希望發揮創造力的人相信,腦力激盪法雖然效果不彰,但已足夠。其他有意培養創意思考的人,則因為腦力激盪法的亂槍打鳥做法而感到沮喪。腦力激盪法源自廣告業,藉由意念的激盪,產生有用的想法。這在廣告業有其價值,但是在其他領域,當「新奇」並非主要目標時,腦力激盪法就沒那麼有幫助。

我們很難責怪腦力激盪法,因為它確實有一些價值,有時候也能奏效;但據我的經驗,這種做法已經過時,而且缺乏效率。我們可以運用一套有系統的技術,效果會好得多。而且要發揮創造力,也不是非得靠腦力激盪法這樣的群體活動不可,只要掌握正確的技巧,一個人努力,甚至會更有創意。我希望以「腦力航行」的概念來代替腦力激盪。腦力航行是一個主動控制的過程,我們可以根據自己的意願改變航向,而不是被動地在大浪中激盪。

另一個與腦力激盪法相關的觀念認為,創意思考必須夠瘋狂或異常才有效。這種觀念完全誤解了創造力的本質,源自那些不了解刺激思考的真義的人。因為刺激來自異常經驗,而瘋狂的事物必定也是異常的,這些人便以為兩者是一樣的。

我必須說,大部分的阻礙,可以說是創意思考教學品質不濟造成的。因為創意思考似乎不需要邏輯推理能力或經驗,任何人都可以踏入這個領域,人們借用各種技巧和程序,但並未充分了解正確的使用方

法，結果我們看到了一個個速成的創意思考「專家」。在這類專家的遊說之下，許多客戶便相信創意思考就是這樣，還有許多人因此對創意思考產生反感，造成創意思考貶值，不受人們重視，認為創意思考只是偶然奏效的雕蟲小技。

因為上述原因，創意思考至今仍未獲得它應有的地位。有些人認為邏輯推理便已足夠，有些人認為創造力是天賦或運氣，努力根本派不上用場；還有一些人則因為創意思考的「瘋狂」而產生反感。

本書的英文書名《Serious Creativity》（認真的創造力），我刻意加入「認真」一詞，就是希望可以突破創造力給人的瘋狂印象。在本書中，我會提出有系統的技巧，不管是個人或團體都可以利用。這些技巧是基於人的感知行為，一個自組織的形態製造系統，其設計合乎邏輯，毫無神祕之處。四十七年前，我創造「水平思考」一詞，就是為了擺脫大家對創造力的模糊和神祕印象，水平思考重視的是觀念和感知的改變。

有些人可能會因為我在創造力前面冠上「認真」一詞而嚇到，認為這兩者是矛盾的。對這些人來說，要發揮創造力，意味著在不受控制的自由之下，點子自然會以某種方式浮現。確實，要發揮創造力，我們必須掙脫各種限制、傳統和歷史的束縛；但是，要得到這種自由，運用一些技巧，會比光是期盼有效得多。囚犯要早日出獄，保持良好的行為紀錄，會比光是懇求當局來得有效。

有些人認為有系統和刻意的技巧不能帶給我們創意，因為任何形式的結構都會限制自由。這真是胡說八道！確實，有些結構會限制自由，

例如鐵軌和上鎖的房間；但也有許多結構是讓人自由的，梯子便是這樣的結構，它可以幫助你去到原本去不了的地方，你可以自由選擇要用梯子去哪裡。杯子也是給人自由的結構，讓你喝東西時方便得多，它也不會限制你要喝什麼。數學符號也是給人自由的結構，讓我們可以做許多原本不可能做到的事。因此，有系統的技巧將幫助我們自由地發展新觀念和感知，這當中毫無矛盾。

我把創意思考（水平思考）視為一種特別的資訊處理方式，它應該與其他資訊處理方法，例如數學、邏輯分析和電腦模擬等並列。這當中沒有神祕之處，一個人坐下來，有系統地運用水平思考技巧，希望產生一些新構想，這都是很正常的事。

水平思考的方法可分為三大類：質疑、替代方案，以及刺激，每一類方法都有技巧可以學習、練習。尤伯羅斯（Peter Ueberroth）和洛杉磯奧運會的故事說明了我們可以如何學習，以及運用這些技巧。1975年我在佛羅里達州博卡拉頓為青年總裁協會做一場九十分鐘的演講，尤伯羅斯是主持人，那是他首次接觸到水平思考法。九年後，他接受《華盛頓郵報》訪問時表示，洛杉磯奧運會大獲成功，全靠他運用水平思考法，才有那些新構想。

我希望澄清一點，本書可以作為創意思考的參考書，但我無意在書中說明創意思考的「教學」原則，這不是一本書可以做到的，它需要互動和當面指導。本書是為希望運用創意思考技巧的人而寫的使用手冊，包括以下三類讀者：

1. 意識到創造力將越來越重要，希望為此做好準備的人。

2. 平時就富創意，希望加強相關技巧的人。

3. 認為完全不需要創造力的人。

我知道，第三類讀者可能不會買這本書，他們要增進對創意思考的了解，唯一的希望是有人送這本書給他們，好讓他們知道創意思考是怎麼一回事，以及它為何重要。

在此我想區分兩種創意思考的結果，我們通常會假定，經由創意思考得到的新構想多少有點危險，因為想法是新的，我們不確定它是否可行，在產生報酬之前，我們可能必須投入時間、金錢、精力，並為此激烈爭論。許多人與組織即使知道這種投資就長期而言是必要的，還是不願意承擔。但這只是創意思考的一種結果，還有一種創意與此截然不同。這種創意你一眼就知道它是合理的、可行的，可以節省金錢或時間，或帶來其他好處。我用一個非常簡單的例子來說明這一點。

請將1到10的數字加起來，這並不困難，你可以算出答案是55。現在請將1到100的數字加起來，這同樣不難，只是非常繁瑣，而且容易出錯。現在請你想像一下，將1到100的數字依序寫成一行，像這樣：

1　2　3……98　99　100

再將1到100的數字倒過來依序寫在該行下面，像這樣：

$$1 \quad 2 \quad 3\cdots\cdots98 \quad 99 \quad 100$$
$$100 \quad 99 \quad 98\cdots\cdots3 \quad 2 \quad 1$$

上下每對數字相加都是101，上一行的數字往右是加1，下一行則是減1，因此上下每對數字相加都是101，兩行數字的總和就是100×101。但我們只要1到100的總和，所以答案還要除以2，也就是50×101＝5050。這個方法不僅能很快得到答案，犯錯的機率也很低。簡言之，要計算1到100的總和，這是快得多、也好得多的方法。事後看來，這方法完全合乎邏輯，但現實中很少人能自行想出這個方法。

另一種方法，是將這串數字「對摺」，變成這樣：

$$50 \quad 49 \quad 48\cdots\cdots 3 \quad 2 \quad 1$$
$$51 \quad 52 \quad 53\cdots\cdots98 \quad 99 \quad 100$$

結果也是50×101＝5050。我舉這個例子，不是要宣稱自己很有創意，因為這個方法不一定要靠創意思考，也可以靠目測法看出來。我想說的是，你可以馬上判斷這個方法是有價值的，當中毫無風險。

有些時候，利用創意思考就能得到這種顯然有價值的新構想。這種創見事後看來合乎邏輯，但並不代表它能夠靠邏輯推理得出。這一點非常重要，因為創意思考的主要目的之一，是找到更好的做事方式。認定創意思考必然會增加風險是大錯特錯，因為創意也可以是一看便知道合理、有用的洞見和新觀念。

本書分成三個部分：

1.　我們為什麼需要創造力？
2.　工具篇──水平思考的正式技巧
3.　應用篇──在工作中運用創意思考

　　想出創見是最了不起的事，看到創見奏效是最令人欣慰的事，而符合自身需求的創見是最有用的。

PART. 1

我們為什麼需要創造力？

你可以從本書獲得什麼？

無論是怎樣的書，我們在閱讀的過程中都可能得到某些樂趣，或許可以獲得一些新洞見，或許會發現書中內容支持我們原本的看法，因而感到欣慰。那麼，我希望讀者可以從這本書中得到什麼呢？

1. 了解創造力的本質。
2. 賦予發揮創造力的動機。
3. 掌握具體的工具、技巧和方法。

了解創造力的本質

創造力似乎是一個混亂而令人困惑的課題，從設計一款新的牙膏蓋，到貝多芬撰寫第五號交響曲，都屬於創造力的範疇。在最簡單的層面上，「創造」是指生產出原來沒有的東西，這麼說的話，「創造混

亂」也算是一種創造，因為原來沒有的混亂狀態被製造出來了。所以我們還要賦予價值的定義：新事物必須具備某種價值。到這裡我們可以開始談藝術創造力，因為藝術家創造的是有價值的新事物。

此外，一個有創意的產出，不能是隨處可見或可以輕易做到的，創造的成果必須要有獨特或稀罕之處，傑出的工藝作品便是這樣。當我們引入「意料之外」和「改變」的概念時，我們對創造力便有了不同的看法。有些藝術家創造的是「風格」，他們有自己的感知與表達風格，這兩者都很寶貴。他們在特定的風格中創作，因為今天的作品並不是複製昨天的作品，當中都有新的、寶貴的東西，要說這些藝術家富創意是正確的，但這當中並沒有「改變」的要素。

「創造力」這個有點粗糙的詞，涵蓋了各種技能，然而本書無意討論藝術創造力。雖然也有劇作家、作曲家、詩人和搖滾樂手告訴我，他們也會運用我的水平思考技巧，這種話總是很悅耳，但我無意增進人們的藝術創造力，我特別重視的，是改變觀念和感知需要的創意技巧。

如果我們像以往一樣，將創造力視為一種神祕能力，每當一個傑出的新構想誕生，沒有人知道這是怎麼發生的，雖然我們可以研究、分析富創意者的行為，但這不會有多大的成效，因為這些人自己也不知道是什麼觸發了他們的傑出構想。

我傾向於直接研究自組織資訊系統的運作。這系統產生形態，也運用形態，藉由分析系統中的行為和潛在行為，我們可以掌握創造力的本質。於是創造力的神祕感瞬間消失，我們清楚看到創造力的運作方式，還可以了解如何設計技巧，以增進創見產生的可能性。就某種意義上，

我們是在了解創造力的邏輯。下一章會提到，創造力的邏輯是「形態製造系統」的邏輯，要了解它，不需要克服巨大的疑慮，也不必靠某種神祕體驗，這當中沒有神祕的黑盒子，我們都可以看見創造力（水平思考是比較準確的說法）的本質表露無遺。

多年前，我在明尼阿波利斯為3M公司的一千兩百位博士發表演講，他們都是3M研究部門的主力，大約八年後，一名資深研發主管跟我的朋友說，那場演講對他們的思維產生了空前的影響。那場演講的觀眾都是從事技術工作的人，例如電子工程師、物理學家、材料科學家和化學家，這些人普遍認為，只有廣告工作者、行銷人員和設計師才需要創造力，以物理法則和測量技術為基礎的工作則不需要。但是，他們一旦看清了創造力的邏輯，了解到那是形態製造系統的運作，他們的觀念便永遠改變了。

這點很重要，因為大部分的人都明白創見的價值，但如果只是一再規勸人們要重視創造力，人們往往不會相信創造力真的有其必要。不過，一旦他們看清創造力實際上是有邏輯的，態度就會完全改變。

光是了解創造力的邏輯，你不會因此成為一個有創意的人，但這能讓你意識到創造力的必要性，也解釋了某些創意技巧的設計，說明了為什麼看似不合邏輯的技巧，在形態製造系統中其實是符合邏輯的。最重要的是，了解創造力的邏輯，你才會想要努力發揮創造力。

有些人會說自己對創造力的邏輯不感興趣，迫不及待地想學習實用技巧，這是錯誤的，因為除非你了解技巧的設計原理，否則你將無法有效地使用這些工具。教導創意思考的人如果將創意技巧當作是一個百寶

箱，那麼學生將這些技巧視為雕蟲小技，也不令人意外。

賦予發揮創造力的動機

第二點則跟動機有關，要發揮創造力，必須暫停其他活動，專注在某些問題上，展開水平思考。到這裡還不涉及具體的技巧，你只需要投入時間、精力和專注力。

在澳洲墨爾本的一場接待會上，一名年輕人向我自我介紹，他叫伯特蘭（John Bertrand），是1983年美洲盃帆船賽的挑戰者。在那之前的一百三十年歷史中，美洲盃一直是美國帆船的囊中物。伯特蘭告訴我，他與隊友如何一步步尋找致勝創見，最後設計出翼狀龍骨。結果伯特蘭的帆船勇奪美洲盃，美國帆船首度落敗。這是有心尋找創見，有心運用水平思考的一個經典例子。

另一個故事同樣來自澳洲，是紅電話公司（Red Telephone）的創始人告訴我朋友的。紅電話公司是一家民營企業，提供高品質的公用電話服務，後來被澳洲電訊公司收購。紅電話公司當時面對的難題是，在澳洲，使用公用電話不是計時收費，無論講多久都是付一樣的錢，因此，如果使用者一直占著電話，會減少公司的收入。紅電話公司的創始人偶然看到我一本有關水平思考的著作，便替自己設定了一個任務：設法讓使用者縮短通話時間。公司不能用明顯的方式限制通話時間，或是額外收取費用，因為這些做法都會使公司難以與同業競爭。結果他想出

了一個新方法，他請電話製造商在話筒中加入大量鉛塊，使話筒變得異常沉重，拿久了會累。這個創意顯然有效，紅電話的話筒至今仍異常沉重。

　　即使不是採用水平思考技巧，光是停下其他活動，決心找出新點子和新的做事方式，這件事本身就有很大的價值。這樣的動機，源自對創見，以及對人大腦創意潛力的了解。很多時候你可能想不出創見，但如果你養成停下手邊工作，專注於尋找創見的習慣，長期而言，你一定會得到報酬。

掌握具體的工具、技巧和方法

　　讀完本書第二部分「工具篇」，你將掌握一些具體的工具，可以有系統地追求創見。經常練習，使用這些工具會越來越得心應手。此外，一如所有技能，有些人就是學得特別快，有些人則需要多一些練習。不過，任何人只要有心學習，都能學到有價值的創意技巧。

　　我想再次強調，使用這些工具，不需要靈感、某種心情或興奮狀態的配合，你可以像是計算數字的總和那樣，有意識地使用這些工具。多年來，許多極富創意的人告訴我，他們通常可以仰賴自己的天賦獲得創見，但是在需要傑出構想的時候，有系統地使用工具，會好過仰賴天賦。我自己的經驗也是這樣，每次我運用這些技巧，都能激發出新的意念。

　　這些工具不只是協助不良於行者的拐杖，對那些極富創意的人來說

也是有用的技巧。但我必須補充一點，當你的頭腦已經充滿了各種可能有用的點子時，使用這些工具確實需要一些紀律和努力。

許多創意思考的實踐者是從靈感的角度出發，在他們看來，如果你能夠解除束縛，你就會有創意；如果你學會運用右腦，你就會有創意；如果你相信你的直覺，你就會有創意；如果你進入潛意識領域，你就會有創意；如果你達到興奮狀態，你就會有創意。他們特別重視改變心智狀態，確實，改變心智狀態有時候會有幫助，但是使用工具，會更可靠而有系統地獲得同樣的效果。改變心智狀態或許能產生刺激，但是使用刺激工具，可以針對需求產生刺激。

自從我設計出水平思考的基本工具，不時有人抄襲、借用和修改它們，而他們往往未說明資料來源或未經過我的許可，即使是這一行有名望的機構。本書的目的之一就是闡明這些工具，彰顯它們的力量，同時清除各種雜質。讀者可以藉由本書學到水平思考的技巧，不過，你還要有使用它們的動機和意志，就算學會這些工具，如果不使用它們，那是不夠的。洛杉磯奧運會的尤伯羅斯了不起的地方，就在於他的強烈動機和領導力。

如今這些方法已為許多大公司所採用，並改變了這些公司的思考方式。本書第三部分「應用篇」會談創意思考的運用，以及有助導入創意工具的組織結構和方法。

我們為什麼需要創造力？

　　幽默是人類大腦最有意義的行為。我經常這麼說，現在寫在這裡，完全沒有挑釁的意思，我想表達的就是它字面上的意思。幽默比任何心智行為都更能說明感知的資訊系統，本質上就是一種自組織系統。幽默不僅能清楚說明這個系統的本質，還顯示了感知可以如何驟然改變，這就是創造力的精髓。

　　傳統的哲學家、心理學家、資訊學家和數學家都忽視幽默，他們只關心被動的、由外部力量組織的資訊系統。數學家對非線性和不穩定的系統感興趣，例如混沌理論、突變理論等等，是非常近期的事。

　　我們必須區分兩大類資訊系統：被動系統和主動系統。在被動系統中，資訊和資訊紀錄是停滯的、被動的，所有活動均來自外部組織者的作業。但是在主動系統中，資訊是活躍而主動的，資訊會自行組織，不需要外部組織者的協助，因此也稱為自組織系統。

　　想像桌上有一些小球，你負責將它們排成整齊的兩列，你著手去做，你就是外部組織者。圖1-1和圖1-2顯示你展開作業之前，以及完成

後的情況。

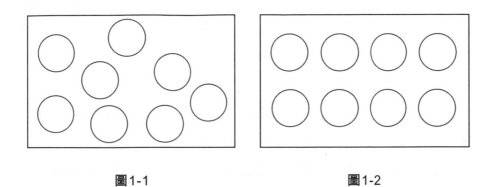

圖1-1   圖1-2

　　假設桌面不是平滑的，而是如圖1-3所示，有兩道平行的凹槽，你隨意將球丟在桌面上，它們就會自動在凹槽裡排成兩列，你並未發揮外部組織者的作用，也不需要，因為這是一個自組織系統。

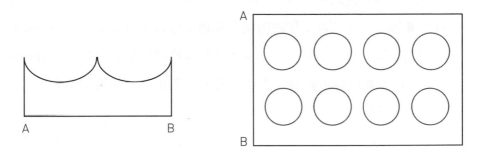

圖1-3

　　你可能會反對我的說法，認為製造凹槽的人就是這個系統的組織者，這麼說絕對正確，不過，如果我們假定那兩道凹槽是先前的球撞擊

形成的，那麼這系統就是貨真價實的自組織系統。

這種系統的例子很多，雨水落到地面，日積月累，最後形成溪流、河流和溪谷，之後下的雨就會被導入溪流中。也就是說，雨水與陸地的互動形成河道，進而影響未來雨水的蒐集和組織方式。

1969年，我以兩個模型說明被動系統與自組織系統的差別。第一個模型是一條毛巾，我把一些墨水倒在上面；第二個模型是一盤淺淺的凝膠，我倒入一些加熱的墨水。毛巾代表被動系統，墨水倒上去，墨跡就留在那裡；但凝膠不同，熱墨水融化凝膠，很快就形成水道，就像雨水在陸地上形成河道，凝膠允許注入的墨水自行組織水道。

我在1969年出版的《思考的奧秘》和後來的《我對你錯》（*I Am Right You Are Wrong*）中，具體描述大腦的神經網路是怎麼讓進入大腦的資訊自行組織，形成暫時穩定的序列。這是神經網路的簡單行為，當中並無神奇或神祕之處。我在1969年率先提出這些概念，後來有一些學者進一步闡述，加州理工學院的霍普菲德（John Hopfield）從1979年起開始撰寫相關文章。發現夸克而榮獲諾貝爾物理學獎的蓋爾曼（Murray Gell-Mann）教授曾告訴我，我在《思考的奧秘》中描述的系統，八年後才有數學家研究。

讀者若對這細節有興趣，不妨閱讀上述兩本書，以及該領域的其他著作。總而言之，在這個系統中，進入系統的資訊會形成活動序列，假以時日，這個活動序列會成為大腦優先採用的路徑或形態。神經化學家和神經生理學家會爭論這個過程涉及哪些酵素作用，但整體來說大致就是這樣。這些形態一旦建立起來便非常有用，它使我們得以辨識各種事

物，我們會循著這個路徑，根據以往的經驗來看待眼前的事物。圖1-4顯示一個簡單的形態系統。

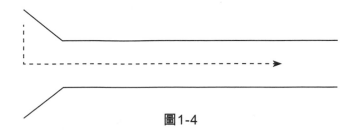

圖1-4

這樣簡單的形態系統面對的難題是，我們需要相當多種形態來應付各式各樣的情況，任何無法以既有形態處理的新情況，都必須重新分析。大腦以非常簡單的方式在處理這問題，一如河流，大腦也有很大的「集水區」，集水區內的活動是不穩定的，但它們會一一落入建立好的形態中。辨認形態對電腦來說是非常困難的，但是大腦瞬間就能做到。圖1-5以漏斗的形狀代表集水區。

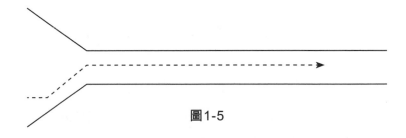

圖1-5

因此，當我們看著這個世界，我們會很自然地以既有的感知形態來看待各種事物（如圖1-6所示）。這也是我們的感知能力強大的原因，我

們很少不知所措，因為我們能夠辨識多數的情況；然而，這也是分析資訊很難產生創見的原因。大腦只能看見它準備好要看見的東西（也就是既有形態），當我們分析數據時，我們只能認出我們已有的意念。這點很重要，我稍後將再闡述。

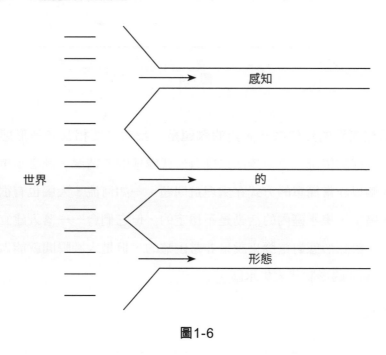

圖1-6

我想說的是，大腦這種形成和運用形態的行為非常了不起，如果沒有它，我們不可能正常生活。感知便是建立和運用這些形態的過程。

再來看圖1-7，如果主要形態旁還有次要形態，那又會如何呢？大腦會停下來考慮要怎麼選擇嗎？如果我們必須這麼做，我們的生活會慢得過不下去。然而，因為神經的連結方式，這種情況永遠不會發生。主要

形態會壓制次要形態，讓次要形態有如暫時消失般，因此我們會充滿自信地採用主要形態。

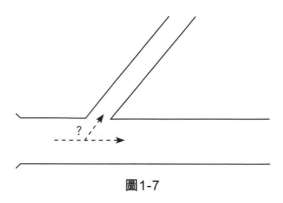

圖1-7

不過，如圖1-8所示，如果我們從另一端進入次要形態，我們就能沿著這條側線回到起點。

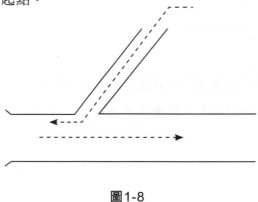

圖1-8

這就要講到典型的形態不對稱。如圖1-9所示，B到A的路線非常直，但A到B的路線可能非常迂迴。

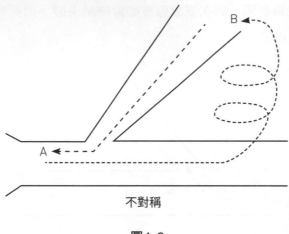

不對稱

圖1-9

幽默與創造力，正是源自這種不對稱現象。聽笑話時，我們在對方的引導下走在主要路線上，卻突然被帶到側線的另一端，於是我們看見了這條本來可以選擇的路線。

「如果我和你是夫妻，我會在你的咖啡裡下毒。」
「如果我和你是夫妻，我會喝了它。」

這據說是邱吉爾與艾思奎女士之間的對話，但沒有人確定是誰說了哪一句。

「請你打我，」被虐狂對虐待狂說。
「不要，」虐待狂拒絕了，心裡歡喜。

「太感謝你了，」被虐狂說。

　　上面兩個例子中，大腦沿著主要路線前進，短暫停頓後，沿著側線快速回到起點，如圖1-10。

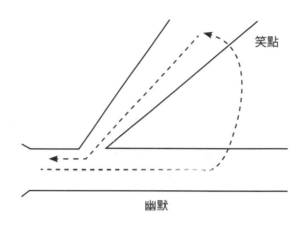

笑點

幽默

圖1-10

　　有一次我在飛機上要回到自己的座位時，頭撞到上方的行李櫃。我坐下來後，鄰座的乘客說：「我也曾經撞到過，行李櫃的位置一定是太低了。」

　　「恰恰相反，」我說：「我認為問題是它太高了。」

　　這段對話並不幽默，但它涉及同樣的感知驟變，而這驟變最終證實是合理的。如果行李櫃夠低，你會知道自己必須低頭，如果行李櫃夠高，你低不低頭都沒關係；但如果行李櫃的位置使你認為自己不低頭也沒關係，於是你沒低頭，結果卻是會讓你撞到頭。

創造力的模型

不對稱形態的幽默模型也是創造力的模型。經驗的時序決定了我們慣常的感知路徑,我們以特定的方式看待事情,期待事情以特定的方式完成。但是如圖1-11所示,如果我們可以藉由某種方法,從主要路線跨越到次要路線,我們就能得到富創意的洞見或創見。

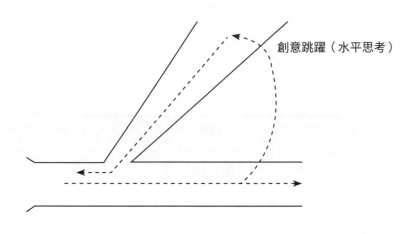

創意跳躍(水平思考)

圖1-11

我們要怎麼走到側線上的「創意點」?這正是刺激技巧派上用場的時候,它幫助我們脫離主要路線,提高進入側線的可能性。而這也是水平思考法命名的由來,「水平」代表橫越感知形態,而不是像正常思考時,順著感知形態決定的路線走。

利用這個模型,我們也能夠明白為什麼每一個有價值的創見,事後

看來都是合乎邏輯的。如果一個新點子無法在既有的價值體系中找到它的位置，我們就無從判斷這個意念究竟是瘋狂，或者只是在我們的知識狀態（形態）下，無法看出它的價值。簡言之，「有價值」就代表這個點子事後看來是合乎邏輯的。

大腦是一個了不起的構造，它讓進入大腦的資訊自行組織成各種形態，這些具有廣闊「集水區」的形態一旦形成，我們便會使用它來感知一切。形態是不對稱的，這個特質造就了幽默和創造力，這也解釋了創造力是有邏輯的，也就是自組織形態系統的邏輯。

時序陷阱

想像一個系統，它日積月累地蒐集資訊，資訊並非一次全部出現，而是零零星星地出現，系統每一刻都設法以最好的方式運用到手的資訊。資訊日積月累，系統致力於以最好的方式運用資訊，就像每一個人、機構、公司和文化等等。

我們來玩一個簡單的遊戲，我們每次會獲得一個英文字母，我們必須將到手的字母拼出一個大家都知道的單字。

第一個字母是A。

然後是T，構成AT。

接下來是R，加在前面，構成RAT。

字母代表進入系統的資訊，我們以到手的資訊拼字。

接下來E，構成RATE。

再來是G，加在前面成了GRATE。

到目前為止，新資訊皆可輕易地加入既有結構，構成新字。

接下來是T。我們找不到將它加入既有結構的方法，只能拆掉

既有結構，拼出TARGET。

從這個簡單的例子可以看到，有時候我們必須拆解既有結構，才能重組出新結果。這種破舊立新的過程需要創造力，如果沒有創造力，我們就無法在這個系統中繼續前進。你也可以說，我們應該每次都拆掉既有結構，加入新字母，拼出新字，然而在現實生活中，我們不可能為了以最好的方式組合新舊資訊，就瓦解掉所有的既有觀念、感知、字詞或制度。

因為資訊經過一段時間之後，會形成特定結構，不像遊戲中的字母那麼容易拆散。即使在拼字遊戲中，RAT這個組合經過一段時間之後也會變得牢固，抗拒拆散，感知也是如此。經驗會形成結構，我們需要創造力來擺脫這種結構的束縛。

聰明的讀者會看到，時序效應與形態效應相同。經驗的形態是根

據經驗的時序建立，我們必須擺脫這些形態才能組合出新的順序。多數人都會接受這個觀點，但如果認為這很簡單，問題便會發生。在被動資訊系統的桌面模型中，這件事或許很簡單；但是在自組織資訊系統中，這並不容易，因為許多資訊已經形成不可分割的組合，成為形態的一部分。改變形態之困難，就像你嘗試賦予某個字全新的意思。字詞就是一種感知及經驗的形態。

所有自組織系統都需要創造力，事實上，所有必須整合新舊資訊的系統都需要創造力。如果大腦的運作像圖書館，新資訊只需要單純地上架，不必融入既有的資訊中，這樣是浪費了新資訊。如果我們不試著發揮創造力，不整合新舊資訊，情況便像這樣。

發揮創造力不只是改善事物的方法，如果沒有創造力，我們無法充分運用已經到手，但是被鎖在舊結構、舊形態、舊觀念和舊感知裡的資訊與經驗。

我們可以如何運用創造力？

人壽保險是非常傳統的產業，受到各種傳統與法規規範。擅長水平思考的巴貝羅（Ron Barbaro）在擔任保德信保險公司加拿大執行長時，某天靈機一動：為什麼不在保戶去世之前就提供保險給付？因此有了「生存給付」的概念，保戶如果罹患絕症，可以立即獲得死亡給付的75%。這個概念大獲成功，業者紛紛模仿，藉由引進重大疾病保險，大大提升了人壽保險的吸引力。巴貝羅因為提出這概念並付諸實踐，很快便獲任命為保德信美國總公司的總裁。

曾任亨氏食品執行長的歐萊利（Tony O'Reilly）講過這樣的故事：鮪魚加工廠曾經為了削減成本而裁減人手，卻因為人手不足，導致太多魚肉留在魚骨上造成浪費，後來管理層決定增加人手，雖然人力成本增加了，但因為魚肉浪費的情況大幅減少，結果利潤不減反增。

新加坡是最堅定追求成功的國家之一，該國政府的預算有高達20%是花在教育上，每次我到新加坡辦講座，都能吸引到很多人參加。但早期我遇到一個問題，一場有效的講座仰賴觀眾的參與，提出想法、發表

意見等等。在拉丁美洲國家，這從不是問題，每一位在場人士都認為自己的想法最高明，也會踴躍發言。但是在新加坡，沒有人會主動發表意見，在討論創造力時，你不能隨便指定一名參與者，要求他提出創見，這不公平，而且可能會令人尷尬。

我決定採用「隨機輸入法」（方法見第21章），我從列著六十個單字的清單中選出一個隨機詞。我選到「槍」這個詞，它使我聯想到目標，一般來說我們開槍都有目標。因此我想到，我可以替每一張桌子編號，然後給每一個座位一個英文字母，這樣我就能要求特定的人發言，例如請第十二桌的座位D發表意見。這個做法反應很好，自此之後，不管我想要多少意見回饋都能得到。看來參與者並不害羞，他們只是認為積極表現不是件好事，藉由替座位編號，正式授予發言機會，他們會很樂意分享自己的想法。

班尼頓這個品牌在競爭激烈的成衣市場大獲成功，由義大利班尼頓家族四個兄弟姐妹創辦的這家公司，其成就便是仰賴創新。成衣製造商的傳統做法是做好衣服，然後設法說服商店採購並保持一定的庫存量；但是班尼頓自己開小型商店，直接面對顧客。這家公司的另一個創新概念是賣「顏色」，而非「樣式」。班尼頓會讓衣服保留未染色的狀態，如果顧客想買紅色衣服，就染紅色給他們，如果顧客想買紫色衣服，就染紫色給他們。公司使用精密的電腦系統，保持可媲美郵購業者的運作彈性。

以上四個例子，說明了創造力實際需求的一面。

在新加坡講座的例子中，我遇到問題，而這個問題沒有標準的解決

方法。如果一個問題沒有標準解決方法或我們不知道標準解決方法，我們就需要創造力。亨氏食品的鮪魚加工廠則是成本削減方案出了問題。裁減人手，並期望留下來的員工能應付工作需求，這樣削減成本是很容易，但卻是危險而缺乏效率的做法。管理層在裁員之前，有必要檢討和調整工作安排，這就需要創造力。

班尼頓的例子顯示，創見在競爭激烈的產業中可以發揮巨大的力量。遵循舊有的一套並做得更好是不夠的，你必須做不一樣的事。保德信保險公司的例子則顯示，即使在傳統產業裡，我們也能提出有力的創見。巴貝羅其實沒有被要求要這麼做，但他就是那種會受到創造力驅動，提出新構想、創造新機會的人。

講到這裡，我們可以將創造力的實際需求分成兩大類：

1. 我們迫切需要創見，可能是遇到了某種問題、危機或衝突，其他做法已證實失敗，創造力是唯一的希望。
2. 我們並非迫切需要創見，但創見可以賦予我們機會、優勢或好處。

削減成本與品質控管計畫

許多組織都非常重視削減成本，在多數情況下，分析有助於我們執行這項計畫，但有時候也必須考慮職能的設計。你會為了壓低成本，不

假思索地購買便宜的原料嗎？還是你會設法減少浪費，以便繼續採購優質原料？認為削減成本只需要分析是錯誤的。為了削減成本，你可能會考慮減少某些業務，但有時候改變運作方式會有效得多。某家公司為了摩托車的維修保養承擔巨額費用，於是它選擇將摩托車賣給駕駛人，然後付費使用服務，節省了可觀的支出。

品質控管計畫也是，有時候我們必須發揮創造力，才能達成目標。遵循舊的一套並做得更好，可能解決不了問題，我們得做一些不一樣的事。品質控管計畫有時會令人產生誤解，因為它從一開始便假定我們正在做的事是該做的，只是需要提升品質。提升品質的意思，就是將目前在做的事做得更好，如此一來，我們就不會去做不一樣的事。

「持續改善」則是另一種流行方案，這也需要創造力。如果某些事情的做法向來如此，我們就需要創意思考來提出質疑，建議更好的做法。改善是創意思考的重要用途之一，我之後會再說明。

我想強調的是，每當我們思考時，我們需要資訊、分析，也需要創造力。

維持型管理的危險

多數管理者都有一種維持心態，雖然他們很少表達出來。他們覺得自己的職責就是維持業務運轉，在出現問題的時候設法解決，為產品、策略或融資操心是別人的事。他們認為偏離這種維持型管理是危險的，

可能會失敗。

　　組織的成就，取決於市場實力和利基地位，以及稱職的管理層。維持型管理非常重視解決問題，當問題發生就必須解決，沒問題則萬事大吉。可惜在競爭激烈的世界裡，組織不能只仰賴維持型管理，在你設法維持既有地位時，你的對手正全力超越你。

　　即使是維持型管理，你還是需要發揮創造力，才能夠解決不時出現的問題。這只是創造力「兵來將擋」的一面，當發生問題時加以解決，通常不足以確保組織能夠永續經營。

競爭與超競爭

　　「競爭」正成為維持型管理的一部分，企業必須在產品價格、品質、通路和行銷方面跟上競爭對手。在《超競爭》（*Sur/petition*）一書中，我解釋了為什麼企業未來不能只著力於競爭，而必須朝「超競爭」的方向努力。競爭代表你接受自己與對手參與同一場競賽，你的行為很大程度上取決於對手的行為。超競爭則代表追求超越，或是開創自己的競賽，創造新的獨占價值。

　　獨占價值經常來自於「整合」，例如汽車不再只是工程技術的成果，其價值包括購買、銷售和替汽車投保的能力，包括安全和防盜性能，還包括在市區停車的能力。我曾建議英國福特公司收購一家擁有市中心多數停車場的公司，然後規定這些停車場只接受福特汽車停放。

商業的第一階段是「產品或服務」。

商業的第二階段是「競爭」。

商業的第三階段是「整合」。

　　超競爭仰賴新觀念，因此我們需要有力的創意思考。本章主要以商業界為例，因為根據我的經驗，商業界已強烈意識到創意思考的必要性。其他領域也正朝此方向改變，當他們遭遇問題，而且在資源有限的情況下，他們將發現，創意思考是他們前進的必要能力。

　　政府與政治需要新觀念；經濟需要新觀念；教育需要新觀念；預防犯罪需要新觀念；實踐法律需要新觀念；醫療服務需要新觀念；解決衝突需要新觀念；保護環境需要新觀念；緩和第三世界的貧窮問題需要新觀念。有任何領域無法受惠於創意思考、新觀念和新感知嗎？

　　為了提供這些新觀念，有些人正在做一些有意思的事，但整體而言，許多人仍然相信聰明的分析、充分的資訊和高明的理論就已足夠。我不同意這觀點。

資訊爆炸時代，更需要創造力

資訊與創造力之間有著什麼樣的關係？這是一個非常重要的基本問題，很多人都認為只要有充分的資訊、妥當的分析，加上符合邏輯的決策便已足夠，根本不需要創造力。有些人不會公開承認，但其行為卻跟相信這觀點的人沒有兩樣。

如果你想從紐約飛到倫敦，你最好先查看航班時刻表，或者請旅行社幫你處理這件事。如果你想以抗生素治療感染，你最好先知道病人感染了什麼，確認抗生素敏感性，並了解病人是否對抗生素過敏。思考和猜測代替不了資訊，當你需要資訊時，你就是需要資訊。

在某些情況下，如果我們掌握了完整的資訊，確實是不需要思考，但這種機會很低。於是我們以為，隨著自己掌握的資訊越來越多，越接近完整，我們就越不需要思考。但事實恰恰相反，我們掌握的資訊越多，就越需要思考，因為我們必須理解這些資訊。

就算需要思考，想必也是我們理解資訊所需要的分析型思考。那麼創造力是在何處發揮作用呢？

多數企業主管、科學家，以及幾乎所有商學院畢業生都認為，分析資料就可以得到新意念，這種想法完全錯誤。大腦只能看到它準備好要看到的東西。藉由分析資料，我們可以從舊意念中找出可能合用的，但無法產生新意念。如果你需要的是新意念，你必須發揮創造力，在你的大腦中將它創造出來，然後以你掌握的資料檢驗它。

假說的兩難

　　科學家設法了解蝗蟲數量暴增的原因；分析師設法找出電腦系統出現問題的原因；業者想知道漢堡銷量下跌的原因；公司炒掉某位主管引發嚴重的勞資爭端，我們想知道事情的來龍去脈。在許多情況下，我們必須了解發生了什麼事，才能夠因應，我們會尋找資料和線索，然後提出假說。

　　我曾經指出，古希臘（蘇格拉底、柏拉圖和亞里斯多德三巨頭）的思考方式對西方思考文化有很壞的影響，它讓人們沉迷於辯論和批判，傾向否定思考。但我也必須說，「假說」也是希臘人發明的概念，對人類的思考能力有著相當巨大的貢獻。

　　大約兩千年前，中國的科技水準曾大幅領先其他地方，但其發展戛然而止，可能就是因為中國人沒有假說的概念。當所有事物都命名、描述完成，便阻擋了人們挑戰的可能。假說是對事物背後設計的大膽猜測，中國人沒有發展出假說的概念，也許是因為中國人沒有「上帝」這

個世界的超級設計師的觀念。

提出假說有許多好處，它賦予我們檢視資訊的框架，我們得以看到一些以前忽略的東西。假說也賦予我們努力的目標——證實它，或是證明它不成立。

建立假說需要創造力，如果沒有創造力，我們就只能運用一些標準概念。有些人認為科學家只需要是優秀的分析師，忽略了建立假說其實需要創造力，這種觀念將妨礙科學的進步。

假說涉及嚴重的兩難，如果沒有假說，我們會茫然不知所措；但有了假說，我們又會忽視其他的可能，僅藉由假說的框架來檢視資料。偵探在辦案時，如果早早便建立假說，只尋找與假說相關的資料，就可能忽略了其他重要線索。

假說應該幫助我們看到更多的可能，但實際情況卻往往相反。行銷經理如果對漢堡銷量下跌的原因已有假說，通常會放棄進一步探究問題。傳統科學也掉入同樣的陷阱。理論上，你應該要有一個最合理的假說，然後尋找證據支持這個假說，一旦它確立，你就要設法否定它，才能繼續前進。

假說應該是合理的，但是一旦出現「合理的」假說，我們就只會透過這個框架檢視資料，這就是改變範式需要很長時間的原因。支持改變範式的資料可能早已存在，但是我們透過舊假說來檢視資料，就看不到其意義。無論其他的假說看起來多麼不合理，我們都必須容納數個假說，才能夠以不同的角度檢視資料。

建立多個假說需要創造力，我們必須大膽推斷、猜測，創造假說。

市場分析沒告訴你的事

　　日本人不太相信市場分析，至少在日本國內是這樣，他們認為檢驗新產品的最好方式，就是看消費者的反應。他們會推出大量新產品，再看哪些產品成功。這種做法需要有能力想像失敗，以及能夠承擔的財務風險。

　　西方的情況則相反，產品失敗對成本和名譽造成的損失非常大，企業必須確信產品能成功，才會願意承擔風險。因此企業非常仰賴市場研究，這種研究為企業提供「合理的」行動理由，要是失敗了，也賦予當事人替自己辯護的理由。

　　市場分析顯示，男性愛喝威士忌等烈酒，由此看來，烈酒廠商沒有理由在女性雜誌刊登廣告。然而，市場分析只會告訴我們「實際情況如何」，而非「可能如何」。說不定以女性為目標的廣告專案可以吸引到新顧客，而且負責購買烈酒的大多是女性，因此在女性雜誌刊登威士忌廣告不無道理。

　　規畫交通的人會根據當下的需求建造新道路，但是新道路一啟用，往往很快就出現擁塞，因為新道路會引來新的車流量。市場分析的危險之處，在於它是靜態的，不反映互動迴路或各種可能的情況。

　　因此，我們需要創造力來詮釋資料、檢視各種可能的情況：一件事可以從哪些角度來看？還有哪些可能的解釋？還有哪些可能的狀況？將來可能發生什麼事？

掌握未來

　　過去的事我們或許有可能蒐集到完整資料，但是未來的事，幾乎不可能得到完整資料。那麼，我們該如何展望未來？

　　我們可以分析目前的趨勢；我們可以假定既有的週期循環還會繼續下去；我們可以預見某些變化可能產生新的影響；我們可以根據自己掌握的資訊作猜測，再以各種情境預測技巧修正它。這些做法都很有價值，但它們全都仰賴分析現況。如果我們遇到的是不連續的情況呢？如果未來不是現況的延伸，那又如何呢？

　　為了提出未來的可能情況，我們必須發揮創造力。我們無從證明這些可能情況真的會發生，但它們可以豐富我們對未來的想像。基於對未來想像所作的規畫和決定通常會比較有彈性，我們要充分利用可能情況的價值，但不應該將它們誤認為是必然。

　　城市的交通擁塞問題正在惡化，通勤時間越來越長，人們希望搬到郊區確保生活品質，電子科技使人們得以在家工作。這些情況意味著什麼？顯而易見的答案就是在家工作，至少在知識產業是這樣。但還有其他可能嗎？要想出其他可能，就需要創造力。我們或許可以在社區裡設立工作站，你可以將自己的電子設備放在工作站，走路就可以去上班。在工作站工作的人，可能是服務不同的公司。工作站提供離家的環境，以及上班的社交功能，很高比例的年輕人是在工作場所遇到自己的未來伴侶。另一種可能是建設城市宿舍，在城市工作的人可以住在那裡，工作兩週後回家一週。還有一種可能是在住家設置小型辦公室，讓一小群

員工在那裡工作。

讓資訊發揮積極用途

　　萊特兄弟能夠駕駛比空氣重的機器飛行，是因為他們顛覆了當時的流行觀念。當所有人都設法製造「穩定的」飛行器時，萊特兄弟著手設計和適應「不穩定的」飛行器，這是驅動他們前進的概念。他們在實驗中發現，調整機翼的形狀可以改變機翼的升力，進而控制飛行器，這就是他們能夠成功駕駛機器飛行的原因。

　　有時候我們分析資料，以求看清事態和趨勢；但有時候我們腦中已有一個概念，我們也會尋找資料來檢驗和發展這個概念，雖然這個概念可能也是受到先前的資料啟發。如果以為所有概念都是來自創造力，那就太可笑了；不過，在概念的發展過程中，創造力通常有著重要貢獻。在第3章的班尼頓例子中，「彈性」是它的驅動型概念。那些坐待資料分析引導方向的人，會完全錯過驅動型概念的好處。

　　創造一個新概念，有如打開一個新窗口，我們可以透過這個新窗口觀察世界，檢視可用的資料。概念會告訴我們該看哪裡、該尋找什麼，如果沒有概念引導我們的注意力，幫助我們選擇資料，我們可能永遠找不到可以證明這個概念價值的證據。這是資訊的「積極」用途，有別於一般的「被動」用途。

蒐集資訊也需要創造力

畫家調色盤上的顏色越多，畫作的色調也會越豐富，由此推斷，如果我們掌握的資訊越多，我們就越有創造力，創造的結果也會越有價值，可惜事實並非如此。

掌握資訊是有價值的，這完全正確。如果你知道有種記憶合金在特定的溫度下會恢復成原來設定的形狀，就可以利用這個現象發明控制裝置；如果你知道有種薄膜技術能有效淨水，在處理廢棄物上你可以更有創意。但問題是，資訊很少單純以資訊的形式出現，資訊通常隱藏在概念和感知中。創造者如果接受既有的概念和感知，他將被迫沿著相同的路徑思考。

因此，更多的資訊並不一定能帶來更好的想法，即使是蒐集資訊，也需要創造力。設計問卷可能需要創造力；要接觸到特定人士或族群也可能需要創造力。當你知道白己想要什麼資訊時，你需要創造力，才能找到蒐集這些資訊最便宜、最準確的方法。市場研究者總是在尋找蒐集資訊的更好方法。向人蒐集和傳播資訊通常所費不貲，我們應該運用創造力，設法降低成本。

「我們是否知道……」「如果……會怎樣？」「人們怎麼看這件事？」想知道這些事情，我們需要更好的資訊蒐集方法，也就是以資訊蒐集為焦點，發揮創意思考。

人們對創造力的誤解

前言中已經提過人們對創造力的看法，這裡用一整章來討論，雖然有一些重複，但重複也是必要的。這裡提出的觀點都是我的個人意見，根據的是我在創意思考這領域（包括教導創意思考技巧）的多年經驗。

創造力是一種天賦？

這個誤解非常誘人，因為如果你相信它，就不必為了培養創造力而努力。如果創造力只能靠天賦，我們做任何事都沒有意義。提出這種觀點的人，通常會引用一些極端的例子，例如莫札特、愛因斯坦或米開朗基羅。這種說法有如告訴大家：教數學是沒有意義的，因為我們教不出龐加萊這樣的數學天才。我們不會因為無法保證每一名學生都成為李斯特或帕德瑞夫斯基那樣的大師，就放棄教人彈鋼琴或拉小提琴。有誰能使每一個學網球的人都成為柏格（Bjorn Borg）或娜拉提洛娃（Martina

Navratilova）那樣的高手呢？即使能力遠不如天才，學一點數學，玩一點鋼琴、小提琴和網球，都是有意義的。

假設有一群人參加賽跑，槍聲響起後，賽事開始，有人跑第一，有人跑最後，成績取決於參賽者天生的跑步能力；現在有個人發明了輪式溜冰鞋，並訓練所有跑者使用。跑者穿上溜冰鞋再比一次，每個人的速度都大幅提升，當然還是有人跑第一，有人跑最後。

如果我們不鍛鍊自己的創造力，那麼創造力就只能仰賴天賦；但是如果我們提供培訓以及有系統的技巧和結構，大家的創造力就會獲得提升，當然，還是有些人的創造力會明顯高於其他人，但所有人都能掌握一些創意技巧。天賦與訓練完全沒有矛盾，任何體育或歌劇教練都能說明這一點。

有些人天生就富創意，但並不表示這些人不能接受一些訓練，掌握一些技巧，變得更有創意；當然也不表示其他人就永遠都不能學會發揮創造力。我開始撰寫有關創造力的著作時曾經想過，一些真正富創意的人可能會表示他們不需要這種東西，但結果恰恰相反，許多出了名有創意的人主動連繫我，表示我介紹的一些技巧對他們很有幫助。

已經有大量的實例告訴我們，人們如何運用水平思考法發展出有力的構想。還有許多經驗顯示，創意思考的訓練效果顯著。我們也可以輕易藉由實驗證明，即使只是運用簡單的技巧，例如「隨機輸入法」，也可以立即產生更多新主意。

在我看來，學習創意思考，就如同學數學或任何一項運動，我們不會消極地表示只能仰賴天賦，自己不需要努力。我們知道，能力可以訓

練，天賦加上訓練和方法，可以變得更強大。創造力無法訓練的說法如今已站不住腳，我們或許培養不出天才，但我們不必成為天才，也能夠發揮創造力。

創造力源自叛逆者？

在學校裡，表現好的小孩大部分都是循規蹈矩的人，因為他們很快就領悟到遊戲的訣竅：花最少力氣通過考試，討好老師，必要時抄功課。他們藉此得到平靜的生活，也有餘力去追尋自己真正感興趣的東西。此外有些叛逆者因為個性使然，或是希望受人注意，不想玩乖乖牌的遊戲。

於是我們便假定，在往後的日子中，創造力必定是來自那些叛逆者。乖乖牌忙著學習、適應各種規矩，我們必須靠叛逆者提出質疑，著手去做不一樣的事。叛逆者有勇氣、精力和與眾不同的觀點，這是我們對於創造力的一種傳統觀念，不過，情況已經改變。

當我們開始了解創造力的本質，或至少開始了解水平思考法的本質，它就成為一種遊戲。一旦社會認為這個遊戲值得玩，鼓勵人們參與，乖乖牌就會參與這個新遊戲。因為他們擅長學習和玩遊戲，很快就變得比叛逆者更有創意，因為後者不想學習或玩任何遊戲。

當乖乖牌變得比叛逆者更有創意，這麼一來，具建設性的創造力將大量增加。叛逆者的創造力往往是藉由攻擊流行觀念、反對俗規來

表現，叛逆者的動能源自「反對」。但是玩創造力遊戲的乖乖牌不必「反對」任何東西，他們的創造力可以建立在既有觀念上，可能更有建設性。創造力不是叛逆者的專利，自認是乖乖牌的人，也能學會創意思考。

日本出現了許多極富創意的人，但整體而言，日本文化傾向強調集體行為，而非特立獨行。相對於西方，日本傳統文化並不是很重視個人的創造力，他們認為觀賞一道線條流暢的拱門時，不必看到每一塊石頭的個別貢獻。但是時代變了，日本人決定參與創造力這個新遊戲，他們學會了，而且玩得很在行。

根據我在日本教授創意思考的經驗，我必須說，他們在這個新遊戲中表現傑出，一如他們學會玩品質遊戲，還成為頂尖高手。如果西方掌控教育政策的人還繼續相信創造力無法傳授，批判思考就已足夠，那麼西方將失去競爭力。

左腦 vs. 右腦？

右腦與左腦的區分因為簡單，有很強的吸引力，強到幾乎變成一種歧視：「他太偏向左腦了……」「我們需要一個右腦人來做這件事……」「我們請她，是希望借助她的右腦思維……」左右腦之分有其價值，這讓我們知道，思考並非全都是線性或符號式的。不過，相關說法已經誇張到變得危險，並且造成束縛，嚴重危害到創造力的推廣。

就慣用右手的人而言，左腦是大腦「受過教育」的部分，負責理解語言和符號，辨認出我們知道的東西；右腦則是未學任何東西的「無知」部分。在繪畫和音樂等領域，右腦讓我們可以用無知的眼光看事物，我們可以畫出我們看到的東西，就算不知道它是什麼。右腦使我們擁有一種全面性的眼光，不必一點一滴地建立認知。

這一切都有其價值，但是在談論改變觀念和感知的創造力時，我們非用到左腦不可，因為左腦是觀念和感知形成與停留之處。利用正子斷層掃描（PET），我們可以看到大腦哪個部分正在運作，正在進行創意思考的人，左右腦同時處於活躍狀態。

左右腦的概念雖然有一些價值，無知對於某些活動（音樂、繪畫）也有價值，但是就創意思考而言，左右腦之分是會誤導人的，因為它暗示發揮創造力純粹是右腦的事，它暗示我們只需要拋棄左腦行為，發揮右腦的功能，就會成為一個有創意的人。

要表現得像個藝術家？

本書稍早提到，「創造力」一詞因為用法很廣，造成了一些混淆。我們通常是在藝術作品上最清楚感受到創意，便假定創意與藝術同義，教授創意思考，就必須教人們表現得像個藝術家。我們也假定藝術家可能就是教人發揮創造力的最佳人選。

本書關注的是改變觀念和感知的創造力，也就是「水平思考」。就

我關注的範疇而言，並不是所有藝術家都有很強的創造力，許多藝術家其實是風格師，他們有寶貴的感知與表達風格。事實上，藝術家經常被困在一種風格中，因為世界期望他們展現這種風格。你請建築師貝聿銘替你設計大樓，你會期望一棟有貝聿銘風格的大樓。你也會期望安迪．沃荷的作品有安迪．沃荷的風格。

其實藝術家重視分析的程度可能超乎許多人的想像，他們很重視自己的工作涉及的技術。藝術家一如兒童，同時具有清新、原創和固執的特質，但他們不一定具備創意思考需要的彈性。藝術家確實普遍希望創新，他們願意試驗各種觀念和感知，也樂於以結果證明，這一切對創作來說都很重要。根據我對創造力的定義，有些藝術家確實是有創意的，但也有些藝術家並非如此。

對於創造力與藝術的誤解可以分兩個部分：首先是認為創造力和藝術有關；進而認為，藝術家（或任何有創意的人）就是教人發揮創造力的最佳人選。但是，頂尖賽車手通常不是頂尖的賽車設計師或教練。有些人認為藝術家可以薰陶學生，讓學生也變得有創意，我相信有薰陶作用這回事，但其影響力很微弱，以薰陶作為教學法，成果太差了。

就改變觀念和感知的創造力而言，我不認為藝術家在這方面的教學有任何長處。確實有一些有創意的人也擅長教人發揮創造力，而當中也有人剛好就是藝術家，但如果將創造力與藝術混為一談，那就危險了。

我們必須解除束縛？

這一點我已經提過，在北美，所謂的創造力培訓，大部分是以解除束縛、釋放天生的創造潛力為宗旨。我完全同意，我們都應該解除束縛，放下對犯錯和顯得可笑的恐懼。如果能夠自由地試驗奇怪的構想、表達想法，這對發揮創造力確實是有利的條件，我不可能贊成抑制創造力。我們的教育體系向來重視評斷制度和標準答案，因此，幫助人們突破這種模式的努力是值得鼓勵的。

但是，解除束縛論的有限價值就是它最危險的地方。許多人認為，發揮創造力只需要解除束縛。許多組織因此相信，培養員工的創造力只需要請人來解放員工。創造力導師也因此相信，創造力培訓不外乎一系列的活動，使學員感到無拘無束，能夠暢所欲言。

我們的大腦運作並非以發揮創造力為宗旨。大腦的傑出之處，在於它會根據周遭事物自然地形成形態，然後堅持運用這些形態，這正是感知的運作方式。如果大腦不是這樣運作，我們不可能正常生活。大腦的功能在於幫助我們適應環境，生存下去。大腦的設計並不是為了脫離已建立的形態，進而產生創見。

如下頁圖1-12顯示，抑制作用使我們的創造力低於正常水準。如果我們消除抑制作用，我們的創造力將回到正常水準。但要有很強的創造力，我們還需要一些「非自然」的協助，例如本書稍後將闡述的刺激技巧。

有些人確實有很強的創造力，也經常提出創見，但這些創見是否是

大腦的自然活動？並不是。大自然偶然提供的刺激（一種自然的「隨機輸入法」）、某些事件不尋常地撞在一起，都可能讓人產生創見。就像人會生病，但並不表示生病是人體的自然活動。因此，就算有些人一再提出創見，也不表示產生創見是大腦的自然功能，如果是的話，人類運用天生的創造力創造的結果，應該比我們看到的多很多。純粹站在資訊系統行為的角度，我們很難想像一個記憶系統能夠發揮創造力——除非是系統出錯。

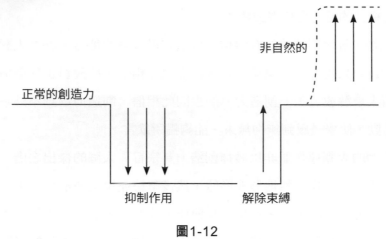

圖1-12

創意需要直覺？

常有人問我，直覺對創意思考有什麼作用？直覺的英文intuition一詞有兩種意思。第一種是指洞察力和突然改變看事物的方式，這很像本書稍早提到的幽默現象，也就是水平思考的模型（見第2章圖1-10和圖1-11）。如果我們能跨到側線，就會看到它與起點是相連的，因此形成

新的感知。就這層意思而言，我會說創意技巧的目的，就是幫助我們獲得洞察力。

intuition的第二種意思，是指源自經驗或思考的一種感覺，我們未釐清形成這種感覺的成分或步驟，因此稱之為「直覺」，而非「想法」。我們可能會發現自己對某些議題有種直覺，這種直覺是源自經驗。有時候我們會將相關因素輸入大腦，讓直覺去處理，藉此得到結論，這種直覺則是源自思考。帶著問題上床睡覺，就是讓直覺無意識運作的一個例子。

在我們的意識之外，是不是真的有某種有益的心智運作？在理論層面上，我認為最好不要替這個問題下定論，但我估計，將背景資料輸入大腦，大腦確實會無意識地對資料和經驗進行一些重組。像大腦這種運用形態的系統，這完全不令人意外，因為這種系統很容易改變對事物的理解——只要進入形態的點稍微不同，就可能走往完全不同的方向，就像雨下在分水嶺的兩邊，雨水的流向便完全不同。

重要的是在實踐層面，如果我們認為直覺就能搞定一切，我們不必、也不能做任何事，這種想法很危險，它暗示我們應該放棄努力，只要期望在必要的時候直覺能發揮作用，這我當然反對。

我相信在水平思考過程的最後階段，直覺確實很重要，我也相信直覺能帶來寶貴的貢獻，而且與所有刻意的創意技巧明顯不同。不過，我認為我們應該將直覺的這些貢獻視為一種「紅利」，得到時心存感激，得不到時則繼續運用創意技巧。

創意要夠瘋狂？

前面已經提過，一些從事創意思考工作的人所提倡的「瘋狂」創造力，將創意思考貶低為一些不能認真看待的東西。瘋狂很容易受到鼓勵，因為它與正常思考截然不同，而且可以很有趣。在一個群體中，當人們競相表現得更瘋狂時，會覺得自己受到的抑制正逐漸消除。

要發揮創造力，顯然不能留在既有想法中，而相對於既有想法，任何新想法都可能顯得瘋狂，因此我們很容易誤以為創意思考就是基於瘋狂，也很容易給人這種錯誤印象。

水平思考的技巧之一是刺激。我們必須設計一種不存在於經驗中、或許永遠都不可能發生的刺激，這是為了使我們脫離正常的感知形態，將我們的頭腦置於一個可以移動到新意念的不穩定位置。這是一種刻意和系統化的程序，是針對不對稱形態系統，以合乎邏輯的方式設計出來的方法。設定刺激，或是從刺激獲得移動，都有正式的方法，這一切與為了產生瘋狂想法而做的截然不同。

說明刺激的邏輯和運用方法，顯然和讓人覺得瘋狂本身是目的，而且是創意思考的必要條件大相逕庭。我一再提到，許多創造力導師都很重視瘋狂，他們傳播瘋狂是創造力的精髓這種錯誤觀念，使得那些希望認真運用創造力的人對創造力訓練敬而遠之。

創意是靠亂槍打鳥？

傳統腦力激盪法給人的印象就是，創意思考有如亂槍打鳥，射出大量的瘋狂點子，希望能擊中某個目標。在發展出腦力激盪法的廣告業，亂槍或許能打中鳥，因為廣告業非常重視新意，但是其他大部分的領域，亂槍打鳥有如找一千隻猴子打字，希望當中有一隻猴子能打出一部莎士比亞劇本。

如果創意思考不過是這種有時成功的亂槍打鳥程序，我應該對它毫無興趣。但實際情況完全不是這樣，我們的感知形態有主要路徑，它們有如河谷，會蒐集周遭的所有資訊，並讓一切流入既有的河流中。因此，只要能脫離主要路徑或集水區，便有很大的機會進入另一個集水區。創意思考與亂槍打鳥截然不同，它更像是在一條滿是餐廳的街上，勉強自己離開常去的餐廳，去探索新餐廳。

只要脫離基於經驗的慣常形態序列，就有可能發現新想法正等著我們。新想法早就存在，只要我們擺脫慣常的思考形態，就有機會發現它。然而，一個有價值的創見事後看來一定是合乎邏輯的，因此有些人會宣稱，這種創見只需要一點邏輯思考就能得到，不需要搞那麼多花樣。

大跳躍勝過小跳躍？

有人說，西方的創造力一心想促成觀念上的大跳躍，創造新範式；

日本人的創造力則滿足於連串的小跳躍式改良，不必驟然改變觀念，就能製造出新產品。哪一種比較好？

小跳躍的創造力無疑是有價值的，西方某種程度上忽視這種創造力，因為西方人偏好真正的「大」創見，這種創見比較能滿足自我，也比較容易打動別人。西方人重視天才型的創造力，有時候就會忽略了實用型的創造力。小跳躍的創見，通常是修正、改良或重組。一個創見的最大價值，可能取決於大量的小跳躍創造力，這種創造力幫助我們從創新中擠出最大價值。

但我也必須指出，連串的小跳躍加起來未必能產生一次大跳躍，因為大跳躍通常是範式的改變或新觀念的誕生，涉及舊觀念的徹底重組，這不太可能來自小跳躍的累積。

大跳躍和小跳躍創造力都有必要，關鍵在於平衡。為了鼓勵每一個人發揮創造力，我們應該要強調小跳躍創造力的重要性。如果我們只強調大跳躍創造力，人們可能會認為這只適用於從事研究工作的科學家或企業策略專家。

創意思考是群體活動？

過去我們以腦力激盪法作為創意思考的主要方法，有些人因此認為，創意思考必須是群體活動。畢竟如果你一個人坐下來，你可以做什麼呢？只能等待靈感嗎？腦力激盪法的概念，是其他人的話語可以刺激

你思考，形成意念的連鎖反應，因此腦力激盪必須是群體活動。

但事實上，創意思考完全不必是群體活動，本書提出的每一項創意思考技巧都可以由個人獨自運用，不必仰賴其他人提供刺激。以我的經驗來說，相對於群體合作，一個人努力得到的點子更多，意念範圍也更廣。在群體中，你必須聽其他人講話，可能也必須花時間敘述自己的想法，而且群體往往會選擇一個共同方向，獨自作業則可以選擇自己的方向。

就社交面來說，群體活動確實有其價值。獨自從事創造工作需要很強的紀律，因此實踐上我通常建議結合群體和個人努力。我認為，個人提出意念和新方向的能力要比群體強得多；一旦意念誕生，就可以經由群體加以發揮並提出多種發展方向。

我想強調的是，創意思考並非像許多人所想的那樣，必須是群體活動。

智力與創造力？

葛佐斯（Jacob Getzels）與傑克森（Philip Jackson）曾經做過一項經典研究，他們宣稱，智商在一二〇以下時，智商越高則創造力越高；但智商超過一二〇時，智商與創造力就會成反比。

我們必須質疑這項研究測試智力和創造力的方法，以及參與者的期望。高智商的人通常會遇到別人勸他們不要猜測、不要提出無聊的想法，這種背景可能嚴重影響比較的結果。此外，智商很高的人不提出某

些想法，可能是因為他們知道這些想法是荒謬可笑的；而智商較低的人可能因為不夠聰明，不知道某個想法行不通，仍然提出來，反而在創造力評估中得分。

　　但這個問題仍值得思考：人是否必須非常聰明，才能擁有強大的創造力？還是太聰明反而不利於發揮創造力？

　　我視智力為大腦的潛力，智力可能取決於某些酵素的運作，因此有些人擁有較快的心智反應和大腦運轉速度。就像是汽車的馬力，馬力決定了汽車的潛力，但汽車的表現仍取決於駕駛者的技術。馬力很強的車可能因為駕駛者開得不好而表現很差，馬力平平的車也可能因為駕駛者開得好而表現出色。同樣道理，一個聰明人如果未掌握思考技術，表現可能不如一個智商較低的人。

　　創意思考是思考技術的一部分，必須另外學習才能掌握。高智商的人如果不曾學習創意思考，創造力有可能不如智商較低的人，因為我們接受教育時學習的某些思考技術，可能不利於我們發揮創造力。因此，創造力的高低，主要取決於習慣、訓練和期望，只要願意學習，高智商不會妨礙一個人發揮創造力；只要智力達到基本水準，一個人不必特別聰明也能擁有創造力。

Chapter ■ ■ ■ 6

創造力的來源

這一章將闡述創造力的來源，包括一些傳統和另類觀點，有助正確認識水平思考的系統化技巧，並獲得一些有關創意思考的實用觀點。

無知

無知是典型的兒童創造力來源，面對一個問題時，如果你不知道慣常的做法、方案和相關概念，你或許能提出一種全新的做法。此外，如果你不知道相關限制，不知道哪些事不能做，你選擇的做法就會有比較大的自由。

孟格菲（Montgolfier）兄弟在1780年代首度乘坐熱氣球升空，這個令人興奮的消息傳到人在巴黎的法國國王耳中，他馬上看到氣球的軍事應用潛力，國王傳召首席科學官查爾斯（Jacques Charles），命令他製造氣球。這名不凡的科學家絞盡腦汁，苦苦思索氣球飛行的道理，一段

時間之後，他大喊：「想到了！他們一定是使用氫氣這種比空氣輕的氣體！」他因此發明氫氣球，一種與熱氣球完全不同的氣球。

許多年前，瑞典貝仕拓（Perstorp）公司執行長韋斯曼（Gunnar Wessman）在瑞典南部召集一群高中生，請我教導他們水平思考。一些政府和產業界人士也從斯德哥爾摩來到我的班上，向這些年輕人提出一些問題。其中一個問題是，有一家工廠週末仍必須維持運作，但管理層發現，要鼓勵員工週末上班相當困難。這些年輕人在對工廠一無所知的情況下提出他們的創見：與其鼓勵既有員工週末上班，不如請一些專門在週六和週日上班的新員工。他們的建議獲得接納，結果來應徵週末工作的人遠遠超過工廠需要的人力。成年人想不出這個主意，因為他們假定沒有人想在週末上班、工會不可能允許，諸如此類。

我先前提過，雖然兒童可以提出清新、原創的想法，他們也可能十分固執，不願提出更多可能做法。他們的創造力源自無知，而不是努力尋找新做法。隨著人逐漸長大，我們很難保持無知的狀態，而且一個人在自己的專業領域內是不可能保持無知的。那麼，對於源自無知的創造力，我們可以提供什麼實用建議呢？

在某些情況下，我們真的可以聽聽小孩子的意見。他們或許無法提供成熟的方案，但如果能抓住藏在話中的原則，或許就能想出一些新做法。某些產業，例如零售業和汽車業，有很強的「近親繁殖」傳統，業界人士覺得自己無所不知，認為你必須在業界長大，才能有所貢獻。在這些產業，向外界尋求意見是有道理的，因為外界人士提供的想法可能十分新鮮，是經驗再豐富的業界人士也想不出來的。

當我們踏入一個新領域時，研讀與這個領域相關的所有資料是很正常的事。如果不這麼做，就無法運用這些已知的知識，你可能會浪費時間去「重新發明輪子」。但如果你讀盡所有資料，你將扼殺了自己提出原創構想的機會。在閱讀的過程中，你會接受既有的觀念和感知，你可能會提出質疑，甚至反其道而行，但你對既有觀念不再是無知的，你不再有機會發展出與傳統觀念不同的觀念，哪怕只是稍微不同。因此，如果你希望成為能幹的人，你必須讀遍全部資料；但如果你希望保有自己的原創力，你就不能這麼做。

解決這種兩難的方法之一，是節制閱讀量。當你讀到有感覺時就停下來，自己思考，形成自己的一些想法之後，再閱讀一些資料。然後停下來，檢視自己的想法，甚至是形成一些新想法，再恢復閱讀，直到讀完全部的資料。這種做法將使你保留某程度的原創力。

當一個人加入新組織時，通常會有短暫的「清新期」，大約六至十八個月。未滿六個月時，新人消化的資料不足以使他掌握對業務的感覺，除非是非常簡單的業務。十八個月之後，原本的新人已深受組織文化與做事方式影響，不可能再留在無知的清新狀態。

值得注意的是，一些最僵化的產業是所謂的軟性產業，例如廣告業與電視業。其他領域可能會受到法規，甚至物理定律的限制，但軟性產業基本上不受這些東西約束，業者為求心安，就自創了許多規則和指引。如果什麼都可以做，你怎麼知道自己該做什麼？業界的傳統鞏固了這些僵化的指引，人們被迫遵循許多任意訂下的規則。在這些領域，無知通常被當作愚昧而受到鄙視。

經驗

經驗型創造力顯然與無知型創造力相反。經驗告訴我們哪些做法行得通，什麼東西會成功，什麼東西會暢銷。經驗型創造力的第一種模式是「錦上添花」，將之前大獲成功的做法裝飾一下，使它看起來像是新東西。典型競爭行為中的產品差異化就是這種類型。

第二種模式像「拍電影續集」，如果某樣東西曾經大獲成功，就再做一次。既然《洛基》（Rocky）如此成功，何不拍續集，甚至第三、第四、第五集？這種策略涵蓋抄襲、借用，以及一般性的產品。一種新廣告風格如果成功，會立即引來大批模仿者。這種做法在北美非常普遍，不少產業明顯厭惡風險，如果知道某種做法行得通，就再做一次，不要嘗試創新了。因為一旦失敗，決策者必須付出重大的個人代價，企業評價主管，往往就看他最近的作為，這鼓勵人們投機而非真正發掘機會。

第三種模式則是「拆散重組」，將已知可行的東西組合成一項產品（例如一項金融產品）。要推出新產品時，就拆散原本的組合，以新方式重新組合起來。因為當中要素會以多種方式混合組裝，產品內容總會有些不同。

經驗型創造力基本上是一種低風險創造方式，試圖以過去的成功為基礎，複製過去的成就。多數商業創造都屬於這個類型，提供穩定、可靠的產出，但缺乏真正的新意。如果有人想出一些真正的新東西，會遭到否決，因為沒有足夠的證據可以保證成功。好萊塢大亨高德溫（Sam Goldwyn）曾經說過：「我們真正需要的是一些全新的俗套。」

動機

　　動機型創造力非常重要，許多公認有創意的人，他們的創造力正是源自動機。所謂的動機，是指其他人可能每週只願意花五分鐘尋找更好的做事方式，但你願意每週花五小時。動機意味著當所有人都滿足於顯而易見的既有做法時，你願意另闢蹊徑。動機意味著有尋找解釋的好奇心，願意嘗試各種做法，努力推陳出新。

　　動機非常重要的一點是，當事人願意停下來，審視其他人不屑審視的東西。這種專注於審視的過程，往往不被重視，但它其實是創造力的有力來源，即使當事人並未運用特別的創意技巧。動機意味著投入時間和精力，設法發揮創造力，假以時日，這種投資確實可以獲得報酬，當事人將能想出創見。

　　人們眼中的許多創造才能，其實是源自創造動機，這點毫無疑問。如果在創造動機之外，再加上一些創意思考的技巧，我們就有可能發揮強大的創造力。

調整過的判斷

　　攝影師與畫家不同，畫家站在畫布前，手上拿著調色盤和畫筆，運用靈感畫出一幅畫；攝影師則帶著相機四處遊走，被某些場景或事物吸引時，便選好角度、構圖和光源等等，將有意思的場景轉化為照片。

調整過的判斷就類似攝影師的創造力，作出判斷的人並不是意念的創始者，但是他比別人更早認識到這個意念的潛力，並將它付諸實踐。雖然這種創造力似乎缺乏創造意念的魅力和自我滿足感，但它實際上可能更重要。發展成熟並付諸實踐的意念，比停留在空想階段的意念重要。許多看似靠創意成功的人，實際上是借用了其他人的初步構想，然後投入創造力加以發揮並付諸實行。

看出意念價值的能力，本身就是一種創造力。一個新意念必須有人看出它的力量，以這種方式發揮意念的人，功勞媲美意念的創始者，應獲得同等榮譽。

運氣、意外、錯誤與瘋狂

一個重要的新意念可能是源自運氣、意外、錯誤或瘋狂，歷史上這種例子不勝枚舉。傳統思維是歷史的一種總結，朝著某個方向前進，然後一些不在規畫中的事情發生，改變了思維的方向，促成了一些新發現。

醫學上的許多進步就是意外、錯誤或偶然觀察的結果。佛萊明（Alexander Fleming）當年注意到，微生物培養皿沾到的黴菌似乎殺死了細菌，這個發現最終衍生了第一款抗生素盤尼西林。巴斯德（Louis Pasteur）的一名助手犯錯，替一些雞注射的霍亂菌劑量太低，結果這些雞對後來注射的霍亂菌免疫，巴斯德因此發現了疫苗的原理。

哥倫布當年啟程向西航行至西印度群島，是因為他使用了錯誤的測量法。托勒密（Ptolemy）算錯地球周長，哥倫布還以他的算法來估算航程。其實住在埃及亞歷山大港的埃拉托斯特尼（Eratosthenes）早在托勒密之前就正確算出地球周長，如果哥倫布是使用埃拉托斯特尼的算法，他很可能會放棄他的航海計畫，因為他會知道他的船隊無法運載足夠的糧食。

整個電子業可以說是源自福雷斯特（Lee de Forrest）的一個錯誤。福雷斯特注意到，當實驗室中的兩個球體之間閃現火花時，瓦斯火焰會跳動，他認為這是空氣離子化的結果，因此著手研究，發明了三極真空管，利用柵極來控制、放大從燈絲到集極的電流。這項卓越發明提供了真正的放大器，促成電子業的誕生。在人類發明電晶體之前，所有的電子裝置都是使用這種真空管。整件事似乎是福雷斯特的錯誤判斷引起的，瓦斯火焰跳動，其實是火花放電產生的聲響造成的。

錯誤、異常和意外狀況經常誘發創意和新見解，因為這些狀況將我們帶離平時一直處在其中的合理範圍。所謂的合理範圍是大家接受的經驗總結，受許多人熱心捍衛，尤其是不太可能提出創見的人。當一個人提出不符合現行範式的想法時，瘋狂是他的創造力來源，確實，這種想法多數是瘋狂的，禁不起時間的考驗，但有時候瘋狂的新想法是正確的，範式必須改變，但還是得先克服舊範式捍衛者的激烈反對。

那麼，對於這種創造力來源，我們有什麼實用建議？我們應該故意犯錯嗎？

建議之一是，當事情不如預期時，要密切注意錯誤和異常情況。

第二是有意識地運用刺激技巧，讓自己在受控制的情況下每次發瘋三十秒。藉由這種方法，我們可以跳出合理範圍，而那原本必須靠運氣、意外、錯誤或瘋狂才能做到。

圖1-13顯示經驗和合理範圍如何限制我們的思考，我們可以靠運氣、意外、錯誤、瘋狂或有意識的刺激，跨越這些界限。

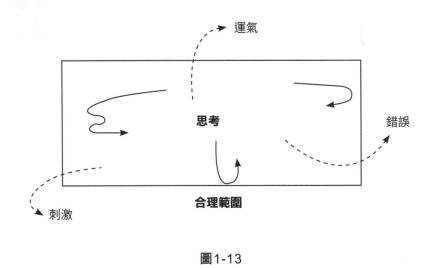

圖1-13

獨自作業的時候，我們可以抱持一些看似瘋狂或古怪的構想進行研究，最後可能證實它是合理的。但如果一開始就與群體一起工作，可能就無法研究這種構想，因為我們只能在群體接受的範圍內提出構想。高度仰賴群體工作的文化，例如義大利和美國，在這方面可能處於劣勢；像英國這樣的國家就可能占有優勢，因為它有尊重古怪的個人獨自作業的傳統。這正好解釋了日本經濟產業省的一項研究：二十世紀最重要的

觀念突破51%來自英國，僅21%來自美國——儘管美國的技術投資規模大得多。

不過必須注意的是，現代科學的複雜性，個人要作出貢獻比以前困難得多。未來要提出創見，可能需要跨學科的團隊合作，刺激技巧也變得更加重要。

1970年，我在某個石油業者的會議上表示，業者應該考慮發展水平鑽探技術，而不是只做垂直鑽探，我甚至建議使用油壓鑽頭，當時我的建議看似瘋狂，如今這是最先進的鑽油方式，大幅提高了產油量。

風格

風格也是創造力的一種來源，我之前講過，有些藝術家的創造力源自他們有力而寶貴的風格。在同一種風格內創作，可以產生一連串的新產品；它們是新的，因為它們全都展現同一種新風格。

不過，除了運用同一種新風格外，創作者並未為每一件產品付出個別的創造性努力。這種創造力可以有很高的實用價值，但不同於觀念的創新。

解除束縛

前面說明過，擺脫傳統的警戒和束縛確實有某程度的價值，但光靠

它是不夠的，因為大腦的自然運作並非以發揮創造力為宗旨，解除束縛僅能稍微提高創造力。

但值得注意的是，組織文化的改變可以釋放寶貴的創造力。如果員工覺得管理高層允許、甚至鼓勵員工發揮創造力，他們確實會開始變得比較有創意。根據我的經驗，一旦公司執行長對發揮創造力展現出堅定而實在的決心，組織文化會很快地改變。或許主要不是因為員工解除了束縛，而是因為他們很快就領悟到公司的新價值觀和新遊戲規則。

消除恐懼、解除束縛對發揮創造力很重要，也會產生一些效果，但這只是非常初步的努力，仍然是不夠的。

水平思考

我們可以有意識地運用水平思考的技巧，以求產生創見、改變感知，我們可以學習這些技巧和工具，在需要的時候使用它們。這些工具衍生自感知的邏輯，也就是形成和運用形態的自組織資訊系統的邏輯，我們可以藉此培養創造力。

水平思考技巧很實用，也很重要，當然，這不表示我們不能同時從其他來源獲得創造力。

Chapter 7

水平思考

「水平思考」是什麼？與創造力有什麼關係？又為什麼要叫作水平思考呢？

我曾獲得羅德獎學金（Rhodes Scholarship），在牛津大學讀心理學時，開始對思考產生興趣。從事醫學研究時，我為了估計肺動脈的阻抗，大量使用電腦執行血壓波的傅立葉分析，開始對電腦所沒有的思考方式產生興趣，也就是創意和感知思考。在哈佛繼續研究醫學時，我研究的是身體調節血壓的複雜方式，以及人體一般的系統整合，因此對自組織系統產生興趣。

這三方面的興趣（思考、感知思考、自組織系統）匯聚在一起，促使我寫了一份手稿，當時我以「另一種思考」稱呼線性、順序和邏輯思考以外的思考方式。有一回，我接受《倫敦生活》（London Life）的訪問，在解釋「另一種思考」時，談到我們應該往水平方向尋找其他想法和做法。我馬上意識到「水平」正是我需要的字眼，於是我修改手稿，以「水平思考」代替「另一種思考」。

那是1967年的事，到了1992年，《牛津英語詞典》正式收錄「水平思考」一詞。《簡明牛津詞典》的詞條這麼解釋：「嘗試以非傳統或看似不合邏輯的方法解決問題。」當中的「看似」是一個關鍵詞，水平思考看起來或許不合邏輯，但它根據的是自組織資訊系統的邏輯；在這種系統中，刺激是必要的。

水平思考最簡單的解釋是：「將同一個洞挖深，並不能挖出一個新的洞。」水平思考強調尋找新方法和看事物的新方式。進行「垂直思考」時，你會選定一個位置，以它作為思考的基礎，你的下一步取決於你當下的位置，如圖1-14，這有如在一個地基上層層向上發展，或是將一個洞越挖越深。

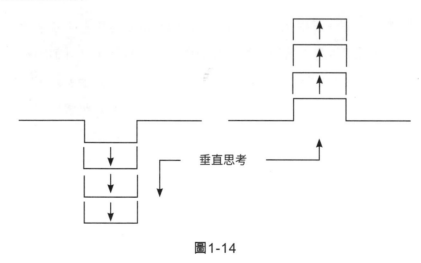

圖1-14

從事「水平思考」時，我們是「橫向」發展，嘗試不同的感知、觀念和切入點。我們可以運用各種方法和刺激技巧，讓自己脫離慣常的思

考路徑。水平思考的技巧是基於自組織資訊系統的「跨越形態」行為。圖1-15顯示這種跨越形態行為，這也是不對稱形態系統的示意圖。水平思考追求跨越形態，而非遵循既有的形態。

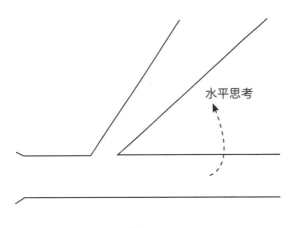

水平思考

圖1-15

　　水平思考與感知密切相關，從事水平思考時，我們設法提出多種觀點，它們全都正確，可以共存。這些觀點是獨立產生的，並不是由一個觀點衍生出另一個，就像你繞著一棟建築物走，從不同角度拍照，每個角度都同樣有理。祖母在織毛線時，一旁三歲大的蘇珊在不停地玩毛線球，媽媽說，應該將蘇珊放在遊戲圍欄裡，以免她打擾祖母。爸爸則說，應該讓祖母在圍欄裡織毛線，免得蘇珊打擾她，可能是更好的做法。

　　一般的邏輯關注「真理」和「現狀」，水平思考則關注「可能性」與「可能情況」。我們累積一層層的可能情況，最終得出一個有用的構想，電腦界將這種資訊處理方式稱為「模糊邏輯」（fuzzy logic），因為

當中並無明確的對錯界限。

「水平思考」一詞有狹義和廣義兩種用法。

狹義──一套用來改變觀念和感知、推陳出新的系統化技巧。

廣義──探索多種可能性與做法，而非僅採用單一方法。

廣義的水平思考顯然與感知思考非常相似。就某種意義上，水平思考就是感知思考，不遵循處理式思考的邏輯。

水平思考與創造力

改變觀念和感知，是水平思考的目的，也是新意念創造力的基礎，這與藝術表達的創造力未必相同。儘管許多藝術家告訴我，水平思考技巧對他們很幫助，但我不會宣稱水平思考是藝術創造力的基礎。如前所述，「創造力」一詞有「創新」、「創造事物」，甚至包涵了「價值」的意思，如此廣義的創造力可能涉及數種完全不同的過程。「水平思考」的意思則非常明確，水平思考涉及改變觀念與感知，是基於自組織資訊系統的行為。

廣義而言，水平思考也涉及探索觀念和感知；但是其狹義，或者說在創造力方面，則是集中在改變觀念和感知。在本書第二部分「工具篇」中，你會看到，水平思考有些方面是完全合乎邏輯的，甚至具有收

斂性質。水平思考並不等於發散式思考，發散式思考關注多種可能性，一如水平思考，但它只是水平思考的一方面。水平思考與創造力的關係如圖1-16，重疊的部分有多大則見仁見智。

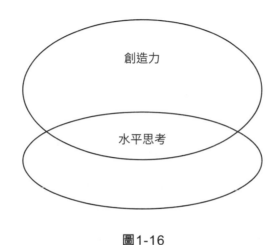

圖1-16

我在本書中一直提到「創意思考」和「水平思考」，我使用「創意思考」，是因為它比較廣為人知，我不想使讀者感到困惑。此外，本書第一部分的許多論點，確實是在談一般的創意思考，不過，讀者應記住，本書關注的是涉及新觀念和新想法的創意思考。

「水平思考」專指有系統地產生新想法和新觀念的具體技巧與工具，就如同在數學這門科學中，我們有各種執行數學運算的具體方法，而它們也各有名稱。

感知與處理

　　晚上請客需要的材料就放在廚房流理台上，有肉、蔬菜、香料等等，你的工作是處理這些材料，做出令人難忘的佳餚。

　　我們的文化已經發展出卓越的資訊處理方法，我們有了不起的數學，能有效處理資料，數學甚至開始涉足非線性領域。我們有統計學和概率學，有電腦和資料處理技術。電腦起初是用來作數學運算，但現在也可以做一些超越數學能力的事，例如疊代法、模擬和建構模型等等。電腦提供了一個世界，我們可以在當中做一些實驗，觀察結果，開創了全新的向度。一些程序涉及極度繁瑣的數學運算，都可以由電腦處理。我們還能運用各種類型的邏輯協助處理資訊，我們每天都會用到簡單的亞里斯多德式日常語言邏輯，例如識別、包括、排除、矛盾等等。我們不缺處理工具，而且它們還會變得更好。

　　回到我剛才提到的廚房，我們或許可以停下來想想這些材料來自何方，以及它們是如何進入廚房的。我們如何選擇材料？它們如何出現在市場上？它們如何收割？一開始為什麼會有人種植或養殖這些東西？

感知的功能就是生產待處理的材料。它組織各種事物，產生我們運用數學處理的種種變量；它提供我們以邏輯處理的觀察或命題；它賦予我們字詞，幫助我們選擇思考時使用的字詞。雖然我們已經發展出卓越的資訊處理系統，但我們在感知方面所做的極少，因為我們不了解感知。我們一直假定感知是在靠外部力量組織的被動型資訊系統中運作，這使得我們不可能了解感知。

近四十年來，我們才開始了解自組織資訊系統和自組織神經網路的行為，如今我們已經建立一個概念模型，可以幫助我們了解感知、幽默和創造力。

創造力發生在思考的感知階段，我們的感知與觀念是在這個階段形成，因此，要改變它們也必須在這個階段。讀者看到這裡應該已經了解，感知對於創意思考的重要性，以及水平思考與感知思考是如何密切相關。

思考大多發生在感知階段，多數思考錯誤也是因為感知不足，而非邏輯錯誤，然而，一直以來我們強調邏輯而非感知。我們對感知的流動性和可能性感到不安，寧願躲到看似穩定和正確的邏輯中。當我們需要處理的東西是一個確定的數字或數值，例如長度、面積和容量，這並無問題；但是在某些領域，卓越的處理技術彌補不了感知的不足，此時就會有問題產生。

當我們運用感知時，看到的是我們感知的事物模樣。眼前的事物會觸發根據經驗時序建立的感知形態，我們便是以這些形態在感知世界。

擴展我們的感知

有個五歲男孩，名叫強尼，有一次他的朋友拿兩枚硬幣讓他選，比較大的是一元硬幣，另一枚比較小的是兩元。朋友告訴強尼，他可以選一個並留下它。強尼選了比較大的一元硬幣，朋友認為他很蠢，不知道小的那個比較值錢。每當他們想取笑強尼時，就拿出兩枚硬幣讓他選，強尼總是選一元，似乎總是學不會分辨哪一個比較值錢。

某天有個大人看到這個情況，將強尼拉到一邊，告訴他比較小的硬幣價值是大的兩倍，雖然看起來不是那樣。強尼很有禮貌地聽完大人的話，然後說：「是的，我知道。但如果我拿兩元的那個，他們還會拿硬幣讓我選嗎？」

如果我們替電腦編好程式，命令它選擇價值比較高的硬幣，電腦在第一次就會選兩元硬幣。但強尼擁有更寬廣的視野，懂得考慮後續發展的可能，是拜人類的感知能力所賜。這是非常複雜的感知能力，強尼必須評估朋友有多常想取笑他，他們願意損失多少個一元硬幣，以及他們需要多久才會發現他的意圖，此外還有風險因素要考慮。這是電腦與人類的差別，電腦由程式提供感知，然後根據指令處理資料；人類則是選擇以某種方式看事物，形成大腦的感知。

圖1-17是一張簡單的地圖，顯示往三個方向的路。你在╳這一點，想往北走，選擇往北的路看來是合乎邏輯的選擇。你掌握的資料告訴你，這是正確的選擇。

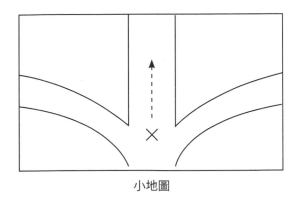

小地圖

圖1-17

現在看圖1-18，這幅較大的地圖包含了原本的小地圖。我們馬上看到，往北的那條路其實是最差的選擇，因為它會走進死胡同，另外兩條路則是連結到往北走的環狀路。

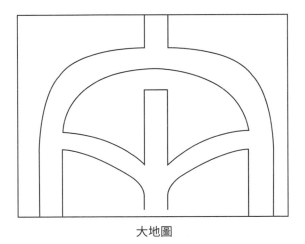

大地圖

圖1-18

當然，我們一開始沒有掌握完整的資訊，只能根據手中資訊作出當下看似合理的選擇。感知的道理也相同，如果我們的感知是有限的，我們也只能根據有限的感知作出選擇。

　　我在早期著作《開創新機》（*Future Positive*）中，提出了「邏輯泡沫」的概念。「邏輯泡沫」是指每個人在自己的感知泡沫中以合乎邏輯的方式行動，邏輯是正確的，但如果感知受限或錯誤，就可能做出不當的行為。不同的邏輯泡沫，會產生不同的行為與衝突，儘管這些行為在個人的邏輯泡沫中都是合理的。

　　學校將思考當成一門科目在教導學生時，最重要的事情之一，是為學生提供擴展感知的工具。因此，我開發的「CoRT思維訓練課程」，第一課就是講PMI，這個簡單的感知工具要求學生先想好處（Plus points），再想壞處（Minus points），最後是思考有趣之處（Interesting points）。

　　我教過一班學生，共有三十人，年齡為十歲或十一歲。我問他們，如果每週付他們五美元，請他們去上學，他們覺得如何。全班同學都覺得很好，他們會拿這些錢買零食、漫畫等等。然後我向他們介紹PMI概念，要求他們分為五人一組，花四分鐘的時間，有條理地討論好處、壞處和有趣之處。討論結束後，我請他們報告自己的想法，他們提出的好處並沒有改變，但現在也想到一些壞處，例如錢可能會被高年級的同學搶走，學校可能會提高午餐收費，家長可能會變得比較不願意送他們禮物。還有，錢從哪裡來？教師的薪水可能會減少，諸如此類。他們也提出了一些有趣之處，例如學生如果成績不好，校方會扣他們錢嗎？高年

級的同學會拿到比較多錢嗎？

結果，三十名學生中，有二十九人改變了想法，認為拿錢上學是個壞主意。我並沒有參與他們的討論，我只是提出一項感知工具，他們因為這項工具擴展了感知，並且改變了判斷。這正是教導學生思考時應該做到的事：提供學生可以使用，而且確實有用的工具。

三個杯子倒置在桌上，其中一個杯子下面是巧克力，另外兩個下面則是小石頭。朋友請你猜哪一個下面是巧克力，你選了一個杯子，朋友翻開另外一個杯子，露出下面的石頭。現在讓你再選一次，你應該維持原本的選擇，還是改選另一個？邏輯告訴你，巧克力可能在你選擇的杯子下面，也可能在另一個杯子下面，無論選哪一個，機率都是二分之一，這樣你好像沒理由要改選另一個。但如果你換個角度思考，邏輯會告訴你，改選另一個杯子猜中的機率比較大，有三分之二。為什麼呢？我可以告訴你答案，但你自己想出來會比較有趣。

感知的邏輯是水邏輯

在《我對你錯》這本書中，我提出「水邏輯」的概念，並拿它與傳統的「石頭邏輯」對照。水邏輯是感知的邏輯，石頭邏輯是處理的邏輯。

石頭有固定的形狀；水沒有，水會因應容器或環境而改變形狀，就像感知取決於脈絡、經驗、情緒、觀點和框架等等。在一塊石頭上面加一塊石頭，你會有兩塊石頭；但水加進水中，你得到的仍然是水，就像

感知層層積累，卻不分離，而會形成整體的感知。

　　石頭是靜止的；水是流動的。石頭邏輯關注「是什麼」；水邏輯與感知關注「可能是什麼」。石頭的邊緣是堅硬的；水的邊緣是液態的，就如同感知的「模糊邏輯」。感知求意義，嘗試理解眼前的一切。感知也追求穩定，就像水會流向一種穩定狀態，石頭則不能動。

　　感知的邏輯與傳統的石頭邏輯大不相同，我們忽略這項差異，是因為感知的不確定性讓我們感到不安，我們總是希望得到像邏輯那樣的確定感。因此我們假定可以運用語言中的字詞處理感知，就像在運用數學符號。這種做法使我們困在字詞的局限中，而且只能以傳統方式看事物。字詞就是歷史，將感知凍結在歷史的某一時刻，當我們處於無知的狀態時，字詞是我們的百科全書，但是在我們可以有更好的表現時，字詞也要求我們使用這些凍結的感知。

　　要發揮創造力，必須先了解感知的流動性和多重感知的可能性，用「可能是什麼」來取代「是什麼」，這是創意思考的必要背景。等到創意思考結束後，我們再回到石頭邏輯的世界，提出可靠、可行和可檢驗的構想。為了提出這些構想，水邏輯和水平思考的流動性不可或缺。

設計與分析

　　西方的思考傳統是基於分析和辯論，我們的教育以「分析」為重心，為了理解資訊、理解各種局勢，必須進行分析，將複雜而陌生的局勢分解成許多細塊，我們才能夠認出和處理它們。追求真理是西方思想的特徵之一，這與西方重視分析不無關係。我們教人分析，不僅因為它很重要，還因為教分析方便得多，老師可以要求學生分析局勢，或是提供案例，要求學生分析。

　　分析時，我們關注「是什麼」，設計時則是關注「可能是什麼」。我們總是假定，如果能夠藉由分析找出真相，就會知道接下來該怎麼做，就像找到一張清楚標示道路的地圖，我們只需要選一條路走。可惜現實並非如此，除了描述，現實生活還涉及行動。確實，有些時候行動是例行、標準或顯而易見的，但也有些時候我們必須「設計」適當的行動。

　　我們應該重視設計構想與行動，就像重視分析那樣。但我們沒有這麼做，我們以綜合平衡分析。分析將事物分解成要素，綜合則將要素組合成答案或行動，有如玩樂高積木，將物品拆成一塊塊塑膠片，再將一

塊塊塑膠片組合成你想要的東西。可惜設計並非只是將要素堆在一起。設計需要概念，將各種要素組合起來並不能產生概念，這就是為什麼我們擅長分析遠甚於設計。

分析是我們解決問題的傳統方法，我們會思考問題的起因是什麼。如果你坐下來感到一陣劇痛，你會檢查坐墊，你找到大頭針，拿走它，問題的起因消除了，問題就解決了。你喉嚨痛，檢查發現是感染鏈球菌，你吃一些盤尼西林，消滅了鏈球菌，問題的起因消除了，問題就解決了。但有些問題無法找到原因，有些問題則是原因很多，我們無法完全消除它們。還有些問題我們可以找到原因，但無法消除它（例如原因可能是人性）。這些問題無法靠分析解決，我們必須設計一條前進的道路。我們對這種問題如此無力，正是因為我們不重視設計教育。設計使用資訊，也使用邏輯，也必須運用創造力，才能提出可行的概念，或是改變既有的感知。有時候我們受困於某個問題，就是因為我們無法改變感知。

我們都需要設計思維

「設計」一詞有視覺設計或平面設計的涵義，有時還被視為一種裝飾性奢侈品。我們必須擴大設計的涵義，它涵蓋我們組合事物以達到某種效果的所有情況。當標準做法已經無法解決問題時，我們就需要設計。設計是行動的基礎，因此，我們不應該假定自己可以透過分析獲得一張標明現成道路的地圖；而應該假定，地圖僅顯示地形，道路則有待

我們設計。

行動是為了達成某些目標，設計也是。我們可以設計一個概念、一個構想，也就是設計將概念付諸實行的方法。分析是試圖發現可能存在的關係，例如科學方面的分析；設計則是試圖提出不存在的關係，例如提出一個新概念。再多的分析也無法揭示一個不存在的概念。分析問題時，理論上只有一個真相，我們希望藉由分析，一步步接近真相。設計時，只要能達成目的，理論上可以有無數種設計方案。有些設計在各方面均優於其他設計，有些設計只是在某些方面比較出色。

即使在科學方面，我們也需要設計假說和推測。以為科學只需要分析是錯誤的觀念，優秀的科學家都深明此理。如果科學家都一樣嚴謹地蒐集資料，那麼能否成為傑出的科學家，則取決於推測的能力。

遇到衝突時，我們總是想到辯論、討價還價和動用武力，但是透過設計，可以有效解決衝突。我們可以設計一個結果，滿足雙方的價值觀，也可以設計過渡階段，設計退路、獎懲、保證條款和監督系統。

美國某些州的法律有一種非常有意思的衝突解決方法，但因為不為律師所喜而不常使用。解決衝突的正常做法，是一開始時雙方各自提出極端的要求，然後討價還價，逐步向中間方案靠攏，這個過程會耗費大量的時間、精力和金錢。在我所講的另類做法中，衝突雙方不會見面，而是各自設計出自己認為最合理的解決方案，然後交由法官或仲裁人選出合理的方案。因此雙方都會盡力設計出合理的方案，原本會用在討價還價上的力氣，如今都用在設計上，這是這種做法最有意思的一點。如果雙方都設計出合理的方案，那麼法官選擇哪一個應該就無關緊要了。

設計的兩種方式

正常的做法，是釐清要求，形成「模子」，然後將一些東西套入這個模子中。如果你要設計一輛汽車，你可能希望滿足以下要求：誘人的外形、足夠的空間、符合空氣動力學要求的式樣、省油、容易製造、使用標準零件、容易操控，以及一些可以用來宣傳的特色。設計師會設法滿足這些要求。結果即使符合要求，也很可能相當乏味。這種設計方式是一種優化努力，是將已知的概念組合起來，以求達到目標效果。

第二種做法則是先發展出有創意的概念，再研究這些概念可以如何調整、拼湊出符合設計要求的方案。這種做法利用設計要求來調整設計概念，風險較高，但產生新設計的機會比較大。

假設我們要蓋一棟新大樓，建築師可以有兩種設計方式。第一種是嘗試同時滿足所有要求：空間、照明、通訊、能源效率和亮麗外形等等。第二種做法則是選擇一項基本要求（例如宏偉的外形或充裕的工作空間），然後發展出有助達成要求的概念。充分滿足這項要求後，再設法滿足其他要求。換作是在軍事上，前者是整個戰線穩步推進，後者是派出先行部隊，大軍再從後趕上。

我無意在此探討迷人且重要的設計過程，那值得寫一本專著。我只是想指出，我們著迷於分析，但又迫切需要設計思維，兩者形成強烈對比。我們需要設計思維，意味著我們需要創意思考的能力。

創意思考的用途

我們已經討論了創意思考的本質、背景，以及我們為什麼需要它，這些討論都很重要，並非只是學術反思。

如果你能注意到創意思考的這些背景知識，而不只是將水平思考技巧當作一套工具使用，你的創造力會強勁得多。

如果你能夠理解感知的邏輯、設計與分析的差異和其他要點，並掌握創意思考的用語，這會賦予你發揮創造力的動機。

本書提出的論點可能讓你受用終生，也可能被更好的論點取代，但我仍必須提出這些論點，因為人們對創造力的本質有很多誤解，也因為我們的教育體制可悲地忽視創意思考，認為資訊、分析和辯論便已足夠。

提出這些論點，也是為了替創意思考工具的使用建立穩固的基礎。

接下來我們可以開始談創意思考的實際用途。我想先討論一些主要用途，會談得籠統一點，之後還會再說明。

改善

改善是創意思考最主要的用途，或許我應該修正一下，正確來說，改善是創意思考最主要的「潛在」用途。我們可以將創意思考運用在任何事情上，找到更好的做法，這當中有巨大的潛力，但因為種種原因，我們並未充分發揮這種潛力，我們通常太滿足於現行的做事方式。

「改善」是什麼意思？找到「更好」的做法是什麼意思？「更好」又是什麼意思？

我們必須釐清「更好」的意思。更好可以是指降低成本或縮短需要的時間；更好可以是指錯誤和缺點減少了；更好可以是指變得比較節能或產生的污染減少了；更好可以是指更令人滿足；更好可以是指減少浪費或可以使用比較便宜的材料。

展望未來，「更好」非常重要的一個方向，是變得更簡單。簡單對使用者和消費者有很高的價值，簡單對生產者也有很高的價值，因為這意味著技術高超的工人不再是必要的。界定改善的方向非常重要，當然，有時候可能同時有幾個重要方向。

西方的改善觀念總是關注消除缺陷、克服困難和糾正錯誤，這基本上是因為西方思維普遍的負面傾向。

日本人也注重消除缺陷，但這只是改善的第一步。日本人能夠檢視看似完美的東西，然後著手加以改善，這一點與西方人不同。日本人的改善觀念並非僅限於糾正錯誤，他們沒有西方思維的負面傾向。豐田汽車公司每年可獲得每位員工提供三百項建議，在一般的西方企業，這數

字低於十。西方企業正設法學習日本人的一些做法，推動「持續改善」和「品質控管」等方案。這些方案要求改善所有環節，即使有些環節並沒有錯誤需要糾正。

歐洲某大公司有一個成功的建言方案，蒐集到的建議，可以替公司節省以百萬美元計的費用，但公司並不喜歡這個方案，因為沒有人有時間或意願去評估收到的建議。這可能是因為所有建議都是向上和向中央傳遞。日本人處理這問題的做法，是在各層級設立委員會，負責評估該層級產生的建議，這樣就不會出現建議大量堆積在中心點的情況。設計處理建議的方法，是改善計畫的關鍵。

改善的重點在於，我們可以檢視任何程序或方法，並相信可能有更好的做法。有些公司願意檢視花了多年時間完善，已經完全滿意的程序，進一步改善這些「完美」的程序，結果省下以百萬美元計的費用。

即使沒有出現問題，也沒有節省成本的壓力，設法改善程序仍是有價值的。我們必須抱著力求改善的心態去檢視一切，但這並不容易做到，我們很容易倒退到只注意問題和缺陷。必須切記，消除缺陷只是改善過程的一小部分。

我們可以基於經驗、新技術、新資訊、分析和邏輯來進行改善，並不一定需要創意思考。如果有缺陷，利用合理的問題解決方法，往往就能夠消除缺陷；但如果沒有缺陷，我們就需要創意思考來開創新的可能。

解決問題

解決問題向來是創意思考的一種傳統用途，如果標準做法解決不了問題，就有必要運用創意思考。即使標準做法可以解決問題，我們還是可以運用創意思考找到更好的方案；標準做法或最早想到的方案，未必就是最好的。

我們之前討論過解決問題的兩種方式：分析與設計。設計顯然需要創意思考，但就算是分析，也需要創意思考，才能想出更多的可能性來檢驗。人們往往就「問題定義」大作文章，探究：「此處的問題是什麼？」界定問題確實很重要，但我必須說，只有在找到答案後，才能找到最適切的問題定義。問題定義的實際用途並不大，但我們仍有必要考慮多種問題定義——有些是廣義的，有些是狹義的。重點不在於找出正確的問題定義，而是如果我們有多種問題定義，遲早能找到一個我們滿意的，而且可以產生有用的結果。

問題就像頭痛或鞋裡有沙，你知道它在那裡。問題可能源自你周遭的世界（法規、匯率波動、災難、生態困境等等）、你的競爭對手，或是你自身系統（機器、電腦、勞資關係等等）的故障，你不需要去尋找問題。

另外有一種問題是你替自己設定的，你可以將這稱為「發現問題」，但我喜歡用比較廣義的「設定任務」。你替自己設定一個任務，然後著手去做。如果任務可以用例行做法完成，那就沒有問題；但如果例行做法不可行，你便是替自己設定了一個問題，你可能需要創意思考來解決這個問題。你對自己的創意思考能力越有信心，就越願意替自己

設定看似不可能完成的任務。

多年前，我出席劍橋大學三一書院的一場晚宴，坐在數學家李特伍（John Edensor Littlewood）教授旁邊，我們談到在電腦上玩西洋棋的問題。西洋棋之所以困難，是因為有多種棋子，走法各有不同。我說，如果能發明一種棋，雙方都只有一枚棋子，那一定很有趣。我替自己出了這道題，後來我發明了L棋，下棋雙方各有一枚L形棋子。這遊戲二十秒就能學會，但它真的是一款遊戲，可以玩到運用很高的技術。這就是所有發明者在做的事，替自己設定一項任務，然後著手去做。設計工作也是這樣，唯一的差別在於，設計通常可以產生某種結果，而發明必須有突破，才會有結果。

北美洲的人傾向將一切有目的的思考稱為「解決問題」，這不是一種好傾向，因為它未能區分解決困難涉及的思考與創新涉及的思考。第二部分「工具篇」中介紹的技巧，有些技巧例如「概念扇」就特別適合成就型思考。所謂成就型思考，是指我們遇到一個問題，或是替自己設定一項任務，我們知道自己要做什麼，必須找出方法成就這件事。成就型思考的涵義，比解決問題還要廣泛。

我們知道，「避開問題」是解決問題的一個重要方法。有時候我們不必解決眼前的問題，而是可以追溯問題的根源，改變系統，使問題不會發生。這就是一種重新設計的過程。如果有人總是弄丟鑰匙，你可以重新設計保全系統，一個不必使用鑰匙的系統。

提供價值與機會

彼此競爭的機構如果都努力提升自己的能力，那麼生存與成功的關鍵，就是各機構運用核心資產的能力，包括市場地位、勝任的員工、通路系統、技術知識和專利，以及品牌等等。創意思考的第三種用途，是增加價值、創造價值和設計機會。

曾經有一段時間，組織保持一定的運作效率，解決遇到的問題，這樣便已足夠，但如今這只是基本要求。現在的經營者必須考慮的問題包括：我們可以設計哪些新產品和服務？我們可以如何替自己的產品和服務定位？我們可以如何提供額外的價值？我們可以開拓哪些新市場和市場區塊？

本書稍早提到，我們必須從典型的競爭觀念，轉向「超競爭」的新觀念。「整合」的價值對於滿足消費者需求非常重要。總有一些企業在模仿別人、推出一般性的產品、收購具創新能力的公司，這些都是有效的策略，而且風險似乎低於自己創新。但是，你可以率先做到的事，為什麼要讓別人占得先機呢？任何一家有能力且管理有方的公司都有一些閒置的資產，我們只需要運用創意思考，便能好好利用這些資產。

問題引起我們的注意；危機迫使我們提出對策；改善措施往往是成本削減方案的一部分。可是談到機會，我們並沒有簡單的方法可以鼓勵人們去尋找機會，這需要創業精神。如果我們的環境鼓勵人們規避風險，大家自然沒有冒險或自找麻煩的動機。

設計機會需要創意思考；創造新價值需要新概念；想要忽然發現機會，就必須有人努力去尋找。如果你只是坐待機會出現，你只是大眾的

一員；如果你能發揮創造力，你將領先大眾。機會概念並不是藏在某處等著你去發現，而是需要我們創造出來。一個擅長生產的組織，常常會忽視創造概念的重要。

幫助我們思考未來

未來總是需要思考，我們永遠無法掌握有關未來的完整資訊，但我們的行動將發生在未來，並產生一些結果。因此，我們需要運用創意思考來預見行動的結果，並考慮更多可能的做法，我們還需要發揮創造力來設想我們可能必須面對的未來。

之前提過，我們需要發揮創造力來設想一些不連續的情況，也就是無法從現行趨勢推斷的情況。設計策略、設計應變方案和退路都是創意設計過程的一部分。資訊與邏輯設定了框架，創意設計則提供各種可能的方案，再由資訊與邏輯評估這些方案。在未來，與其以高昂的成本追求正確，不如以較低的成本保持彈性，追求多元。如果不能準確預測未來，就有必要保持彈性，準備好應付各種可能的情況。

據我的經驗，人們太常將擬定策略視為純粹的歸納作業，將各種可能情況歸納為一套合理的行動方案。我們需要發揮創造力，提出更多可能情況，並為這些可能情況設計應對方案。一個明智的決策者應該否決的行動方案，經過創意的調整，或許就能成為最好的方案。因此，所有有關未來的思考都應該包含創意思考，不可或缺。

激勵

唐納（David Tanner）曾經帶領美國杜邦公司的創造力中心，他告訴我，創造力的保護傘讓大家重新檢視、思考自己正在做的一切，他們因此改善了一些做法，儘管這些進步仰賴邏輯多過創造力，不過，如果沒有創造力的保護傘，他們根本就不會重新思考自己所做的一切。

創造力能產生強大的激勵作用，因為它使人們對自己正在做的事產生興趣。創造力給人找到寶貴構想的希望，每個人都有可能獲得成就。創造力讓生活變得更愉快、更有趣。創造力提供了團隊合作的框架。

創造力的這些激勵作用，顯然不同於我們發揮創造力的實際結果。關鍵在於鼓勵和獎勵大家發揮創造力，如果你等到有成果才獎勵，人們投入的努力會減少。如果大家都願意為發揮創造力而努力，那麼成果指日可待。

我們討論了創意思考的一些主要用途，或許我可以用更簡單的說法，例如：每當需要思考時，我們也需要創造力。但這說法有缺陷，因為有一些情況，例如改善與機會設計，除非我們替自己設定這樣的需求，否則表面上看來是不需要思考的。當人們不得不尋找機會、不得不尋求改善，這時候大多為時已晚。好在，企業和一些組織的思考文化正開始改變。某大企業的總裁曾經告訴我，當各部門都沒有「問題」時，他會非常高興；但如今思考基調正從純粹的反應式，轉向主動式，這需要創造力。

PART.2

【工具篇】

水平思考的正式技巧

六頂思考帽

你要如何找到時間進行創意思考？你要怎麼要求別人試著發揮創造力？你要如何阻止別人繼續悲觀下去？如何鼓勵對方注意到一個構想的好處？如何在嚴肅的會議上表達自己的直覺？六頂思考帽是極其簡單，但非常有力的方法。

《六頂思考帽》一書的日文譯本推出時，東京辦了一場早餐會，與會者有日本知名企業的執行長，包括日本電信電話NTT執行長真藤恒，他因為推動NTT這家巨型企業民營化，剛獲選為日本年度企業家。當時NTT有三十五萬名員工，股票市值超過美國前五大企業的總和。真藤先生喜歡六頂思考帽的概念，要求公司的管理高層讀這本書。六個月後，我們再度碰面，他說六頂思考帽已經對公司產生重大作用，它讓員工變得更富創意、更有建設性。他請我為NTT的董事和管理高層演講。

1990年，IBM將六頂思考帽列為公司全球四萬名主管的核心培訓。杜邦和保德信等大企業也都廣泛運用這個方法，因為它實用，而且確實有效。

白帽

想像一張白紙,它是中性的,用來記載資料,白帽與數據和資料有關。

「我們現在有哪些資料?」
「我們缺少哪些資料?」
「我們希望擁有哪些資料?」
「我們將如何取得那些資料?」

當你在會議上要求大家進行白帽思考時,你是在要求與會者關注資料,提供建議或爭議。大家會先注意手上的資料,思考還需要什麼資料,以及可以如何取得那些資料。

紅帽

想像紅色、火和溫暖,紅帽與感覺、直覺、預感和情緒有關。

在嚴肅的會議上,理論上你不應該表現自己的情緒,有些人就將表達情緒偽裝成講道理,但紅帽允許大家講出自己的感覺與直覺,不必道歉,不必解釋,不必辯解。

「戴上紅帽，我對這計畫的感覺是這樣的。」

「我的直覺告訴我，這是行不通的。」

「我不喜歡我們處理這件事的方式。」

「我的直覺告訴我，價格很快就會下跌。」

因為紅帽代表感覺，大家可以不必偽裝，直抒胸臆。直覺可以是基於多年業界經驗的綜合判斷，即使背後的原因難以詳細說明，也可能是很寶貴的。必須注意的是，直覺不一定正確，直覺也可能是錯的，但公開講出感覺，有時是很有價值的。

黑帽

想像一名身穿黑袍的嚴厲法官，猛烈訓斥罪犯，黑帽是我們的警戒帽。

黑帽防止我們犯錯、做蠢事或可能犯法的事。黑帽幫助我們進行批判性判斷，指出為什麼某些事不能做，或是指出為什麼某些事是無益的。

「法規不允許我們這麼做。」

「我們的產能無法滿足那張訂單的要求。」

「我們曾嘗試漲價，但銷量隨即下跌。」

「他沒有管理出口業務的經驗。」

犯錯的後果可能很慘痛，沒有人想犯錯或做蠢事，黑帽因此非常寶貴，是人們最常用的思考帽，也可能是最有用的思考帽。但我們也很容易過度使用黑帽，有些人認為只要能避免一切錯誤，便萬事大吉。如果一開始就抱持這種消極態度，創意構想很容易遭扼殺。適量喝酒是美事，但過度喝酒可能讓你變成酒鬼。使用黑帽也是這樣，它很有用，但過度使用就會造成問題。

黃帽

想像陽光，黃帽代表樂觀和符合邏輯的正面看法。

黃帽尋找可行性和做事方法。黃帽尋找好處，但它必須是符合邏輯的。

「如果我們將工廠搬到接近顧客的地方，這方案或許是可行的。」

「好處是顧客會回購。」

「能源成本高漲，大家會更重視節能。」

黑帽遠比黃帽符合人性，為了生存，我們會避免犯錯和陷入險境，因此黃帽思考往往需要刻意的努力。好處並非總是顯而易見，需要我們努力尋找，所有富創意的點子都值得黃帽思考。

綠帽

想像茂盛成長的植物，綠帽代表創意思考。

綠帽是為了產生新點子，提出其他方案。綠帽是為了提出各種可能的情況和假說。綠帽涵蓋「刺激」（見第18章）與「移動」（見第19章）。

「我們需要一些新點子。」

「我們可以提出更多方案嗎？」

「這件事可以有不同做法嗎？」

「可以有另一種解釋嗎？」

戴上綠帽，我們可以直接要求大家發揮創造力。綠帽為我們提供創意思考的時間與空間。綠帽要求我們試著發揮創造力，即使當下還沒想出創見。

藍帽

想像天空和概觀全局的情況，藍帽是為了控制程序。

藍帽檢視當時的思考狀況，設定待思考的事項。藍帽提議思考的下一步。藍帽可以評論當前的思考，要求動用其他思考帽。藍帽要求摘要、結論與決定。

「我們已經耗費太多時間尋找代罪羔羊。」

「可以概括一下你的觀點嗎？」

「我想我們應該來討論優先事項。」

「我建議我們運用綠帽思考來尋找新構想。」

藍帽通常是由會議主持人使用，其他與會者也能提出建議。藍帽是為了組織和控制思考過程，讓思考過程更有成效。

用六頂思考帽代替爭辯

根據西方的辯論傳統，我們應該堅持立場，與人辯論。甲方提出某個觀點，乙方不同意，隨之而起的辯論理論上可以使雙方充分探討問題。但是，辯論雙方往往因為堅持立場，變得在意辯論輸贏，多過探討問題。

六頂思考帽使我們得以避免爭辯，可以有效地討論問題。甲乙雙方可以同時戴上黑帽以看清危險，戴上黃帽以了解好處，也可以利用綠帽來探索更多可能。六頂思考帽使我們得以避開對抗，轉為合作探討問題，這就是為什麼主持會議的人會如此熱中這個方法，我們終於有一種方法可以擺脫傳統辯論的束縛。

區分自我與表現

人在思考時，自我意識與表現往往太過緊密，如果你不喜歡某個想法，你通常不會費心去尋找任何有利於該想法的論點；反之亦然。利用六頂思考帽，我們就可以將自我與表現區分開來，戴上各種顏色的帽子，思考問題的不同面向，我們將體會到自由的感覺，因為我們不再局限於單一立場。

即使你不喜歡某個構想，戴上黃帽，你就要設法找出該構想的好處。即使你對某個構想很熱中，戴上黑帽，你就必須思考該構想涉及的困難。六頂思考帽能幫助我們產生一些見解，改變我們對問題的看法。

避免一味地悲觀

有些人天生謹慎，覺得自己無論何時都有必要提醒大家注意潛在的危險，在討論時，我們無法阻止這種人持續提出消極悲觀的看法。利用六頂思考帽，只要在適當時候戴上黑帽，我們有充分的機會提出負面看法，但在其他時候則制止提出負面觀點，如此一來，黑帽思考主導討論的傾向就可以得到制衡。

有人提出負面看法時，你可以說：「這是很好的黑帽思考，我們多談一些。」一段時間之後，你可以說：「我們已經有很多黑帽觀點，現在我們來試試綠帽思考吧。」此時戴著黑帽的人必須保持沉默，或是嘗

試提出綠帽觀點。

為正面和創意思考保留空間

黃帽和綠帽使我們得以有意識地分配時間作正面思考和創意思考。我曾看過保德信總裁巴貝羅聽某人向他解釋某件事為何不可行，他聽了一段時間之後，對那個人說：「現在換戴黃帽想想。」

在一般的思考與討論流程中，除非剛好靈機一動，否則我們不會有足夠時間進行正面思考或創意思考。保留時間作正面思考和創意思考並非自然而然的事，除非我們剛好喜歡某個構想。一旦我們刻意這麼做，努力就有可能獲得豐厚報酬。

多練習，讓大家都遵守遊戲規則

你對六頂思考帽這遊戲的投資越多，這方法的效力就越大。

大家都在玩遊戲時，不遵守遊戲規則的人會覺得自己很糗，當大家都提出黃帽觀點時，突然提出黑帽觀點的人會覺得自己做了不恰當的事。如果你平時就投入時間練習這個方法，當你真正需要它時，例如發生激烈爭論、危機、衝突或有人固執己見，便能及時派上用場。

▌不要用顏色來將人分類

有些人確實特別擅長某一類型的思考，有些人確實對某一類型的思考感到特別自在，但我想特別強調，六頂思考帽不是在描述人，也不應該用來將人分類。我不希望有人將自己視為「團隊裡的黑帽思考者」或「團隊裡的綠帽思考者」，這與六頂思考帽的宗旨恰恰相反。每一個人都應該試著運用這六頂思考帽，當團隊在作黃帽思考時，所有人都應該戴著黃帽。如果有人僅在自己喜歡的思考帽出現時發言，其餘時間則保持沉默，主持人可以直接請他貢獻一些綠帽觀點或黃帽觀點。

我們太容易用這六頂思考帽來將人分類。它們是思考行為的類別，不是人的類別，一如打高爾夫球的人都必須嘗試使用每一種球桿，思考者都必須嘗試使用全部六頂思考帽。

▌每次只使用一頂思考帽

六頂思考帽應該是「應時之用」，也就是每次只用一頂思考帽，以採用某種思考方式，或是轉換思考方向，使用思考帽之前和之後則是一般的討論。你可以要求某人戴上或取下某頂思考帽；你也可以宣布自己戴上某頂思考帽：「戴上黑帽，我看到這些困難。」你也可以要求全部的人戴上某頂思考帽：「現在應該進行綠帽思考，我們需要一些新想法。」

六頂思考帽的一大優點，是我們可以在不得罪人的情況下，要求改變思考方向。如果你要求某人「不要再那麼負面」，對方很可能會覺得自己被冒犯了，但如果你對他說「換戴黃帽想想」，則不會令人反感。

一段時間之後，六頂思考帽會成為企業文化的一部分，員工將自由、自動地運用它來尋求不同類型的觀點。

▍依序使用六頂思考帽

不管是團隊或個人，有時候我們會希望快速探索某個題目，如果是這種情況，就可以先訂下六頂思考帽的使用順序，然後依序花約四分鐘在每一頂思考帽上。

使用思考帽並沒有一定的次序，合適的次序是依題目、以前是否討論過，以及思考者是誰而定。不過仍有一些指引，例如黑帽通常適合在討論的稍後階段使用，以便了解方案涉及的困難和危險，評估方案的可行性；接著換上紅帽，以便有人可以說出他的感覺：「這構想以目前的形式是行不通的，但我仍然覺得它有潛力，我們來設法令它變得可行吧。」避免有潛力的構想一下子就被否決。

現在講這種指引可能會誤導讀者，以為這就是正確的次序。在實踐中，只要大家覺得次序合理，大家同意使用，這樣通常就能產生不錯的結果。

創造性暫停

在沒有障礙、缺口或耽誤的清況下，我們的思考與行為會流暢地運轉。大腦形成思考與行為的形態，然後運用這些形態，使我們對各種事情習以為常，這對我們的生存能力大有幫助。大腦在其分內事上表現出色，我們才能輕鬆生活。

努力發揮創造力的態度與動機，可以藉由規勸、稱讚、示範，以及一般的靈感來培養。但是，這種態度也可以藉由比較可靠的方式，利用簡單的技巧，例如「創造性暫停」來建立。

試著發揮創造力

我在本書多次強調，要求人們試著發揮創造力非常重要。六頂思考帽中的綠帽是在會議上要求大家發揮創造力的一種方法。獎勵創造努力，比獎勵創造成果更有道理。你不能要求別人一定要提出傑出的創

見，但你可以要求對方試著發揮創造力。只要肯努力，假以時日總會有成果，我們可以藉由水平思考技巧的訓練，增進創造技術。

創造性暫停是作創造努力最簡單的方式，簡單、但很有力，任何想擁有豐富創造力的人，都應養成這種心智習慣。

思考別人沒想過的事

你沒有遇到問題，也沒有任何束西阻礙你，但你暫停思考，純粹是因為你想這麼做。這種暫停不是對事物的自然反應，而是你刻意這麼做。

「我們在這方面或許能有新想法。」
「我想停下來想想這個問題。」

創造性暫停是打斷思考的流暢運轉，以便能注意到某些事物，然後去思考它。為什麼停在這裡？為什麼不是停在哪裡？為什麼不是處處暫停？選擇在某一點暫停完全不需要理由，而且最好不要有理由，因為一旦你開始找理由，你只會在有理由的時候才停下來，這完全破壞創造性暫停的宗旨。

感覺到潛在的價值或機會，或者感覺到某些做法過度複雜，這些都是創造性暫停的正當理由，但創造性暫停不應該仰賴正當理由。最好的思考結果，有時候是因為有人停下來想一些不曾有人停下來想的事。

創造性暫停非常簡單，但這不表示它很容易做到。我們需要練習，才能夠以創造性暫停打斷思緒的流暢運轉。

暫停的動機

我們是因為有創造的動機，才作創造性暫停嗎？還是因為我們養成了創造性暫停的習慣，才有創造的動機？我認為兩者皆有可能。但最初確實要有某種動機，否則我們永遠不會費心去培養創造性暫停的習慣。創造性暫停是一種刻意的行為，我們作創造性暫停，不是因為忽然有靈感必須處理。你暫停是因為你想暫停，你暫停是為了發揮創造力，你要有發揮創造力的動機。

希望是創造力很重要的部分，如果你刻意停下來，你有可能會想出創見。你可以沿著鄉間小路快走，也可以停下來看看路邊的野花。如果你快步走，你不會注意到野花，除非它們形成壯觀的花叢。但如果你刻意停下來並注意到野花，你會得到賞花的樂趣作為報酬。

你為什麼要暫停？為什麼要耽擱？為什麼要浪費時間在很可能徒勞的努力上？這些問題的答案皆在於創造力的投資性質。我們無法保證每一次創造性暫停都會有收獲，但隨著你持續投資在創造努力上，你會開始得到報酬。如果你從不努力，實在不太可能想出創見；如果你從不花時間在園藝上，當然種不出漂亮的花草。

我們不應該讓創造性暫停妨礙思考或會議的主要目的，這種暫停

可以是個人的：「我想知道這是否有不同的做法」，也可以是群體的：「我們來看看是否有其他可行做法。」暫停可以只是一瞬間，短到沒有人注意到。

創造性暫停的運用

創造性暫停期間要做什麼？要暫停多久？暫停期間不必再使用其他水平思考的工具，你可以快速搜尋其他可能的方案，這麼做就差不多了。暫停主要是為了注意到某些東西，並記住哪樣東西值得注意，隨著你熟習創意思考技巧，即使是短短的暫停也能獲得靈感。

當溪流受阻，溪水很快就會找到新的流動通道。有時只是打斷思緒的流動，也可能產生新的思路。創造性暫停本身就有價值，這價值不在於我們可以在暫停期間做些什麼。在吃東西時停下來，你可以體會食物的味道。在思考時停下來，你會更關切你暫停的那個點。如果你在路口暫停，你可以看看路標；如果你開車快速衝過路口，你將不知道岔路通往哪裡。

有時快速思考很重要，但有時緩慢思考會好得多，尤其是需要發揮創造力的時候。情況有如緩慢駕駛，你會注意到路上的事物，你不必一心想著目的地，你可以檢視眼前的岔路，思考改走其他路線的可能。創造性暫停不應該持續太久，你也不應該在暫停期間絞盡腦汁，非要想出創見不可。你只是停下來想一下，個人可能是二十至三十秒，群體可能

是兩分鐘，然後便恢復本來在做的事。聽別人講話時，你也可以作創造性暫停，或是創造性地注意對方話中的某些點。你可以隨時回到暫停的那一點，就看你是否想這麼做。

　　創造性暫停本身就是目的，你不應該有立即得到結果的壓力。事實上，你最好不要在每次創造性暫停時都過度努力，因為如此一來，暫停就變成一種負擔，會令你變得不太願意暫停。創造性暫停應該是近乎漫不經心的，就像說句「這很有意思」，然後便繼續前進。雖然創造性暫停也涉及焦點與意圖，但是和選定焦點範圍，然後堅定、有系統地想出新概念明顯不同，界定焦點是另一個層級的事。

養成主動思考的習慣

　　我們的思考往往是反應式的，回應別人的要求、解決問題、克服困難等等，我們沒什麼時間作其他類型的思考，也缺乏賦予自己額外思考任務的動力。創造性暫停則是一種主動式思考的習慣，在短短的暫停期間，思考者會說：

　　「我想記住這一點。」
　　「我希望注意這一點。」
　　「這一點需要我們想想。」
　　「是否有另一種可能？」

「這是唯一的做法嗎？」

　　一個人或組織若認同創造力的價值，就應該進行主動的創造性暫停。這是一個簡單技巧，是培養創造性態度，以及將創造性注意變成習慣的方法。對思考者來說，創造性暫停是展現創造努力的具體做法，是對創造力和創意技巧的投資。

　　要記住，創造性暫停是簡單、輕鬆的程序，絕對不要讓它變成沉重的挑戰或艱鉅的任務。

聚焦

百得工作台（Black & Decker Workmate）是一款簡單實用的產品，發明者並非百得公司的人，他因為這項發明賺到的錢據說以百萬美元計。百得公司專注生產電動工具，百得工作台的發明者則關注另一樣東西：使用工具時需要的工作台。

聚焦是發揮創造力非常重要的一部分，其重要性遠超過多數富創意的人所意識到的。有些富創意的人假裝自己不相信聚焦的作用，只想任由意念出現並散落各處。

簡單聚焦

人們通常不會將聚焦視為一種創意工具，但它確實是，「簡單聚焦」是非常有力的創意工具。

我們通常認為創造力是用來解決嚴重的問題與困難，我們必須有創

造性的突破，才能找到解決方案，在這種情況下，發揮創造力需要高強的技術。但是，如果你聚焦在一些沒有人願意思考的問題上，即使只是一點點創意思考，也可能產生驚人成果，因為那是沒有人與你競爭的處女地。有些發明者因為提出所有人都在尋找的解決方案而大獲成功，但也有些發明者是選擇沒有人注意到的領域，稍微改善某些做法，而產生有意義的發明。

要找出這些不尋常、乏人注意的焦點需要創意技巧。我們知道濃縮洗衣粉這項商品非常成功，因為它占用的空間小，處理成本可以便宜45%。我們或許可以想想，能不能把盒裝玉米片也變小一些？或是有什麼簡便的方法可以把一個打開的盒子重新闔上？

吃飯時，我們可以聚焦在刀叉與餐盤的關係上，儘管沒有問題要解決，沒有困難要克服，也沒有明顯的價值可以獲得。喝飲料時，我們可以聚焦在杯緣上：它可以換個形狀嗎？能不能基於衛生理由發明一種可拆式杯緣？當餐盤裡的食物逐漸變冷，我們也可以想想，能不能發明一種會發熱的桌巾來為食物保溫？

在機場排隊辦登機時，可以聚焦在等待的隊伍上：我們可以為等待的人提供一些資訊或娛樂嗎？因為聲音的限制，能不能製作無聲的節目，例如默片，在這種地方播放？將郵票貼到信封上時，也可以聚焦在這件事情上：或許可以在貼郵票的地方印廣告或健康宣傳訊息，或許可以用一種全新的方式貼郵票。

這些都是小例子，但足以顯示簡單聚焦可以運用在任何事物上。你可以選擇聚焦在事物的界面或事物之間的關係上，例如上車和下車。你

可以改良某些東西，讓它更能滿足人們的需求，有位發明者開發出可變速擋風玻璃雨刷，賺了至少數百萬美元。你也可以將一項作業分為多個小步驟，聚焦在某個步驟上。你將車子送去維修，這過程是否有某些步驟可以簡化？

我們可以關注的焦點多如天上繁星，一如創造性暫停，要不要聚焦也是由你決定。是你選擇暫停，選擇聚焦。創造性暫停與簡單聚焦並不一樣，但它們有共同之處。創造性暫停是當事人在思考或討論事情時，願意暫停一下，對某些東西付出創造性注意力；簡單聚焦則是當事人刻意選出一個新的焦點，他可能並沒有在思考或討論什麼。創造性暫停與簡單聚焦的共同之處，在於當事人願意去想一些並不要求思考的東西，暫停或聚焦都是創意思考者的選擇。

簡單聚焦之後，可以有幾種做法：

1. 簡單記下焦點，留待日後處理。將多個可能有用的焦點組合起來，是創意思考的一種運用。

2. 試著想出一些替代方案和構想，這種試想通常需要三到五分鐘。如果得到一些有意思的想法，就可以進一步探索。

3. 努力在焦點區域內產生構想，這需要運用其他水平思考技巧。

一旦界定了焦點區域，可以把它當成真實的問題或潛在的機會，認真處理它。沒有人能保證這種創造努力能產生有價值的結果，投入的時

間和精力可能無法立即得到報酬，一切視當事人是否願意分配資源作這種投資。

還有一點必須補充，即使不嘗試在焦點區域內產生構想，光是練習簡單聚焦，選出不尋常的焦點就有很大的價值，假以時日，當事人可能變得非常擅長找到焦點。一旦養成習慣，就可以選擇任何一個焦點來運用創意思考技巧。事實上，最好的做法很可能是先培養挑選焦點的習慣，不要嘗試產生構想，因為如果一開始便嘗試產生構想，可能因為徒勞無功而感到失望，進而阻礙習慣的養成。

高明的聚焦，加上一點創意技巧，很可能好過拙劣的聚焦，加上出色的創造技術。我們不應該忽視聚焦的重要性，尤其是因為培養聚焦習慣是相對容易的事。

特定焦點

創造力的運用分為兩大類：

日常創造力──這涉及運用創造力的態度、動機與習慣，發揮創造力成了日常思考的一部分，當事人會視需要運用創造力和創意工具，他會嘗試使用六頂思考帽中的綠帽和黃帽，願意尋找替代方案，探索更多可能。創造性暫停和簡單聚焦就是這種日常創造力的一部分。

特定焦點——有一個明確的焦點，可能是從事創意思考的個人或群體界定的，也可能是別人指定的。重點是，當事人有一個明確的創造任務，有具體的焦點，他將認真、刻意、正式地運用水平思考法，以求產生新概念或新構想。

有些富創意的人，擁有高強的創造技術，但不知道要將技術用在哪裡；也有些富創意的人覺得嚴格界定焦點會限制他們思考，因此寧願仰賴靈感，不受明確的焦點束縛。根據我辦討論會的經驗，有些人和企業主管能夠輕鬆學會水平思考技巧，但他們覺得要選出運用創造力的焦點非常困難，在焦點的挑選上，他們的表現顯得無力又拙劣。然而，沒有焦點的創意技巧並不是很有效果。

我懷疑問題在於，多數思考者接受的訓練，使他們養成對問題和困難作出反應的習慣。當問題出現時，他們會嘗試以各種方式描述或界定問題。但如果沒有問題或困難需要他們作出反應，他們便找不到著力點。

挑選並界定焦點的能力，是創意思考不可或缺的一部分。為了簡化聚焦的程序，我將焦點簡單分為兩大類型：

1. 大致範圍型焦點。
2. 目的型焦點。

大致範圍型焦點

　　大致範圍型焦點很重要，但很多人都不知道，我們都被訓練成只會針對明確的目的或目標思考。思考往往被當成是「解決問題」的同義詞，嚴重限制了創意思考的運用範圍，這就是為什麼我們需要大致範圍型焦點，而且有必要強調這種焦點的效用。

　　大致範圍型焦點顯而易見，可以輕易地界定，反而因此讓人覺得難以理解。所謂大致範圍型焦點，就是簡單界定一個我們想得到一些新想法的大致範圍，例如：

「我想要一些有關餐廳的新想法。」

「我想要一些有關電話的新想法。」

「我想要一些有關銀行轉帳的新想法。」

　　大致範圍型焦點不要求思考的具體目的，唯一的目的是在界定的範圍內產生一些想法。焦點一旦納入具體目的，就不再是大致範圍型焦點。大致範圍可以很廣，也可以很窄，例如：

「我想要一些有關經營度假飯店的想法。」

「我想要一些有關飯店房間中床頭櫃顏色的想法。」

「我想要一些有關留言給飯店客人的想法。」

因為幾個理由，我們需要大致範圍型焦點。

第一個理由是，這種焦點使我們得以將創意思考應用在某些東西上，我們不必遇到問題或困難，不必意識到有潛在的好處，只需要在選擇的範圍內進行創意思考。這大幅擴大了創意思考的運用範圍，創意思考不再只是用來解決問題，而是絕對可以用在任何地方。

第二個理由是，界定目的或目標可能會預設了我們可能產生的想法類型。比較以下兩句話：

「我們需要一些能降低飛機客艙服務成本的想法。」
「我們需要一些有關飛機客艙服務的想法。」

第一句話預設了降低客艙服務成本值得做的立場，它要求我們僅思考降低服務成本的方法。

至於第二句，我們可以提出降低客艙服務成本的構想，但也可以提出反向建議：投入更多成本提升客艙服務，甚至可能有建議可以使客艙服務變成利潤中心，而非成本中心。

我們必須提防問題偽裝成大致範圍型焦點：

「我們需要一些大致有關曠工的想法。」
「我們需要一些大致有關加快入住登記的想法。」

以上兩者其實都是目的型焦點，「曠工」一詞界定了問題，加快入

住登記則屬於改善型焦點。「曠工」可以成為一個大致範圍型焦點，但我們必須明確指出，思考的目的不是減少曠工或克服曠工造成的問題。如果以「曠工」作為大致範圍型焦點，我們或許可以提出與「加班工作」相反的「縮減工時」構想，在淡季縮減每週工時以節省人力成本。

　　大致範圍型焦點沒有明確的目的，那麼我們如何得到有用的構想？

1. 在大致範圍內研擬出有用的構想，就算我們不主動追求，
   這些構想仍能帶來某些價值或好處。
2. 檢視我們研擬的構想，從中選出能帶給我們想要的價值的
   構想，忽略其他構想。
3. 檢視我們研擬的構想，看能不能調整它作為某種用途。

　　起初不考慮目的，不代表不能在稍後階段考慮目的。確定目的之後，我們就能看到哪些構想有助於達成目的。

目的型焦點

　　目的型焦點就是我們熟悉的那種焦點，它促使我們思考：我們思考的目的是什麼？我們想達成什麼？我們的目標是什麼？我們希望得到什麼結果？

▌改善事物

我們可以將焦點界定為嘗試朝某個方向改善事物：

「我們需要能加快超市結帳速度的構想。」
「我們需要能降低員工培訓成本的構想。」
「我們需要能簡化這部DVD播放器操作方法的構想。」
「我們需要能幫助這家餐廳減少浪費食物的構想。」

如果我們沒有界定改善的方向，就會變得很像大致範圍型焦點，例如：

「我們需要改善客戶服務的方法。」

實踐時，這種籠統的焦點會拆成多項子任務，每一項子任務會有一個明確的改善方向。

▌解決問題

我們必須解決某個問題或克服某個困難，希望問題或困難消失：

「我們可以如何減少店內遭竊的損失？」
「我們需要能防止水氣凝結在浴室牆上的構想。」
「我們可以如何處理街頭暴力問題？」

「我們需要能降低傳送器噪音的構想。」

有些焦點陳述因為使用「減少」這種詞，聽起來像是改善型焦點，但其實我們是希望問題能夠徹底解決，但覺得很困難才會這麼說。改善與問題可能真的有重疊之處，兩者的主要差別是，希望改善事物時，我們是渴望朝某個方向改變，例如降低成本、縮短時間；希望解決問題時，我們會界定一項困難。

▌達成任務

任務不僅是解決問題，更要達成目標：

「我想設計一款平放式冰箱。」
「我想找個方法與五千名教練溝通。」
「我需要一些技術高超的電腦程式設計師。」
「我們需要一些有力的口號來幫助我們贏得選舉。」
「我們需要一款在沙漠中不會融化的巧克力。」

任務與問題也有重疊之處，「巧克力在沙漠中會融化」也可以將視為一個有待克服的問題。目的的類型區分既不嚴密也不重要，屬於哪一類型，通常取決於使用什麼字眼，我們也可以改說：「我們必須克服巧克力在沙漠中會融化的問題。」

▊ 尋找機會

這種焦點讓人意識到潛力與機會。我們可以像處理大致範圍型焦點那樣，輕易地界定機會型焦點：

「我們可以怎麼利用這種永遠不會乾的膠水？」
「人們已經負擔不起住大房子了，這當中是否有我們可以把握的機會？」
「衛星電視傳輸越來越便宜，我們可以看到什麼機會？」
「保加利亞今年葡萄產量過剩，我們可以怎麼運用？」

雖然目的的類型區分並不嚴密，但我們利用焦點或任務的一部分來陳述目的仍是有價值的，這可以釐清我們怎麼看這個目的，以及我們的潛在意圖。

運用目的型焦點時，要明確陳述目的，如果覺得這可能會限制或支配我們的創意思考，我們有兩種選擇，可以改用大致範圍型焦點，或是提出這個目的的多種定義：

「我想要一些能解決航空公司超賣機位問題的構想。」
「我想要一些能使我們加快處理保險索賠的構想。」
「我們得在匈牙利找一名夥伴，需要一些能幫助我們完成任務的主意。」
「這種彈性極佳的纖維應該可以帶來一些有意思的機會，它們

可能是什麼呢？」

如果釐清目的的類型，會使焦點顯得相當正式，這是沒問題的，事實上反而更好。

聚焦的時機

談過焦點的類型之後，我們可以來談談聚焦的時機。

▌有明確的需要或目的

個人或群體有具體的目的或任務，就是運用創意思考的明確時機。任務可能是自己選擇的，也可能是別人指定的。

▌例行檢視

沒有具體的任務或問題，只是想檢視某些流程或程序。我們可以就範圍和焦點，依序發揮創意思考，所有程序都可以用這種方式檢視。焦點可以兼具大致範圍型和目的型。

▌意念敏感點

在意念敏感點，新意念可以產生非常顯著的作用。汽車的方向盤敏感，是指稍微轉一下方向盤，便能大幅改變方向；攝影底片敏感，是

指它連一點點光也能感應到。我們要尋找對意念或概念的變化有反應的點，這種搜尋本身就是一項作業。找到可能的意念敏感點，試著在那一點研擬新意念。與例行檢視不同之處在於，我們檢視事物時，並沒有特別意識到新意念將產生巨大作用，我們檢視某樣東西，只是因為它就在那裡。

▌一時興起

這與創造性暫停和簡單聚焦有關，也與創意思考的投資面有關，我們可以經常毫無理由地聚焦在某些東西上，純粹因為我們想這麼做。在沒有什麼好理由的情況下，聚焦在某些事物上，我們或許就能注意到一些其他人未曾注意過的事情。

多重焦點

我們可以將一個廣闊的焦點範圍當作一個整體來處理，也可以將它拆成多個子焦點或子任務。

「我們需要一些有關公車服務的新想法。」

我們可以將這個焦點拆成以下部分：設備、交通管理、班次安排、市場、尖峰問題、司機培訓、車輛規格等等。我們可以利用一般的分析

方法來拆解一個廣闊的焦點範圍，不必嚴格地區分子焦點，讓子焦點有些重疊，好過完全分離。舉個例子，在「公車服務」的大焦點之下，可以有「舒適」和「方便」等子焦點，顯然與「車輛規格」和「班次安排」等子焦點重疊，這完全沒關係，因為不同的構想將出現在不同的類別中。圖2-1顯示子焦點分離和互有重疊的情況。

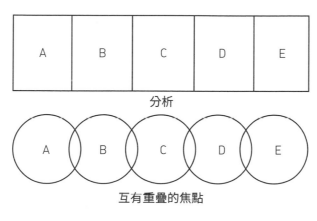

分析

互有重疊的焦點

圖2-1

焦點的多種定義

就一個問題思考多種定義是有用的，同樣道理，提出焦點的多種定義也是有用的，例如：

「我們需要有關飯店管理的想法。」
「我們需要有關飯店管理與員工關係的想法。」

「我們需要評估飯店管理品質的方法。」

「我們需要一些構想,讓飯店管理可以不必完全仰賴主管。」

「我們需要一些建議,幫助我們建立一個方便運作的半自動管理系統。」

「我們需要一些方法,讓全體員工參與管理。」

「我們需要一些建議,幫助我們建立一支團結合作的管理團隊。」

以上定義均與飯店管理有關,但重點各有不同,不可完全替代,團隊可以從這些定義中選擇一個使用。不管是什麼狀況,提出多種定義都是有價值的。

慎選用詞

教過書的人都知道,慎選用詞非常重要。某種措辭可能鼓勵學生朝某個方向思考,稍微改變用詞,可能導致截然不同的思考方向。

有些措辭是含糊的:「我希望能減少文書工作。」這樣的焦點可能會引來多使用電子郵件等建議,只要不涉及紙張。如果真正的目的是希望減少必須閱讀和儲存的東西,改用電子郵件也無法減輕閱讀負擔,因此可以改寫成:「我希望能減輕主管的閱讀負擔。」

如果改寫成:「我希望減少與主管之間的訊息往來。」情況可能更令人擔心,因為主管之間保持通訊很重要,或許可以改寫為:「我想要

一些能減少與主管之間不必要通訊的建議。」這些陳述與其說是不同的定義，不如說是不同的用詞。花時間慎選用詞是明智的。

根本問題與眼前的焦點

我辦討論會時，有時候會請出席者思考如何改善雨傘的設計。出席者當中通常有一些有創意思考經驗的人，他們往往非常抗拒思考這個問題，他們比較希望考慮「避免雨淋」這個根本問題，他們可能提議使用雨衣，甚至採用一種新的城市設計，如果處處有騎樓，就不需要雨傘了。但是對於希望改善產品設計的雨傘廠商來說，這種構想是沒有用的。

擴大焦點的定義和探索根本問題有時候是必要而且有用的，這是非常有用的習慣。然而，有時候我們也必須專注處理眼前的焦點。我們不能總是拒絕處理眼前的問題，不能總是希望處理深層問題，我們必須既能探究根本問題，又能處理眼前的焦點。

我們需要多少資訊？

進行創造性聚焦時，我們需要多少資訊？有些人認為資訊越多越好，分析大量資訊即可找到答案，就不必運用創意思考。但焦點本身不應該包含太多資訊，背景資料是視需求提供。

之前提過的無知型創造力這裡也適用，太多資訊反而會阻礙創意思考，讓我們想不出新主意。保持某種程度的無知通常會比較好，也就是在概念與原則的層面去探索問題。開始有一些新想法時，就可以納入更多資訊以檢視新想法是否適用。有些創見可能因為違反現行法規而不可行，但就算可能會浪費心思，也好過埋首於資料堆中，希望這樣就能產創見。

質疑

　　首先必須釐清一點，創造性質疑與批判性質疑截然不同。批判性質疑會評估現行做法是否合適，是一種基於判斷的質疑。批判性的英文critical源自希臘文kritikos，即判斷的意思。我們會去證明某種做法不合適或有缺陷，然後著手改善或改變做法，這是正常的改善行為。

　　創造性質疑不會去批評、判斷或挑錯，創造性質疑是對「獨一無二」的質疑，無論一種做法有多優秀。但它是唯一的方法嗎？

　　「這件事為什麼是這麼做？」
　　「這件事為什麼必須這麼做？」
　　「還有其他做法嗎？」

　　創造性質疑也稱為「創造性不滿」，「不滿」主要是指不願意接受某種做法是唯一的方法，也可能意味著現行做法有不足之處。

　　我們喜歡嘗試證明某些事物有不足之處，以便有理由去找更好的替

代品。如果沒有這樣的理由，我們會覺得自己似乎不應該找替代品。如果一切都很好，為什麼還要找更好的做法？這種不安的感覺就是我常提到的西方思維的負面傾向。

創造性質疑不是批判，為什麼釐清這點很重要？首先，如果創造性質疑是一種批判，我們只會質疑看似不恰當的事物，這將嚴重限制創造力的運用範圍。第二，如果我們不能證明現行做法不恰當，就無法建議大家另尋方案。第三，攻擊會引來防衛。如果我們攻擊現行做法，會有人急著捍衛它，這種攻防將浪費大量時間，更糟的是，捍衛現狀與尋求改變的兩方將激烈對立。因此，避免評斷是明智得多的做法，表明自己無意攻擊現狀，只是想探索其他可能，除非我們能清楚證明新做法比較好，不然現行做法絕對不會被取代。

西方做事的順序通常是批判和攻擊，然後著手尋找替代方案；非西方的順序則是承認現狀，尋找可能的替代方案，然後比較替代方案與現行做法。

人們往往假定現行做法是最好的，理由包括現行做法行之已久，通過時間的考驗，如果有缺點也都已糾正；現行做法是演化的結果，過程中淘汰了其他競爭的做法；現行做法是從許多可能方案中脫穎而出的最佳做法，如果不是最佳做法，早就被取代了。人們因此有這樣的默契：除非有人能提出有力的反證，否則現行做法就是最好的做法。

提出創造性質疑的人拒絕接受現行做法一定是最佳做法，現行做法存在至今，可能是出於某些偶然的原因。倫敦計程車車身特別高，是因為有法律規定車身高度必須容得下戴大禮帽的乘客。汽車靠馬路的右邊

駕駛，原因可追溯至法國大革命時期，當時的貴族將馬車留在家裡，選擇與行人一起靠馬路的右邊行走。

想像一下這種情況，將各種做法寫在紙條上，放進袋子裡，有人從袋子裡隨機抽出一張紙條，紙條上的做法便成為公認的做法，一直流傳下去。這顯然是很誇張的說法，但它有助說明創造性質疑的根據。我們提出創造性質疑，是假定現行做法只是許多可行做法的其中一個。

創造性質疑通常以「為什麼」來表達，例如：「為什麼我們以這種方法做事？」我們可能會對背後的原因有興趣，但這些原因並非不可或缺的。我們可能不知道某些做法背後的理由，有時背後有充分的理由，有時理由可能是可笑的。有些理由可能在某段時期是有道理的，但如今已不再合理，例如計程車必須容得下戴大禮帽的乘客。

為什麼盤子是圓的？「因為盤子是在拉坯機轉盤上製作出來的，所以是圓的。」「因為人們已經習慣了圓形的盤子。」「因為在桌上擺圓盤比較方便，就不必理會它的方向。」最後一個理由可能很次要。拉坯機轉盤的解釋可能是可信的，但現在很多盤子已經不是用拉坯機製造，而是用壓模的方式，因此可以輕易做成任何形狀。

為了回答創造性質疑的「為什麼」而去考究歷史是沒有意義的。真實的解釋可能有用，但不是必要的，即使找不到原因，我們仍可以去尋找其他做法。創造性質疑的「為什麼」不僅是尋求解釋，也是在質疑「為什麼」不可以有其他做法。

下一步

　　提出創造性質疑之後，我們就要進行下一步：尋找可行的替代方案。這階段有三種情況，如圖2-2。

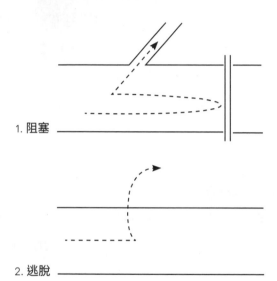

1. 阻塞

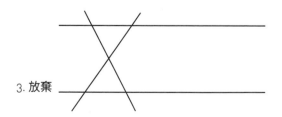

2. 逃脫

3. 放棄

圖2-2

▌1. 阻塞

如果我們阻塞現行道路（阻礙現行做法），就只能去尋找其他出路。如果不能繼續採用現行做法，我們該怎麼做？我們會開始尋找替代方案，這過程留待下一章詳細闡述。

▌2. 逃脫

如果我們不再受到某個主導概念束縛，或是不再需要滿足某個條件，我們的頭腦就能自由地考慮其他可能。與其說這是自覺地尋找替代方案，不如說這是自覺地從現行做法中逃脫。如果我們不必令顧客滿意，我們可以做些什麼？

▌3. 放棄

在少數情況下，我們質疑某件事的現行做法之後，發現我們其實根本不必做這件事。有時候我們可以直接放棄現行做法；有時候在其他地方做一些調整，然後就不再需要做這件事。

一再追問為什麼

創造性質疑的一種變奏，是探究做某件事的真正原因，這過程很像深入追尋根本問題，一再追問為什麼：「為什麼必須填這表格？」「因為這樣經理才能知道目前情況。」「為什麼經理必須知道目前情況？」

「因為這樣她才能視需要分配資源。」

　　這過程結束時，你可能會想到分配資源的另一種方法。這方法有簡化複雜官僚程序的價值，與「鎖定型持續性」也有關係。

持續性分析

　　我們為什麼以現行方式做事？這問題有幾個可能的答案。

1. 因為當年這是最好的做法，而它現在仍然是最好的做法。
2. 因為我們曾考慮換一個比較好的做法，但涉及的成本和造成的干擾都很大，我們權衡得失之後，選擇維持原本的做法。
3. 因為我們向來就是這麼做，而且從不曾有改變做法的必要、機會或壓力。

　　第三個答案帶出「持續性」的概念，事情持續如此，只是因為我們持續這麼做。持續性有很多可能的原因，以下只講四個。

▌ 1. 忽略型持續性

　　我們持續以某種方式做事，可能只是因為我們忘了檢討，我們從不曾思考是否可以有更好的做法。為什麼我們會忽略這件事？因為我們不曾遇到問題或困難，所以沒有理由為它付出思考的時間與腦力。

我們的思維非常問題導向，如果沒有問題，就不去想這件事。「東西沒壞就別修。」這句話非常危險，可說是美國工業衰落的禍首。美國工業界主管只想到要解決問題，但解決問題，最多也只能回到問題發生前的狀態。在此同時，競爭對手，如日本工業界則在不是問題之處屬行變革。只顧著解決問題的人很快便發現自己落後於人。這就是為什麼我在本書中一再強調，我們有必要注意沒有問題的地方（運用創造性暫停、簡單聚焦、大致範圍型焦點和創造性質疑等等方法）。

早年汽車要轉彎時，是由窗邊一隻人造手臂示意，這不是很有效率的做法，但它持續了約四十年，因為它不是個問題，所以沒有人費心去想它。最後汽車改用閃燈的示意方式。這個改變不仰賴任何技術突破，只是因為終於有人願意去想它。

▋2. 鎖定型持續性

「鎖定」是指我們因為必須滿足某些人或配合某些要求而去做某些事。一如帳篷由帳篷桿固定，我們的行為由我們必須滿足的人決定。「鎖定」與原本提供助力的人有關。1970年代初，美國車廠開始製造小型車。經銷商不喜歡小型車，敦促車廠做大型車。但不久之後便發生石油輸出國組織（OPEC）大幅調高油價的事。被經銷商鎖定的美國車廠不願意回頭製造小型車，任由這塊市場落入日本車廠手中。日本車廠因此在美國市場建立了日後大展拳腳的基礎。

可口可樂當年推出「新可樂」時，並未認識到美國公眾的期望已牢牢鎖定了該公司。消費者歡迎可口可樂推出新口味，在「新可樂」面世

前，可樂公司也曾數度推出新口味可樂，但是消費者不願意看到可口可樂改變傳統可樂的味道。

　　某組織設立電腦部門，一段時間之後，電腦部門開始管理整個組織，但某些改革因為系統應付不來而無法執行。該組織被它的資訊科技結構鎖定了，而資訊科技結構可能被某種過時的架構鎖定了。

　　逐漸衰落的組織被它的忠心顧客鎖定了，它們不敢改變，因為改變可能令忠心顧客不悅，加速組織的衰落。因為不能改變，組織無法扭轉衰落的趨勢。組織也可能被自家的長處鎖定，一家衛浴材料廠商掌握了優秀的陶瓷技術，可能會因此不願意冒險開拓壓克力產品市場。藝術家可能被自己的風格和聲譽鎖定。

　　「鎖定」往往是實在的，我們可能無法擺脫束縛，例如建築師不能不遵守建築法規；不過，有些鎖定其實不必接受，是可以打破的。人類發明機械式打字機後，發現如果打得太快，兩個字母的機械臂會卡在一起，因此，傳統的QWERTY鍵盤設計是為了減慢打字速度。現在我們不再使用機械式打字機，不再有機械臂卡住的問題，但因為打字者都是學用QWERTY鍵盤，我們被這種鍵盤設定鎖定了。在我看來，我們可以保留傳統鍵盤給已學會打字的人使用，同時設計一款可以加快打字速度的鍵盤給剛開始學打字的人使用，電腦應該可以輕易接受兩種鍵盤。

▋ 3. 自滿型持續性

　　如果某個概念一再證實可行，我們自然傾向相信該概念將永遠可行。事情出錯時，我們往往不去質疑核心概念，反而去尋找種種次要原

因來解釋問題。曾經可行的概念其實早該改變，但我們還在使用它。

如果某個概念在實踐中一直表現良好，將衍生一種自滿心態，妨礙人們重新評價它。IBM靠大型主機概念創造了輝煌的業績，但隨著分散式處理概念興起，有人開始擔心大型主機市場將嚴重受損。

據說美國70%的醫療費用是花在病人生命的最後一個月，主要是因為種種旨在救命，但完全無助於病人生活品質的醫療方法非常昂貴，然而我們就是不敢擺脫「不惜代價求生」的觀念。

有時我們必須重新思考某些核心概念，無論它過去曾帶給我們多大的成就。

▌4. 時序型持續性

先前談創造力的邏輯時提過這種持續性，經驗出現的時序會自行組織成某些結構、習慣和概念，它們一旦形成，便有了自己的生命。鐵路出現在飛機航線之前，因此飛機航線起初被視為空中的鐵路，許多航空概念是鐵路概念的不當延伸。

如下頁圖2-3，各種形狀的碎片出現的時序決定了它們組成的結構，為了充分利用隨後出現的碎片，可能必須拆散已經形成的結構。

銀行業在漫長的歷史中形成了某些概念與規則，如今銀行的許多傳統功能正被其他金融機構取代，銀行的概念迫切需要重新建構。醫學界的發展時序決定了醫學專業團體的成立，結果需要較少訓練的醫療專業如今難以發展起來。舉個例子，我們其實可以在短時間內培養出僅負責少數特定手術的外科醫師，他們與麻醉師和術後照護專家配合，可以照

顧好許多病人。

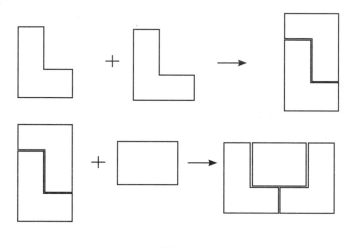

圖2-3

　　持續性分析就是一種質疑，我們檢視某些事情的現行做法，嘗試找出該做法持續的原因。我們可能找到鎖定的例子，也可能找到時序的影響。這種分析的目的，是讓我們得以擺脫一些僅因人們因循而持續至今的概念或構想。

擺脫窠臼

　　我們要試著擺脫那些人們因循而持續至今的老概念，有些概念和構想以前是有道理的，但現在可能已不再必要，甚至不再合理。

技術演變——新的科技，例如電腦和便利的航空服務，可能讓某些概念變得過時，也可能造就新概念的產生。電子郵件和即時通訊軟體使我們得以快速互通訊息。

價值觀改變——人們如今減少了抽菸、喝酒，關心環境，成為一種新的價值觀。女性的社會地位也已經改變。電影、電視這種大眾傳播使得世界各地的價值觀變得較為接近。旅行造成飲食品味的顯著變化。

環境變化——前蘇聯、東歐和歐洲本身的變化，必然會影響我們需要的一些概念。在多數國家，家庭人口規模縮小了，外出工作的婦女增加了。

成本變化——人力越來越昂貴，控制污染的成本正在上升，法律成本也是。

以上種種變化顯示，以前寶貴的概念如今可能已經過時，持續性分析和創造性質疑已經成為必需品，不再是奢侈品。所有概念都需要重新檢視，在新環境下，是否有一些比較符合時代需求的新概念？

人們往往期望眼前的困難會過去，美好的舊時光終將回來，有時候我們難以分辨週期性低潮與遊戲性質的根本改變。

質疑概念與質疑構想

我們可以質疑行動背後的基本概念，也可以質疑概念付諸實踐的方式，也就是質疑構想。我們可以質疑市中心百貨公司的概念，也可以僅質疑百貨公司在市中心的選址。在稍後談概念的章節，我會再詳細討論概念的相關問題。

「這種做法背後的概念是什麼？」

「這概念仍然妥當嗎？」

「這概念必須以這種方式執行嗎？」

我們假定公民有權利購買自己負擔得起的東西，但新加坡政府面對日趨嚴重的塞車問題，對此權利提出質疑。在新加坡，你不能直接購買汽車，你必須先購買買車的權利。我們應該質疑城市交通管制的概念，還是在城市使用個人交通工具的概念？在某些地方，免費使用道路的概念正遭受質疑，有些地方會對在某些時段使用某些道路的汽車收費，感測器會記錄汽車使用道路的情況，將帳單寄給車主。

如果構想背後的基本概念應該受到質疑，僅質疑構想沒有意義。此外，如果只是執行方式需要質疑，卻去假定背後的基本概念必須改變，這也是錯的。當年英國首相柴契爾夫人被迫下台，引進人頭稅是原因之一。是人頭稅的概念有問題，還是推行方式錯了？

哪些因素會影響我們思考？

無論何時，我們的思考都會受到一些因素左右。我們有時候會意識到這些因素，有時候它們深藏幕後，隱祕地發揮強大的影響力。我們可以質疑這些因素，一如我們質疑現行做法、概念或構想。在這種情況下，我們不是在質疑一些已存在的東西，而是在質疑使我們以某種方式思考的因素與壓力。

你可能覺得早上出門時，你可以自由地選擇服飾，但你其實必須考慮一些大家認為理所當然的背景因素，例如上班應該穿怎樣的衣服。你可以質疑這些背景因素，我們不僅質疑思考本身（服飾的選擇），也質疑實際限制我們思考的背景因素（這些因素決定了服飾的選擇範圍）。

這種質疑可以發生在我們實際思考某個主題時。我們退到後方，檢視思考本身。我們找出左右思考的因素，然後質疑它們。

▌主導概念

主導概念有很大的影響力，有時顯而易見，有時則是在幕後發揮它的影響力。我們必須質疑：

「是什麼概念在主導我們的思考？」
「是什麼根本概念在控制我們的思考？」

舉個例子，思考城市塞車問題時，主導概念可能是「設法讓人們不

開車進城」，我們所有的思考都傾向遵循這方針。這概念是正確的，但它仍然可能控制了我們的思考。我們要質疑這概念的核心地位：「還有沒有其他概念可以考慮？」「我們可以尋找另類概念嗎？」當我們嘗試藉由分析來解決問題時，必須消除「問題成因」的主導概念，因為這種束縛會令我們很難想到其他方法。

▍假設

如果不作假設，我們根本無法思考，假設是基於經驗，它們會縮窄了我們思考的可能範圍。假設非常寶貴，它絕對沒有問題，不過，我們必須意識到自己所作的假設，才可以質疑：

「這背後有哪些假設？」
「我們假設了什麼？」

思考城市塞車問題時，我們可能假設汽車是由車主駕駛，用來通勤的車進城後要到下班時才會再上路。我們也可能假設汽車是停在地上，而非懸在空中，以及所有車輛使用城市道路的機會必須平等……我們會作很多假設。我們必須設法脫離假設，提出質疑。

▍界限

一如假設，界限對思考是不可或缺的，我們在可行、可允許和可接受的範圍內努力。如果我們希望提出合理的構想，就必須在我們當時的

知識和理性界限內努力，稍後要介紹的「刺激」，則是刻意跳脫合理範圍的方法。我們必須看見自己的界限，才能質疑：

「我的思考界限在哪裡？」
「我們遇到哪些限制？」

在塞車問題中，我們很快便遇到成本和人們接受程度的限制。我們遇到科技的限制（我們真的能夠根據每一輛車每天走過多長的市區道路來收費嗎？），我們還必須考慮既有的城市邊界和道路分布。質疑界限有時會產生一些極端的構想，這效果很像「刺激」；有時則會產生一些可以直接採納的構想，例如每個人都可以將自己的車當作計程車使用。

▌必要因素

無論我們對航空服務有多麼聰明的想法，「安全」都是必要因素，必要因素應該是方案中的一部分。納入必要因素通常有充分的理由，但我們還是可以質疑：

「此處有哪些必要因素？」
「為什麼我們非納入這些因素不可？」

思考城市塞車問題時，我們可能覺得系統必須不易遭到濫用是必要因素。必要因素與主導概念有時可能非常接近，例如塞車問題只能靠管

制、規則或規定解決，這種想法既是主導概念，也是必要因素。必須避免損害環境，是思考任何問題，包括交通問題的必要因素。必須給人平等和公平的觀感，如今也是一個必要因素。但即使是理由最充分的必要因素，也可以成為創造性質疑的對象。

▌ 迴避因素

迴避因素並非在界限之外，因為這還是在我們的知識範圍內，我們會有意識地迴避這些因素。我們避開它們，拒絕走上任何看似會引領我們邁向這些因素的路。必要因素有時是必須「避免」某些事，例如「避免損害環境」。我們直覺地知道這些因素在任何方案中都不可能被接受，而徹底迴避它們，但我們要質疑：

「我們正避開哪些東西？」
「我們不想要哪些東西？」

在交通問題中，我們可能希望避免人們很容易在市區開車。我們可能希望避免引進執法負擔過重的法規，或是會導致執政當局損失民意支持的措施。我們可能希望避免迫使商家與居民搬離市區。我們可能希望避免扼殺市中心。

將這種迴避反向操作，有時可以變成一種刺激。不過，在質疑過程中，我們只是質疑是否有必要一直迴避這些因素。

▌非此即彼的觀念

我們思考時，常常遇到自己或他人提出非此即彼的觀念，例如：「我們要麼設法容納車流，要麼不要讓汽車進入市區。」這種兩極觀念可能非常有用，而且理由充分，但其實是很危險的。它暗示我們只能從兩種方案中選擇一種，排除了中間方案和結合其他構想的方案，因此我們要質疑：

「此處的兩極觀念是什麼？」
「我們提出了哪些非此即彼方案？」

就塞車問題而言，我們可能提出這樣的非此即彼方案：「要麼改善既有道路的車流，要麼修建更好的路。」這是很合理的想法，但我們仍然可以質疑它。創造性質疑不是一種攻擊，我們連最有用的兩極觀念也可以質疑：我們只能以這種方式看問題嗎？

要質疑這些會影響我們思考的因素，有兩個步驟：

1. 找到並清楚說明左右思考的因素。
2. 質疑這些因素，即使它們看起來非常合理。

替代方案

　　尋找替代方案，是所有創造性活動中最基本的作業。某種意義上，發揮創造力，就是在尋找替代方案，尤其是當你尋求在既有事物上發揮創造力時。

　　「是否有另一種方法？」
　　「我們有哪些選擇？」
　　「我們還可以怎麼做？」

　　雖然尋找替代方案是發揮創造力最基本的作業，但它不像多數人以為的那麼容易。替代方案從何而來？我們需要替代方案時，要如何得到它們？

停下來尋找替代方案

我經常講那個關不掉鬧鐘的真實故事。有一次我住飯店，為了確保自己能趕搭早上七點的飛機，我設好飯店的鬧鐘，但起床後跟著指示一步步做，卻無法將它關掉。我甚至拔掉電源，鬧鐘還是一直響。最後我才發現，原來在響的是我的旅行鬧鐘；我之前就設好了這個鬧鐘，卻完全忘了這件事。

我常講這個故事，因為它有一個很重要的教訓，當你認為合理的下一步顯而易見時，你會做那一步，而不會去尋找其他選擇。做完那一步之後，如果合理的下一步還是顯而易見，你會一直做下去。換句話說，在你不需要替代方案時，要停下來尋找它們是很困難的。我設好飯店的鬧鐘，而且知道關掉鬧鐘的步驟，我因此不再尋找鬧鐘聲的其他來源。

當我們的行動路徑十分清楚，而且沒有遇到阻礙時，我們會沿著該路徑順暢地前進，不會停下來尋找其他選擇，因為我們似乎不需要這麼做。

有家大公司的執行長曾告訴我，他們就是因為這樣損失了八億美元。在董事會上，有人提議公司發展某項業務。這個建議似乎很合理，他們因此討論發展該業務的計畫，每一步都是可行、合理的。他們因此認為沒有必要考慮其他方案。數年後，他們被迫結束這項業務，為此蒙受巨大虧損。執行長告訴我，他們不曾考慮發展這項業務的其他方案。

有一次，我盯著樹上一隻不動的蟬很久，心想為什麼它不動卻能發出那麼大的聲音。後來我才發現，我眼前的蟬其實並沒有在叫，發出的

聲音的是樹枝另一面的另一雙蟬。如果我們沒有遇到阻礙，而且看來沒有必要去尋找其他可能，要停下來去尋找其他可能是很困難的。本書已經多次提到這一點：

簡單聚焦——願意關注一些沒有問題的事物，以求找到其他構想。

創造性暫停——即使沒有必要，也願意停下來想想是否還有其他可能。

創造性質疑——願意質疑某件事是否只有一種做法，願意探索其他做法。

忽略型持續性——延用同一種做法，只因為沒有尋找其他做法的理由。

　　儘管如此，在沒有需要的時候，我們很難停下來尋找替代方案，因為這似乎毫無必要，似乎是在浪費時間，似乎很奢侈。我們將尋找替代方案與解決問題和困難連繫起來。西方思考文化堅決認為我們必須先證明現行做法有不足或缺陷，才有權利去尋找替代方案。現行做法有不足或缺陷，是尋找替代方案的唯一理由，我們因此浪費時間在選擇立場和參與辯論攻防上。

　　日本人沒有這種辯論傳統，他們隨時都可以尋找替代方案，不必先證明現行做法有缺陷。他們可以承認現行做法非常好，但仍致力於尋找其他可能。找到其他方案後，再與現行做法比較，如果新做法沒有比較

好，便放棄不用。

尋找更多選擇

今晚打哪一條領帶好呢？我看著領帶架，選藍色、紅色、條紋、藍底白圓點，還是綠色龍紋領帶好呢？

有個職缺吸引了一些應徵者，我必須從他們當中選一個，當然，我也可以作出無人合用的結論，然後再度刊登招聘廣告。

我走進一家餐廳。我可以選擇的食物就寫在菜單上，我只需要從中選擇一些。沒錯，菜單提供的選擇是固定的，但如果餐廳願意通融，我其實有更多選擇。我可以要求兩道菜各半份，也可以要求某道菜不要蝦子，因為我對蝦子過敏。因此，如果我想到菜單以外的可能，並提出要求，我會有機會獲得更多選擇。

一名童軍正要生火，但不准用火柴，他有什麼選擇？他回想自己的經驗和求生課程教的，用打火機如何？鑽木取火呢？有辦法將陽光集中起來嗎？這些選擇不像領帶架上的領帶或菜單上的菜式那樣清楚地展現在眼前，當事人必須回顧個人經驗。回顧經驗，可說是尋找其他選擇時的正常程序。

如果眼前已有若干選擇，為什麼還要費力去尋找更多選擇？為什麼不從既有選擇中挑一個就好？為什麼不假定既有選擇就是全部的可能，或至少是當中最好的？尋找更多選擇可能只是一場徒勞，為什麼要浪費

時間在這上面？

　　有人要你在一張紙上找出一個隱藏的點，你很明智地畫一條線，將這張紙分為A和B兩部分。你問對方，那個點是否在A部分。如果不是，那一定是在B部分，沒有其他可能，因為A和B涵蓋了全部可能。接下來你將B分為C和D兩部分，依此類推，你最後一定能找到那個點，因為你每一次都涵蓋了全部可能。這個簡單的例子其實非常危險，人們可能會用同樣的程序來處理現實生活中的問題：「我們要麼加價，要麼不加價。」「我們要麼堅持我們的立場，要求加薪，要麼讓步。」

　　在某些情況下，我們的選擇確實有限。在這種封閉式的情況下，我們可以藉由分析，釐清固定的幾個選項。但多數情況是開放式的，選項不是固定的，我們能看到多少項選擇，只受我們設計選擇的想像力限制。

　　「設計」一詞在這裡非常重要，尋找選擇時，我們往往只想到「分析」，但其實我們還可以設計，也就是創造新選擇。創造新選擇的方法包括改變我們的思考界限，引進新因素，改變價值觀，以及引入更多參與者。

　　「我們要麼加價，要麼不加價。」真的嗎？我們還可以提高某些商品的價格，降低另一些商品的價格；我們可以提高定價，然後提供折扣優惠；我們可以加價，同時提供額外的服務；我們可以徹底改變產品，訂出新的價格。從哲學的角度來看，這當中某些選擇可說是不同的加價方式，但我們發揮創造力主要是為了提出有用的選擇，不太需要管哲學問題。

「我們要麼堅持我們的立場，要求加薪，要麼讓步。」我們當然還可以設計其他選擇，我們可以引進生產力的概念；我們可以引進自願離職的概念；我們可以引進增加福利而非加薪的概念；我們可以考慮提供更多假期而非加薪；我們可以考慮提供獎金和支付加班費。我們能提出多少可能方案，僅受我們的想像力限制。

利用非此即彼的簡單方法尋找紙上隱藏的點，乍看之下是個好方法，但事實未必如此。如果我們的任務是要尋找某樣東西，那麼「不是」這個答案有它的價值（可以剔除可能性），因此這個方法是有幫助的。但如果是要提出多種選擇，這個方法只是將簡單的事情變得複雜而已。

想想那個需要生火的童軍，「我要麼使用火柴，要麼不用。」「如果我不用火柴，那我要麼使用打火機，要麼不用。」「如果我不用打火機，那我要麼鑽木取火，要麼不這麼做。」這顯然是非常累贅的說法，實際上這名童軍只需要問：「我有哪些選擇？」將這些選擇簡單記下來，這樣容易得多。

在科學研究中，我們總是在尋找更多可能的解釋。無論一個假說看起來多麼完美，無論我們多麼喜歡這個假說，我們都應該尋找更多可能的解釋。這過程是開放式的。在市場研究中，當我們嘗試了解某些消費者行為背後的原因時，必須先找出所有能想到的可能性，然後才檢驗它們。

設定期限

當事情涉及行動或決定時，我們不可能沒有期限地等待終極方案出現。我們必須行動，到了某個時間點，就一定要暫停設計方案。要是錯過了時機，再完美的方案都沒有用。我們必須顧及現實問題，設定一個截止點。你可以決定只花一分鐘思考是否有更多的可能，如果有人走過來對你說：「這件事只有兩種可能做法。」你可以回答：「或許你是對的，但我們就花一分鐘，看看是否有更多可能方案。」

長期而言，重要的是尋找更多可能的意願和努力。如果事關重大，你可能會給自己一週或一個月的時間，期限一到，你就必須從既有的方案中作出選擇。

想想以下三種情況：

1. 「我只能想到這些方案，不可能再有其他選擇了。」
2. 「我暫時只能想到這些方案，但我建議我們再花一些時間尋找更多可能，並設定期限。」
3. 「我們必須持續尋找更多可能。」

第一句話自我設限，非常傲慢，缺乏創造力；第二句話是務實的；而第三句話僅適合某些情況，例如警方總是在尋找更好的辦事方式。

有些人不願意去思考是否有更多可行方案，是因為一個非常實際的理由，基本上與思考所需要的時間無關，因為那可能很短。只是因為，

如果你相信自己已經找到所有可行方案，就可以對自己的選擇有充分的信心。但如果你承認可能還有更多可行方案，你就不可能有這種信心；而且要是找不到更好的方案，你的信心還會受損。這個理由有一定的道理，但不足以說服我們不去尋找其他不那麼顯而易見的方案。

人們不願意去尋找更多可行方案，還有一個說服力更低的理由，「如果我通常只會想出兩個方案，你卻鼓勵我想出四個，我豈不是要花雙倍時間決定要用哪一個？」常常有人非常認真地對我講這種話。沒錯，如果你想出更多方案，要從中選出一個確實需要花更多工夫。但是這種說法很荒謬，要是你一個替代方案也想不出來，你是不是就不必做任何決策工作？簡單的事實是，你不能靠限制選擇改善任何決策。你必須要有能力提出多個替代方案，同時有能力從中選出最好的方案。

如果你發現作決定很難，你可以採用一種比較無情的做法，任何方案只要無法提供顯然超過現行做法的好處，你都可以捨棄。這可能會令你錯過一些細察之下證明值得推行的好方案，但它確實能讓你的決策工作變得輕鬆得多。

想出很多方案，然後無情地捨棄，好過只提出少數方案，然後採用周密的決策方法。如果我們能想出很多方案，當中往往會有非常突出的好方案，我們並不難決定要採用哪一個。

創造替代方案

有時候你面對的是一組固定的選項，就像挑選領帶架上的領帶，但有時候你需要去尋找自己的選項。你可以參考旅遊傳單和朋友的建議，擬出可以選擇的度假地點清單。你可以請飯店的門房建議一些附近的餐廳。你可以瀏覽房地產廣告，列出一張可以考慮的購屋地點清單。

這些方案是刻意研究或回想個人經驗的結果。最好的做法是先尋找替代方案，再著手創造新方案。既有方案大多是一些標準做法，不太可能有真正原創的構想，一般而言，我們在開始研擬新構想之前，應該了解有哪些既有方案可以選擇。如果你發現既有方案中就有很好的做法了，實在沒有理由再去找奇特的新做法。如果你已經了解標準做法，研擬更有創意的做法，是有道理而且有必要的。

我前面提過，創造新方案要有「設計」的態度，這意味著，你不應該將自己面對的情況當作是固定不變的，我們要改變界限與要素。我想特別講一下創造新方案這件事，有些人認為這種「創造」不過是另一種「尋找」，因為一個可接受的新方案，事後看來都是合理的，因此如果我們好好搜尋，應該就能找到它，不需要創造。這種詭辯毫無價值，當你將想得到的方案都寫下來了，你必須做一些事才能提出更多方案，這當中有尋找，也有創造。

定點

「我想要一種能替代汽車方向盤的東西。」
「以義大利麵作為替代品如何？」

汽車方向盤與義大利麵看起來毫無關係，我們不接受後者作為前者的替代品，將義大利麵換成手杖或蟑螂也一樣。我們在尋找替代方案時，一定會有一個基準點，我們必須知道自己在尋找關於什麼、相對於什麼的替代方案。

我們可以將這種基準點稱為「定點」。圖2-4顯示我們如何從一個構想出發，然後找到定點，以這定點為基準尋找其他相關構想，這些構想便是我們的替代方案。替代方案代表多種選擇、選項或可能。定點有數種可能的類型。

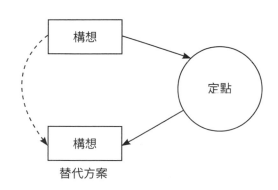

圖2-4

█ 目的

「有哪些方法可以達到這個目的？」
「還有哪些方法可以執行這項工作？」

目的是最顯而易見、最常見的定點類型。對童軍來說，他的目的是生火，他要尋找生火的各種方法。就汽車方向盤而言，目的是「執行操控方向的工作」或「將手部動作傳遞至操控方向的機制中」。只要事情涉及達到某個目的，定點就是達成該目的。

「此處的目的是什麼？」那便是定點。

█ 組別

我們可以用什麼代替橘子？你可能會說蘋果、香蕉或梨，它們都屬於「一般家庭水果」這個組別。如果你選擇的組別是「柑橘類水果」，你可能會以檸檬或葡萄柚作為替代品。這就是為什麼明確界定定點如此重要。如果你想到的組別是「提神飲料」，你可能會考慮啤酒，這與目的也有重疊。

「菜單上還有哪些貝類菜式？」
「你還有哪些四輪運載工具？」
「你還有哪些面海的三房公寓？」

我們可以為一個組別命名，並列出必須符合的一些規格。這個組別便是我們的定點，我們可以著手去尋找該組別的成員。

▎相似

「有哪些葉子與此相似？」
「還有哪些畫家的風格與此相似？」
「還有哪些疾病會全身起疹子？」

相似其實是界定組別的一種方式，但實體上和感知上的相似，值得作為一種定點類型。力求創新的廚師總是在尋找達到某種味覺的不同方式。

▎概念

所有的定點都可以說是概念，我也支持這種說法。定點可能是目的的概念，也可能是組別的概念。我們從一個構想探索它背後的概念，再從這個概念尋找其他實踐方法。就像為了找出一個孩子的兄弟姐妹，我們從這個孩子追尋到他的父母。

「構想」是指做某件事的具體方法，「概念」則是做這件事的非具體方法。你要走某條路，這是一個概念，你要實踐這個概念，必須有具體的做法，像是步行、騎腳踏車、開車，或是搭公車，這些具體做法便是構想。

「如何獎勵我們的推銷員？」──定點是「獎勵」的概念。

「付佣金給推銷員有哪些方案？」──定點是「付佣金」的概念。

　　作為定點的概念必須非常明確，而且要清楚地表達出來。我們在尋找替代方案時往往很草率，我們常常抱著模糊的定點意識，通常是一個目的，尋找各種可能的方案。如果定點是「激勵」，令人恐懼也是一種方法；但如果定點是「獎勵」，令人恐懼就不是可用的方法，如果定點是「付佣金」，其他獎勵也不是可用的方法。尋找可以替代升遷的做法時，定點可能是金錢、權力、地位、賞識、責任、成就感和社會地位等等，這當中有些可以用頭銜來滿足，有些則不行。

　　重要的是多嘗試幾個定點，而不是找到一個「正確的」定點。我們可以尋找一個概念，將兩種不同事物連繫起來，使它們成為彼此的替代選項。我們能找到一個概念將方向盤與義大利麵連繫起來，使它們成為彼此的替代選項嗎？這個概念或許是「彈性」：義大利麵的彈性是多方向的，而方向盤則僅限一個方向，這個差別是有意義的，可以衍生一些有意思的可能性。

概念扇

　　你想在天花板上貼一些東西，很簡單，你可以找一把梯子，但你就是找不到梯子，那你會怎麼做？你會因此放棄，說這件事辦不了嗎？梯子只是將你升到地面上方的方法之一，「將人升到地面上方」這個概念是定點，達到這目的的方法還包括站到桌子上，或是找人把你舉起來。

　　「將人升到地面上方」也只是「縮短物體與天花板距離」的方法之一，後者成了新定點，我們要尋找可以達到這目的的其他方法。「延長手臂」是其中一個概念，可以使用棍子來執行這個概念；「讓物體自己移動」則是另一個概念，我們可以將物體綁在一顆球上，將它拋向天花板。

　　如下頁圖2-5，這個例子有兩層的替代方案。構想（使用梯子）上方是概念（將人升到地面上方），這個概念是產生其他構想的定點。但這概念上方還有一個廣義概念（縮短物體與天花板的距離），它是產生其他概念的定點，由此產生的每一個新概念則是產生其他構想的定點。我們使用兩層概念來產生多個構想，這種做法稱為「概念扇」。

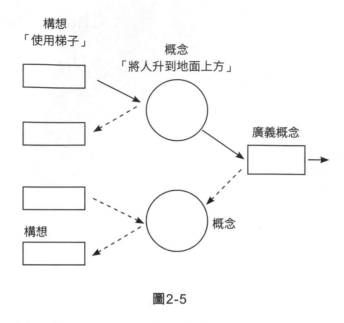

圖2-5

概念扇的一頭是思考的目的或目標，概念扇可以幫助我們達成目標。

「我們如何解決問題？」
「我們如何完成任務？」
「我們如何去到我們想去的地方？」

目的底下是可以幫助我們達到目的的廣義概念、門路或方向。如果目的是「應付缺水問題」，門路或方向可以是「減少用水」、「增加供水」、「設法不用水」。廣義概念或方向，是尋找底下概念的定點。我們向左移動，創造出概念，每一個概念都是執行上一層方向的一種方式。

就「減少用水」這個方向，我們可以想出以下概念：「提升用水效率」、「減少浪費」、「阻礙人們用水」、「教育」。「增加供水」的概念可以是：「開發新水源」、「回收利用」、「減少源頭的浪費」。「設法不用水」的概念則可以是：「停止需要用水的作業」、「以其他物質代替水」、「避免需要用水的情況」。

這階段結束後，我們得到十個概念。這些概念是底下構想的定點，構想則是執行這些概念的方法。「阻礙人們用水」這個概念可以有以下構想：「裝水表測量用水量」、「收取水費」、「提高水費」、「政府

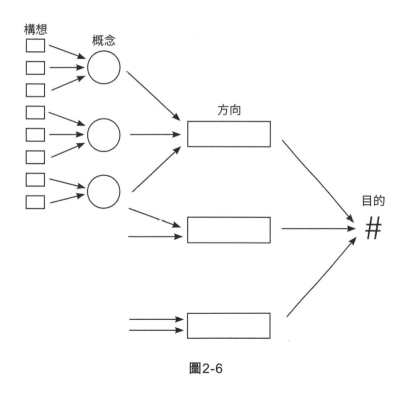

圖2-6

壟斷供水」、「僅在特定時間供水」、「在水中加入無害的臭味」、「限制花園或游泳池等設施用水」、「公布用水大戶的名字」、「威脅限量供水」。我們可以用同樣方式替每一個概念研擬構想，過程如圖2-6所示。

概念扇的三層為：

1. **方向**——你所能想到的最廣義概念，就是你的方向。
2. **概念**——做某件事的非具體方法。
3. **構想**——實踐概念的具體方法。構想必須明確，可以直接實行。

我們用之前提到的例子來解釋概念扇。如果你想往北走，這就是你的「方向」。有許多路可以往北走，這些路就是「概念」。但是要往北走必須有具體的做法，例如開車、搭公車或步行，這些具體行動就是「構想」。

許多人擔心不知道要如何分辨「概念」與「方向」，兩者的差別其實是相對的。「方向」是你所能想到的最廣義概念。如果你能想出更廣義的概念，這個概念便是你的新方向。概念扇的三個層次毫無神奇之處。方向與構想之間有時會有多層概念。方向永遠是最廣義的概念，構想永遠是具體的做法，在兩者之間的都是「概念」。

製作概念扇

製作概念扇時，原則上應該從「目的」開始，然後層層下推，你要問自己：「我要怎麼來到這一點？」你從目的下推至方向，再推至概念，最後想出許多構想——這正是這項作業的目的。

可惜我們的大腦不喜歡這麼有條理的做法，在製作概念扇時，大腦往往會立即跳到一個實際構想上。假設我們要製作城市塞車問題的概念扇，腦海中可能會立即浮現「在家工作」的想法。這對解決塞車問題有什麼幫助？在家工作可以「減少搭車的需求」。那又如何？可以「減輕交通負荷」。因此，減輕交通負荷是方向，減少搭車的需求是概念，而在家工作則是一個構想。（嚴格來說，在家工作也是一個概念，因為我們還必須想出實踐這個概念的具體做法。）

你可能會想到「共乘」。這有什麼用？可以「增加每輛車的平均載客數」。那又如何？可以「減少車流量」。「增加每輛車的平均載客數」是概念，實踐這個概念的其他方法還包括搭乘公共交通工具。

你可能會想到「彈性上班時間」。這有什麼用？可以「降低尖峰流量」。那又如何？可以「改善既有道路的交通情況」。這提供了解決問題的第二個方向。

因此，如果你想到一個構想（或概念），你可以藉由自問「這有什麼用」向上層推進。如果你想到一個方向（或概念），你可以藉由自問「這可以如何執行」試著下推。無論你從什麼點開始，你都可以逐步完成概念扇。

概念扇是一種「成就扇」，它關心的是「我們如何成就某件事」。概念扇並非只是將一個題目層層分析的「分析樹」。概念扇的重點是行動，而非描述或分析。在概念扇中，同一點可以依你的意願多次出現。例如在「應付缺水問題」的概念扇中，方向之一是「設法不用水」，這顯然也是「減少用水」的一個概念。因此，同一點可以出現超過一次，而且還可以是在不同層次。如果你覺得某一點兩個地方都可以放，實在難以取捨，你可以兩處都放。

概念扇的目的是提供一個框架，藉由一連串的定點幫助我們產生多種構想。概念扇也可以提供新焦點，你可能想到一個概念，但還沒有付諸實行的構想。在塞車問題中，你可能想到這樣的概念：獎勵可以開車進城、但不這麼做的人。你可能暫時想不到實踐這概念的方法，它因此成了一個創造力焦點，我們會去尋找可行的方案。

住在鄉下的人往往這樣告訴別人怎麼去他們家：「如果你能找到路去甲村，你很容易就能找到我們家。」你想找到去甲村的路，這時鄉下人又說：「如果你能去到乙村，去甲村就很容易了，你只要跟著路標走就行。」這種指示是以倒推的方式提供，去乙村，然後去甲村，然後就能到我們家。這種做法與概念扇完全相同，概念扇便是幫助我們從目的一步步倒推至達成目的的各種實際做法。

概念扇與直接列出方案的差別如圖2-7所示，我們可以看到方向與概念的層層擴散作用。

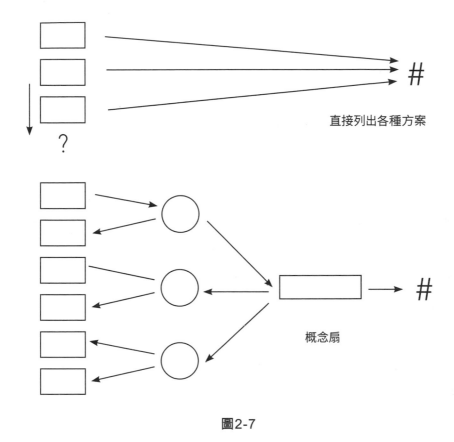

直接列出各種方案

概念扇

圖2-7

刺激方案

我們在尋找各種可行方案時，通常會找有明顯價值的構想。警告牌通常是紅色的，如果我們要找另一種替代顏色，我們可能會建議黃色或橙色。黃色是明亮的顏色，在暗處也比紅色容易辨識。橙色也是顯眼的顏色，而且比紅色或黃色少見。因此，黃色和橙色都有合理的價值，是

可以認真考慮的替代選擇。

不過，我們可以提供一個方案，而不說明它的價值。我們可以提議警告牌用藍色，理由是藍色是紅色以外的另一種選擇。藍色與紅色確實同為原色，但是我們不指出警告牌用藍色有什麼特別價值。我們先提議用藍色，再來研究這顏色是否值得採用。這是一種刺激方案，先提議用藍色，才可能看清選擇藍色的理由。

因為知道某個方案有價值而提出它，與提出某個方案來看看它有什麼價值，兩者是截然不同的。「這是一個刺激方案，我們來看看它是否有價值。」刺激方案並不保證有價值。提出刺激方案是「刺激」的部分程序，不過它也可以單獨使用。刺激的道理與技巧留待稍後闡述。

如何評估構想？

我們找出多種方案之後，要如何評估這些方案？評估本身就是個大題目，我將在本書第三部分「應用篇」再來談它。原則上，評估我們利用創意技巧得到的構想，與評估其他構想毫無差別。評估是運用邏輯和判斷力的過程，與創造力沒有直接關係。

在評估創意構想之前，可能需要作一些修飾和調整，去除缺點，改善效能。凡是利用創意技巧得到構想都需要這番工夫，本書稍後會再談這一點。一般來說，評估構想會考慮以下四方面：

1. **可行性**──這個構想真的可行嗎?我們可以讓它變得可行嗎?

2. **好處**──這個構想有什麼好處?好處有多大?它們來自哪裡?可以持續多久?一個構想如果沒有可觀的好處,它就沒有直接的價值。

3. **資源**──我們是否有執行這個構想所需要的資源?包括時間、金錢、人、技術、機制和動機等等。有時候構想本身是可行的,但我們未必有執行這個構想需要的資源。

4. **合適**──這個構想符合執行者的需求嗎?包含策略、政策、性格和議程等等。

這個簡要的檢查表可以用來初步評估我們研擬出來的構想。

Chapter ■■■ 17

概念

　　形成抽象概念的能力，很可能是人類思考和推理能力的基礎。

　　尋找另一種生火方法的童軍，正是利用這個抽象概念在尋找各種可行的做法。我們隨時都在運用概念，不管是明確地或含蓄地，但很多人在處理概念時會覺得很不自在，對這些人來說，概念似乎是含糊、不切實和不必要的東西，他們急於跳到實實在在的具體行動。

　　北美以前是個拓荒社會，在拓荒社會中，行動總是比思考重要，北美社會因此發展出美好的行動文化。但今天的世界是個競爭激烈、充斥著各種商品與服務的地方，思考幾乎與行動一樣重要。

　　加州某家銀行是率先引進自動櫃員機（ATM）的銀行之一。當時的概念是為了方便那些忙到無法排隊等銀行櫃員服務，但又懂得使用ATM這種機器的人。引進ATM一段時間之後，銀行檢視它的使用情況，發現其中一群主要使用者是來自墨西哥的合法與非法移民，他們不大願意講英語，而且喜歡ATM的隱匿性。「隱匿性」便是當中的概念。

　　行動或業務背後可能有許多概念，不同的人對關鍵概念可能有不同

看法。找到隱含的概念，釐清這個概念，讓它變得可見，這絕對不是一種學術活動。我們如何知道自己發掘到的是正確的概念？得到一個看來行得通的概念，這樣還不夠嗎？

釐清關鍵概念，讓它變得可見，有以下這些效用：

1. **有助尋找替代方案**——如果我們能夠釐清概念，就可以將這個概念作為「定點」，尋找各種實踐方法。我們找到的替代方案，有些可能比現行做法更有力。
2. **強化概念**——釐清概念後，我們可以試著強化它。我們可以消除這個概念的瑕疵與缺點，增強看得見的效能。
3. **改變概念**——釐清概念後，必要時就可以改變它。當事情不順利，遇到競爭威脅，或是覺得自己並未充分利用有利的市場環境，這時候就可以改變概念。

我們分析速食業，得出幾個概念：「快速的服務」、「標準化的產品、價格和品質」、「便宜」、「年輕人的聚會場所」。我們可以逐一質疑這些概念。

我們可以繼續滿足那些需要快速服務的人，但也可以設法使顧客停留久一點，以便賣更多東西給他們，例如沙拉和冰淇淋等等，或許就能從每名顧客身上得到更多營收。

我們可以設法以另一種方式提供「標準化的產品、價格和品質」，或許可以生產價格與品質標準化的調理包，在餐廳張貼海報提醒顧客選

購。這種調理包可能僅限微波加熱，以避免烹煮技術不佳的問題。

　　「便宜」這個概念已廣受質疑，許多速食餐廳的消費一點也不便宜，還可能會賣海鮮或其他高價的特色餐點。

　　速食餐廳作為「年輕人的聚會場所」這概念可以用各種方式增強；但如果這種利用空間的方式不符合成本效益，也可以設法抑制它。

從構想到概念

　　一般來說，要在概念的層面作業是相當困難的，因此，我們可以在構想的層面作業，然後不時折返，尋找構想背後的概念：此處的概念是什麼？這個構想是在實踐什麼概念？

　　圖2-8顯示通往數家海邊度假村的道路，你開車想盡快抵達度假村3，你沿著大路直走，通過路口的連接點時根本沒注意到它。抵達後，因為某些原因你覺得不滿意，或是人太多了，你考慮回到路口，改走其他路去另一家度假村。

　　概念很像道路的連接點，我們會回到連接點尋找另一條路，這就是為什麼概念是產生替代方案的好定點。任何由創意思考產生的構想，都值得我們折返，看清背後的概念。構想背後可能涉及數個概念，每個人對於涉及什麼概念也可能有不同的看法。這沒關係，因為折返的目的是產生新構想，這才是重點。我們可以用幾個問題幫助自己折返概念層面：

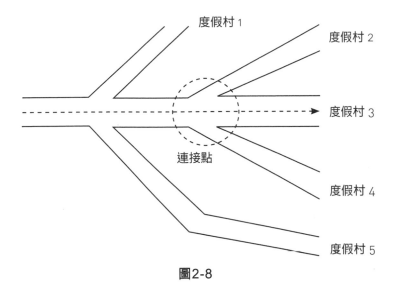

度假村 1
度假村 2
度假村 3
度假村 4
度假村 5
連接點

圖2-8

「籠統而言，這個問題可以怎麼解決？」

「此處涉及什麼運作機制？」

「這個構想是要完成什麼事情？」

養成時常折返概念層面的習慣之後，就可以在構想的層面作業，這比想要持續在概念的抽象層面作業容易得多。

如何找到有用的概念？

思考通常講求清晰明確，但處理概念則例外。概念某程度上必須是

通用、非具體、含糊和朦朧的。概念越明確，用途就越有限。這裡我們遇到一個難題，概念可以有很多層次，從非常明確到非常籠統：

「我們在做銷售鍍金鉛筆的生意。」
「我們在做銷售鍍金書寫工具的生意。」
「我們在做銷售高級書寫工具的生意。」
「我們在做個人奢侈品的生意。」
「我們在做奢侈品的生意。」
「我們在做供應人們想要的商品的生意。」
「我們在做追求賺錢的生意。」

以上是有關某項生意的七個概念層次，第一層非常明確，只是描述事實而已，最後一層則太籠統了，幾乎所有生意都適用。要找到最有用的概念層次，這絕不容易，現實中也沒有神奇公式可以幫你找到適當的概念層次。這要求一種感覺，這種感覺是要花時間培養的。

要找到有用的概念層次，最好的方法是先想出一個概念，然後設法將這概念變得籠統一些，也將它變得明確一些。也就是說，你要將這個概念向籠統與明確的兩端延伸。舉例來說，關於汽車出租生意，你想到的概念可能是「為顧客提供暫用的個人交通工具」，具體一點的概念可能是「以有利可圖的價格，適時適地租車給需要汽車的人」，比較籠統的概念則可能是「滿足顧客的交通需求」。藉由將想到的概念向籠統與明確的兩端延伸，我們可以感覺到自己是否處於有用的概念層次。

概念有時候很接近一項產品或服務的定義，有時候只是一個詞，例如牙刷的概念可以是：「一個柄狀物，一端有短硬的毛，用來放置牙膏。」也可以是：「方便我們使用牙膏的一種工具。」簡單的詞，如「方便」、「靈活」、「佣金」和「平衡」也都是概念，概念有時只需要一個詞，有時是一個詞組，無論如何，概念都不需要太多細節。

概念的類型

有些通用的概念幾乎可以納入所有產品或服務的概念中，例如「方便」、「可調整」和「作用強大」等等。此外也有捕捉到獨特之處的定義型概念，要檢驗一個概念是否屬於定義型，我們可以思考以下問題：這個概念可以用來描述其他東西嗎？

我們試著描述梯子的概念：「幫助人去到較高的地方的一種工具。」這個概念太籠統了，它可以是電梯、電扶梯、吊車，甚至是登山鞋。「幫助人靠肌肉力量垂直移動的工具。」這比較接近了，但它也可以用來描述很陡的階梯。「一種讓人垂直踏步的構造。」這個概念陳述可能夠接近了。梯子的物質描述可能是：「兩根平行的直立柱子，每隔一定距離以橫桿連接起來。」

想想保險的概念：「一種補償方法」、「賠償意外或災難造成的損失」、「防止意外損失」、「可能遭受某種損失的人撥款給基金，由基金賠償這種損失」、「降低風險」、「支付保費，換取在遭受某些損

失時獲得賠償的權利」、「分散風險」、「互惠的財務保護」。這些概念都正確，但有些漏掉了必要的元素，如支付保費。「降低風險」不一定是指保險，也可以是指留在家裡或將車庫鎖上。有時一個詞如「互惠」，就包含了許多必須詳細說明的元素。

站在哲學的角度，處理概念是非常折騰人的事，因為概念有許多層次。陷入哲學分析的泥沼沒有意義，你只需要試著提出多個可能合用的概念，再選擇一個看來最有用的。有些時候我們可以將目的、機制和價值都納入一個概念中，保險的概念定義就可以這麼做，這通常是有用的。但有些時候，我們可能會區分這三種基本概念：

▌ 1. 目的概念

「我們想做什麼？」「這項活動或作業的目的是什麼？」目的概念就是籠統地陳述目的。例如雨傘的目的是「提供不被雨淋的保護」。

▌ 2. 機制概念

「這是怎麼運作的？」「目的要如何達成？」「操作機制是什麼？」「現在正發生什麼事？」試著釐清我們正藉由或可以藉由什麼樣的機制來達成目的。雨傘的擋雨機制，是利用一張可以開合的物料。描述機制時，當然也有許多層次的細節。

▌ 3. 價值概念

「這為什麼有用？」「這提供了什麼價值？」「價值在哪裡？」

「為什麼這是值得的？」雨傘的價值，在於它是一種可以收起來、方便攜帶的擋雨工具。

這三種概念是最有用的，另外還有一種「描述型概念」，也就是純粹描述事物。多數字詞都是描述型概念，例如「山」這個字便是描述拔高的地形。現實中，我們對功能的興趣大於描述，上述三種概念，目的、機制和價值，即涵蓋了事物的功能面。

練習操作概念

努力練習，是操作概念的關鍵，假以時日，隨著你培養出對概念層次的感覺，知道什麼概念是有用的，操作概念會變得容易得多。這不是找到正確概念的問題，你要做的是試著提出不同的概念定義，就像嘗試界定問題那樣，直到找到一個有用的。之後這個概念會發揮多大的作用，取決於你能不能利用它提出更多有用的構想，或是在必要時改變概念。

我們應該常常從構想折返概念，再從概念推出構想，這是天生富創造力的人經常在做的事。

刺激

　　愛因斯坦經常進行他所謂的「思想實驗」，他會問自己：「如果我以光速前進，我會看到什麼？」這種思想實驗與刺激大有關係。

　　我之前提過，許多重要的創見源自運氣、意外、錯誤或瘋狂，這些東西迫使我們跳出建立在經驗之上的合理範圍。刻意的刺激也可以提供相同的作用，不必等待改變、意外或錯誤，我們可以在受控的情況下，每次「發瘋」三十秒，可以隨意啟動或停止這種瘋狂狀態。這就是為什麼刺激對水平思考和創造力如此重要。

　　我們思考河川污染的問題：

　　「PO，這家工廠在自己的下游。」

　　這就是一種刺激，一家工廠怎麼可能同時處於兩個地方？完全不可能。我們用PO來表示這是刺激說法，不是認真的建議。PO的起源與性質留待稍後說明。

這個刺激說法可以讓人思考工廠的取水和排水問題，正常的做法是在上游取水，在下游排水，刺激說法則暗示我們可以立法規定建在河邊的工廠必須在上游排水，在下游取水。如此一來，工廠如果污染河水，它將先自食惡果，工廠便會設法避免排放污水。事後看來，這個想法完全合理，有些國家已有這樣的法規。

杜邦公司曾經討論要如何處理一項新產品，唐納提出一個刺激想法：

「PO，我們把這項產品賣給競爭對手。」

這個刺激想法促使杜邦改變生產模式，大大縮短了開發的時間。

「PO，汽車應該用方形的輪子。」
「PO，飛機應該上下顛倒降落。」
「PO，信件應該在寄出後封好。」

以上說法看起來都很不合理，甚至可以說是「瘋狂」。但事實上，在製造和運用形態的自組織資訊系統中，它們完全符合邏輯。

刺激的定義很簡單，你可以毫無理由地說一些東西，唯有把話說出來，其中的道理才可能彰顯出來。這與我們平常的思考習慣大相逕庭，我們習慣說話必須有道理，但是在運用刺激思考時，我們先作沒有理由的陳述，期望說出口的話能發揮作用，證明它是有道理的。

乍看之下，這似乎只是一種亂槍打鳥的做法，想到什麼就說什麼，

希望能碰巧得到一些好想法，有些人便是以這種方式在進行腦力激盪。事實上，在自組織系統中，刺激是有邏輯的，已經有人發表數學論文，提出相關論證。自組織系統傾向形成穩定狀態，而刺激可以打破穩定，讓系統再形成新的穩定狀態。

我們的大腦會形成圖2-9的不對稱形態，我們沿著主要路線前進，如果有人把我們帶到側線的末端，當我們看見回到起點的路，就會感受到幽默，這與我們發揮創造力的方式完全一樣。但我們如何從主要路線跳到側線去？這就要靠水平思考的刺激方法。

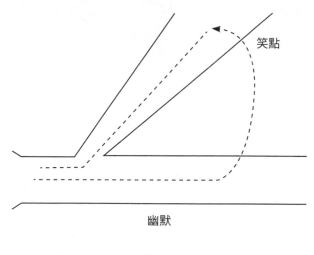

笑點

幽默

圖2-9

圖2-10顯示我們如何將不存在於我們經驗中的概念或構想，設定為刺激想法。這個刺激想法是在我們的經驗形態之外。

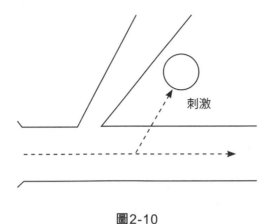

圖2-10

　　圖2-11顯示我們如何從主要路線移動到刺激想法上，再移至側線。當我們進入側線，看見回到起點的路，我們就能夠以這條側線作為新構想。

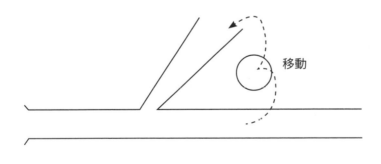

圖2-11

　　這過程毫無神奇之處。在化學上，如果我們想從一種穩定的化合物，過渡至另一種穩定的化合物，我們必須經歷一段不穩定狀態，再穩

定下來成為新的化合物。在物理上，改變一種原子組態也必須經過同樣的不穩定步驟。

在正常的思考過程中，我們走的每一步都是以上一步為基礎，這是垂直思考。我們得到的結論的效度，取決於我們從起點到結論每一步的效度，過程如圖2-12所示。

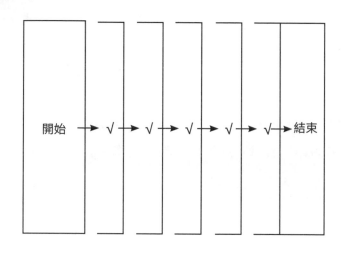

圖2-12

在刺激過程中，我們從起點跳到一個任意設置的刺激點，再從這個刺激點跳到某個構想或概念。這個結果的效度無法從過程來證明，但是當結果連接到起點時，也就是問題或我們的關注點，我們就能看出它的價值。我們可以在事後以符合邏輯的方式證明它的價值，完全不損它的效度。

為什麼我們必須使用這種跳躍法？為什麼我們必須藉由另尋路線回到起點，來證明新構想的價值？原因非常簡單，在任何形態系統中，我們別無選擇，只能靠已經形成的形態向前邁進，我們甚至不會意識到有其他可能。只有靠這種另闢蹊徑回到起點的方法，我們才能打通和使用這些一直存在的側線。這個過程如圖2-13。

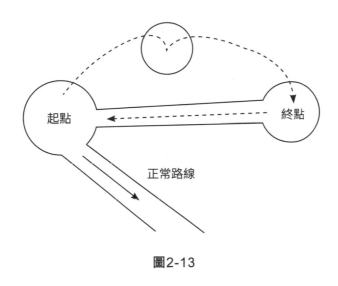

圖2-13

　　刺激的目的，是幫助我們脫離思考的慣常路徑，借助刺激跳到一個事後看來有價值的新位置。大腦經由某種作業建立起主要路徑，這是大腦的傑出之處，在此同時，我們也必須設法脫離主要路徑，才能夠發揮創造力。這就是為什麼刺激在水平思考中如此重要。

刺激與假說

之前提過，假說使我們得以猜測事物背後的運作機制，這一點極有價值。這種猜測為我們提供思考眼前情況的方向與框架。刺激也為我們提供看事物的新框架，但刺激遠遠超過假說。假說力求合理，刺激則力求不合理，因為刺激的目的在於幫助我們脫離思考的慣常路線。

我們設法提出假說，證實假說，如果假說得到證實，便從猜測變成暫時的真理。但我們不會去證明我們的刺激說法是合理的，我們不會去證明汽車應該用方形輪子或飛機真的應該上下顛倒降落。我們只會利用刺激，得到一個特別而有用的構想。刺激只是我們得到有用構想的手段。

假說與刺激都嘗試改變我們的感知，假說引導我們的感知往某個方向，刺激則嘗試令我們的感知脫離正常路線。假說與刺激都是我們在大腦中建構的一種想法，我們利用它來改善我們針對某種情況的思考。假說與刺激都是創造過程的一部分，與分析大不相同。分析只看既有的東西，假說與刺激則會引入一些新東西。

運用刺激的程序

正式運用刺激，有兩階段的程序，第一階段是設定刺激，第二階段是利用刺激得到有用的新構想。步驟依序是這樣：

1. 選擇創造力焦點。

2. 設定刺激。

3. 使用刺激。

但是在學習如何設定刺激之前，應該先學習如何使用刺激。如此一來，當我們學習如何設定刺激時，就已經知道可以怎麼使用它們。設定一些完全不知道如何使用的刺激是沒有意義的，所以我們要倒過來學習，這是有效，而且符合邏輯的。

運用刺激時，會涉及一種名為「移動」的特別心智運作，這是一種主動的心智運作，與判斷完全不同，必須經過學習和練習才能熟練。先了解移動的運作之後，我們再來談設定刺激的方法。

移動

要發揮創造力，移動是非常重要的心智運作，沒有某種程度的移動技術，很難發揮創造力。但移動並不是我們平常的思考習慣，唯一的例外或許是在我們創作和欣賞詩時，從意象和隱喻移動到意義和感覺上。

大腦以自組織系統的形式運作，進入大腦的資訊都會自行組織，形成形態、路徑、路線和次序等等，所以大腦在幫助我們應付這個複雜世界時，才能表現如此出色。形成形態，這是大腦作為資訊機制的一大長處，絕非缺陷。

感知是原始資訊加上形態的運用，大腦會判斷適當的形態，並確保我們遵循形態。判斷是感知必要的一部分。有些判斷是當事人有意識作出的，例如法官判案、老師改考卷，或是室內設計師選擇材料；但也有些判斷是大腦無意識自動作出的。

判斷在感知中有兩大功能，第一項功能是尋找、配對或認出適用的形態，這幾乎是自動發生的，但有時候也需要有意識的分析，將我們面對的情況分拆為多個部分，會比較容易辨識。判斷的第二項功能，是確

保我們不會偏離基於經驗的路徑，並指出錯誤或偏差，催促我們回到基於經驗的正確路徑。這種判斷負責否決錯誤和不符合經驗的構想。

如果我們將「方形車輪」或「飛機上下顛倒降落」這種刺激想法交給大腦判斷，它們顯然會立即遭到否決。這也是應該的，判斷有它的任務，必須妥善執行黑帽思考。教授創意思考的老師大談「擱置判斷」或「延後判斷」，這是腦力激盪法的傳統做法。可惜這種做法太弱了，告訴別人不要判斷，卻不告訴對方該怎麼做。這就像告訴別人早餐不要吃炒蛋，卻不告訴對方可以吃什麼。

「移動」則是一種主動的心智操作，它可以學習、練習和刻意使用。移動不僅不作判斷，還會提供麥片粥給你代替炒蛋。判斷與移動的差別如圖2-14所示，我們作判斷時，得到一個構想，會拿它與既有的經驗形態作比較。如果構想不符合經驗形態，我們就否決它，這是良好的黑帽思考。當我們作移動時遇到一個構想，我們完全不關心它是對是錯，或是否符合我們的經驗形態，只關心可以從該構想「移動」到哪裡，我們設法前進。

判斷是靜態的，只關心「是」或「不是」，屬於傳統的「石頭邏輯」；移動是動態的，關心「可以從這裡出發去哪裡」，是流動的「水邏輯」。移動屬於綠帽思考的技巧。移動與判斷是兩種完全不同的遊戲。當你玩橋牌時，就要打一手好橋牌，而不是玩一手爛梭哈。因此，當你運用判斷時，你要好好判斷，當你運用移動時，你要認真移動；這是兩種不同的心智運作，並無折衷方案。

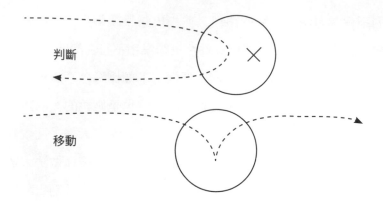

圖2-14

移動的運用

我們運用移動，以求從一個刺激想法，前進到一個有用的新構想或新概念。沒有經過移動，刺激毫無意義。我必須指出，移動在創造力的應用上比這廣泛得多。配合刺激使用，是移動最極端的形式，從一個不可能的刺激想法，移動到一些有用的東西上。移動也有不那麼極端的形式，我們可以運用移動，從一個比較弱的構想，前進到一個比較強的構想。我們也可以運用移動，從一個提示前進到一個具體構想，或是從一個概念前進到一個構想。

移動代表願意抱著正面探索的態度前進，而不是停下來判斷事情對或錯。我們發揮創造力，是希望得到一些實用、有益和有效的構想，我們接受以各種方式得到有用的結果，過程中不需要每一步都經過判斷。

願意移動的態度十分重要。某人講了一些話，A就急著判斷他說的

是否正確，甚至吹毛求疵；B則關心這些話可以導出什麼結果。兩人的差別在於思考的順序，A立即動用黑色思考帽，B則是先用綠色思考帽，也就是移動，稍後再用黑色思考帽來評估結論。

移動的運用方式可以分兩大類，一般意願與系統化技巧：

▌一般意願

當事人願意擱置判斷，試著從某個刺激想法或陳述前進，光是有這種意願，有時候就能立即得到創見。一個經過練習、知道移動技巧的人，往往靠這種意願便能達成有用的移動，這永遠值得先嘗試。如果還是得不到有用的結果，就可以試試移動的系統化技巧。

▌系統化技巧

有五種技巧可以幫助我們從一個刺激想法或陳述展開移動，每一種技巧都可以學習、練習和刻意運用。我們不必每次都使用全部的技巧，但必要時可以隨時運用它們，這與只是叫人「擱置判斷」截然不同。

五種移動技巧

這裡說明五種可以有系統地展開移動的技巧，這不表示沒有別的技巧，也不表示這五種技巧不能再細分。在某些情況下，技巧可能會重疊，這完全沒問題，因為移動的唯一目的，是找到新構想或新概念。

▌ 1. 提取原則

專注在一個刺激想法上，不管是你自己或其他人提供的，設法從中提取出一個原則，它可能是原則、概念、特色或觀點，字眼的選擇並不重要。你設法從這個刺激想法提取出一些東西，完全忽略其他部分，然後利用你提取出的東西建立一個可用的構想。

一家廣告公司正尋找新的廣告媒體，有人提出一個刺激想法：

「PO，找人當公告員吧。」

公告員在街頭宣讀政府文告，但在滿是高樓、車來車往的現代城市沒什麼用武之地。這只是一個刺激想法，我們可以從中提取什麼原則、概念或特色呢？

公告員會在人潮聚集的地方。
公告員可以視聽眾改變訊息。
公告員可以回答問題。
公告員是受尊重的公職人員。
公告員提供最新消息。
你不能像關收音機那樣「關掉」公告員。

以上都是可以提取和使用的東西，假設獲選的原則是「你不能關掉公告員」，接下來就忘掉有關公告員的一切，尋找一種你無法或至不願

意關掉的媒體。你想到了電話，構想是提供免費使用，但必須聽插播廣告的公共電話。這種服務僅限致電本地號碼，費用由廣告主支付。

▌2.注意差異

比較刺激想法與現行做法或構想，闡明兩者的差異，研究能否從中推出有意思的新構想。即使刺激想法與現行做法看起來非常相似，即使只有百分之一的差異，你還是可以研究當中的差異。

我們以大致範圍型焦點關注郵票的問題，有人提出一個刺激想法：

「PO，我們應該採用長條狀的郵票。」

我們注意當中的差異：

你可以在郵票上印訊息。

可以留下更多位置寫地址。

可以用來封信封。

郵票可以做成一捲膠帶。

可以用郵票的長度表示它的價值。

郵票可以摺到信封背面。

可以用郵票的長度表示它的價值，這直接源自長條狀郵票與目前郵票的形狀差異。這想法意味著我們可以用一個單位的長度代表一個單位

的價值，不必在郵票上標示價值，而是按購買量和每單位現價計費。這個概念可以用在正常形狀的郵票上，郵票不再標示價值，只標明平信、限時和掛號等等，以現價出售。

像這樣，我們可以將源自刺激想法的構想運用在正常郵票上，偶爾也會發生刺激想法本身就有價值的情形，但這不是我們提出刺激想法的目的。

▋ 3. 想像每一步

這可能是移動技巧中最有力的一種，我們想像刺激想法付諸實行的情況，我們不關心最終結果如何，只對過程中的每時每刻有興趣，就像逐格看一段影片，我們設法從中發展出一些有意思的概念或構想。

「PO，汽車的輪子是方形的。」

我們想像一輛有方形輪子的汽車，想像這輛車開始前進。方形輪子以它的一角為支點，將車身升了起來，車子走起來非常顛簸。但是汽車的懸吊系統可以預見車身升高，作出調整。自動調整懸吊系統的概念於是產生，進而導出一個構想：設計一款適用於顛簸路面的汽車。我們可以利用導輪將路面的狀況傳送至懸吊系統，懸吊系統會調整車輪的高度以配合路面情況。如此一來，汽車可以平穩地行經顛簸路面，不會上下震盪。我多年前提出這個構想，之後許多公司致力於研發有類似功能的智慧型懸吊系統。

「PO，飛機上下顛倒降落。」

這個想法看起來很荒謬，但刺激想法永遠稱不上荒謬。有人說，如果飛機這樣降落，機師就可以清楚看見降落區。這是典型的「想像每一步」的移動技巧，我們因此去思考駕駛艙在飛機上的位置。至今駕駛艙仍是在機身頂部，但這是最好的位置嗎？協和超音速飛機的機頭特別長，機師在機身頂部可能完全看不到降落點，因此這種飛機的機頭設計可以向下調整，讓機師能看見降落點。為了方便降落，駕駛艙能不能設計在其他位置？或是在某些地方安裝攝影機？

▎ 4. 正面思考

這是移動技巧中最簡單的一種，運用黃帽思考多過綠帽思考。我們直接檢視刺激想法，設法找出當中的好處或正面意義。運用這個技巧時，我們關心眼前的價值，而不是刺激想法可以導出什麼，再根據我們看到的價值，設法想出有用的新構想。

「PO，汽車的引擎應該放在車頂。」

這個想法有變速箱和高重心等方面的問題，但也有許多正面意義：修理引擎時比較方便；撞車時引擎損壞的風險比較低；前後車軸可以平均承重；車身可以有比較大的內部空間，又或者可以縮短車身；空氣流動有助冷卻引擎。我們可以由此想出把引擎放在車身中間的概念，乘客

的位置則是在引擎上方。

看到刺激想法的價值後，我們再設法以比較實際的方式達成。

▌5. 思索適用情況

我們思考一個刺激想法在什麼情況下會有直接價值。發生水災時，引擎在車頂就有直接價值，因為車子可以行駛在較深的水中而不受影響。運用這種移動技巧時，我們尋找能賦予刺激想法價值的特殊情況。

「PO，酒杯的底部應該是球形的。」

在什麼情況下，球形底的酒杯會有直接價值呢？你必須將杯子裡的東西喝完，否則不能放下來，酒吧用這種酒杯，或許就能賣出更多酒。球形底的酒杯必須配合特殊杯架使用，或許就能避免酒杯在桌面留下水印。

這些移動技巧顯然有許多重疊之處，在球形底酒杯的例子中，我們想像一個人放下空酒杯的情況，這是「想像每一步」的技巧。在長條狀郵票的例子中，我們還用到「正面思考」的技巧。

來看最後一個例子：

「PO，想升職的人都應該穿黃色襯衫。」

我們運用上述五種移動技巧，並記下一些想法：

提取原則──員工必須非常清楚地表達自己的事業抱負。

注意差異──有事業雄心的人可以將自己的抱負展現在眾人眼前。那麼，我們應該為有才幹的人培養事業雄心，還是應該為具事業雄心的人培養才幹？這是人才培訓的一個有趣問題。

想像每一步──員工早上更衣時，配偶可能會說：「為什麼不穿黃色襯衫？」我們或許可以開始構想如何借助員工的家人，鼓勵他們上進。

正面思考──穿黃色襯衫的人已宣示事業雄心，將努力達成目標。

思索適用情況──顧客會想找穿黃色襯衫的人服務，得到的服務可能比較好，提出客訴也可能比較有用。

值得注意的是，移動技巧某些方面是具分析性和收斂性的。要有效發揮創造力，不能只靠發散式思考，想像每一步需要幻想，但也需要分析可能會出現的情況。提取原則和正面思考也都具有分析性質。

移動的結果

試著移動之後，可能的結果包括：

▌產生負面觀點

注意差異或想像每一步，可能會引發一些負面觀點，我們不能帶著

這些負面觀點前進，否則很容易倒退回簡單的判斷作業。我們必須注意到這些負面觀點，有意識地試著從這些負面觀點移動到有用的構想上。舉個例子來說，持續穿黃襯衫卻未獲得升職的人可能會非常不高興，確實是這樣，但是他很快就認識到自己不會獲得拔擢，總好過抱著虛假的希望等待。

▌老調重彈

移動有時候會回到一些舊構想上，發生這種情況時，你應該要有意識地嘗試另闢蹊徑。從一個刺激想法移動到一個已知的構想上，是毫無意義的。

▌感覺有意思的點

移動可能把你帶到一個有意思的點上，這種「有意思」的感覺很重要。這個點未必有價值，但你感覺到它的潛力。當你逐漸掌握創意思考的技巧，要辨識這種有意思的點會越來越敏銳。「我覺得這裡有些東西。」你意識到它的潛力，因此停下來尋找。這種感覺就像開車在鄉間，偶然來到一個有意思的村莊。你不必急著移動，這種時候慢慢思考比較好，這樣可以注意到更多東西。

▌帶來差異

差異本身就是一個吸引人的點，你注意到某個概念或構想跟以前不同，或是注意到自己的思考路線改變了。你可以設法找出差異，然後追

蹤下去，即使暫時不能產生有用的結果，差異或思考上的改變總是值得注意的。

▋ 帶來價值

這是你捕捉到的獎賞，碰到一個有價值或有明顯好處的點時，你要珍惜它、思索它、體會它，比較新價值與既有的價值，思考能否以比較實際的方式得到同樣的價值。每當你利用水平思考得出一個最終構想時，你一定要再想想能否以比較實際或簡單的方式得到相同價值。這時候價值成為你的定點：「有什麼替代方案能獲得同樣價值？」

▋ 找到概念

無論是怎樣的刺激想法，通常都可以找到一些有意思的概念，即使這些概念未能立即提供某種價值。你必須闡明這些概念，才能清楚意識到它們。你應該拿新概念與既有概念比較，試著重新界定和強化新概念。

我們不是每次都能想出實踐一個概念的可行方法，因此，我們要列出和儲存概念。概念有單獨存在的權利，它並非只是產生構想的工具。最後，我們會試著擬出實踐概念的可行構想。我們有時候能想出具體的構想，有時候只能想出一些範例型構想來說明概念的可能應用方式。

▋ 得出構想

創意思考的目標，是要得出可用的新構想。運用刺激技巧，偶爾能

直接得到這樣的構想，但更常見的情況，是我們僅得到某種啟發或初步構想，必須大幅改善才算可用或可交付評估。構想的處理我們留待稍後章節討論。

藉由移動得出的構想有時顯然不實用或不可行，此時我們應該回到構想背後的概念，將概念儲存起來，或是再尋找實踐概念的其他方法。範例型構想也是有價值的，因為我們可以從中看到運作的概念。

▌徒勞無功

移動的結果有時候是徒勞一場，無論你怎麼思考，結果總是回到既有的構想上。在這種情況下，你應該盡可能收割思考的成果（收割程序見第24章）。承認自己毫無進展也是有用的，繼續想下去往往沒有意義，你可以稍後用不同的刺激想法或不同的技巧再試試。

沒有人能保證每次的創意思考都能想出了不起的創見，承認自己暫時未有成果，會比想破頭更有利於建立信心。你不能確信自己每次都能得到了不起的構想，但你可以確信自己可以高明而純熟地運用移動技巧。當你對這種心智運作有信心時，你會發現，你可以將移動技巧運用在任何刺激想法上，無論那個想法看起來多麼奇怪或多麼不合理。

接下來我們就可以來談刺激想法從何而來，以及要如何設定刺激。

設定刺激

　　1968年，我創造了PO這個詞，此後許多人都使用和借用這個詞，但他們通常不會說明出處，也未正確理解其涵義。

　　為什麼我們需要PO？因為刺激涵蓋的範圍很廣，在刺激過程中，我們提出陳述不是為了描述事實，而是為了讓我們的大腦發生某些作用，促進創見的產生。如果是比較溫和的刺激，我們會說：「萬一⋯⋯」「假設⋯⋯」「如果這樣，將會發生什麼事？」我們藉此提出可能的情況，但我們的語言無法幫助我們提出比較極端的刺激想法，例如一些我們知道不可能發生或根本不合邏輯的想法。我們找不到可以幫助我們運用這種刺激想法的字詞，因為語言旨在描述現實，而那些極端的刺激想法在現實中是找不到實例的。

　　PO不存在於任何語言中，就某種意義上，它是反語言的。PO的邏輯基礎源於自組織資訊系統的不對稱本質，我創造PO這個詞，以便表明某些想法是刻意提出來刺激思考。我們需要這種信號，否則我們會浪費大量時間在判斷思考上。如果你表示汽車應該用方形的輪子，人們會積

極批評這個瘋狂主意，至少也會要求你證明你的建議是合理的。但如果你說：「PO，汽車應該用方形的輪子。」你可以立即展開移動作業。因為你一說PO，大家就知道你只是提出一個刺激說法。

hyPOthesis（假說）、supPOse（假設）、POssible（可能）和POetry（詩）這些詞都含有「提前運用」某種陳述之意，我們作出某種陳述，然後看它能將我們帶到哪裡。我從這些詞中抽出PO這個音節，把它當作提出刺激說法的信號。在古玻里尼西亞語和毛利語中，PO代表萬物形成之前的混沌狀態，這涵義並無不當。一般而言，PO代表「Provoking Operation」、「Provocative Operation」或「Provocation Operation」，意思是「刺激作業」。

刺激的來源

刺激有兩類主要來源，一種是自然出現的，本來並不是要當作刺激；另一種則是我們刻意設定的。

刺激可能因為運氣、意外或錯誤而出現，這在歷史上可以找到許多例子。無論我們是否配合，這種刺激都有可能改變我們的思考。有些陳述並沒有刺激思考的意圖，但你也可以選擇將它當作一種刺激，這些陳述可能是嚴肅的議論，也可能是無聊的話。

有人講了一些你不同意的話，你可以加以評斷，並決定不同意他，事情就此結束。但你還有一個選擇，你可以把這些話當作刺激，不管你

是否已經評斷它，也不管說話的人是否有意這麼做。這完全無關緊要，要不要將一番話當作刺激，選擇完全在你。

1930年代末，有個怪人寫信給華生瓦特（Robert Watson-Watt），建議美國國防部製造一種強到可以擊落飛機的無線電波。華生瓦特否決了這項建議，因為無線電波只能傳送很少能量，但是華生瓦特的助理利用這個建議刺激思考，提出利用無線電波的反射來偵察飛機的構想。雷達的概念由此而生，在數年後爆發的戰爭中發揮了極大作用。這種故事總是很難查證確切的情形，但它很好說明一件事：無論一個想法有多荒謬，你還是可以用它來刺激思考。

私人交談或正式會議中聽到的陳述、非正式或正式報告中提出的構想、閱讀時看到的瘋狂點子，只要你願意，這些都可以用來刺激思考。

我曾要求一班學生思考如何估算城裡一棟高樓的高度，他們提出了許多合理的建議，有個想搞笑的年輕人說：「將這棟大樓平放在地上，你從一頭直走到另一頭，計算自己走了多少步。」雖然這只是一個玩笑，我們可以把它當成一個刺激說法：

「PO，將大樓平放在地上。」

一個顯而易見的構想，是測量大樓影子的長度，藉此估算大樓的高度，你可以用你的身高和影子長度，算出實物和影子長度的比例。另一個構想，是替大樓拍一張照片，這樣就能將照片中的大樓平放，但在拍照之前，要在大樓二十公尺高的地方放一個大盒子，就可以按比例估算

大樓的高度。這刺激想法還衍生出其他構想。

　　現實中，我們很難將自己明知不可行或不喜歡的主意當作刺激想法，但我們應該要有將任何主意都當作刺激想法的心態。選擇在於我們，完全不需要讓任何人知道。

　　接下來，我們來談設定刺激的方法。這是水平思考的刺激工具，藉由這些方法，我們可以在受控制的情況下，製造出本來需要靠運氣、意外或錯誤才能產生的刺激作用。要知道，刺激有它的邏輯基礎，並非只是發瘋，然後期望出現一些有用的東西。我們設定刺激，然後運用移動的技巧，得出新構想或新概念，這是逐步完成的過程。

逃脫法

　　這是產生刺激很直接的方法。我們周遭隨時都有許多我們視為理所當然的事物，我們認為咖啡杯有柄並配一個杯碟是理所當然的；我們認為杯口圓形是理所當然的；我們認為咖啡杯直立是理所當然的。我選擇說「視為理所當然」而非「假設」，因為有時候我們會覺得假設未必有理。

　　我們面對的情況並非一定都有我們視為理所當然的事物，但它通常存在，是情況的一部分。我們不能將問題、抱怨或負面事物視為理所當然，逃脫法不能用在負面事物上，因為逃脫負面事物並沒有刺激效果。我們視為理所當然的事物有時是顯而易見的，例如我們認為鞋子有鞋底

是理所當然的；但有時我們必須費點心思找出隱蔽的理所當然的事物，例如我們認為鞋子一左一右構成一雙是理所當然的，鞋跟稍微抬高人腳也是理所當然的。

逃脫法的第一步是闡明我們視為理所當然的事物，我們必須正式而且具體地完成這件事。以餐廳為例，我們認為餐廳提供食物是理所當然的。下一步是「逃脫」我們視為理所當然的事物，也就是取消、抵銷、捨棄、去除、否定或脫離它們。

我們認為餐廳提供食物是理所當然的。
PO，餐廳不提供食物。

這樣刺激便產生了。下一步是移動，我們運用「想像每一步」的技巧，想像人們坐在一家環境很好，但不提供食物的餐廳裡。他們下次再來時，會記得帶三明治。我們由此想到一個主意，餐廳可以提供優美的環境，讓顧客自己帶食物來聚餐。你和朋友帶食物來餐廳，付給餐廳一筆服務費，食物或許可以請另一家餐廳幫你準備。一如你招待朋友在河邊野餐，你也可以招待朋友到一家環境優美的餐廳作「室內野餐」。

我們認為餐廳的食物要收費是理所當然的。
PO，餐廳提供食物不收費。

或許餐廳可以按顧客停留的時間收費，食物免費提供。這個主意或

許適用於一些顧客只點一杯飲料，就坐很久的咖啡廳。一般的做法是飲料賣很貴以收回經營成本，但你也可以只收很低的飲料費，然後計算客人逗留的時間，按時收費。最簡單的做法，是在客人入座時交給他們一張印上時間的帳單，在客人離開時按時收費。

有趣的是，多年前因為有人不想在用餐後當場付款，結果想出「用餐俱樂部」（Diners Club，後來發展成為大來國際信用卡公司）的概念。

我們認為餐廳有菜單是理所當然的。
PO，餐廳沒有菜單。

這個刺激想法可以提供多個思考方向，我們可以想像一家餐廳由主廚決定晚宴的菜色，因為你對主廚夠信任，認為他的決定不會令你失望。現在還真的有這種餐廳。我們也可以想像一家餐廳列出他們現有的食材，你在這個範圍內點你想要的菜。

我們認為服務生有禮貌是理所當然的（不禮貌是例外）。
PO，服務生沒有禮貌。

我們可以由此想出服務生演員的主意，在菜單上列出服務生的性格，例如好鬥、幽默、諂媚等等。你可以點一名好鬥的服務生，跟他好好吵一場，服務生會按客人的選擇演出。

我們認為餐廳提供碗盤和餐具是理所當然的。

PO，餐廳不提供碗盤和餐具。

這樣你就得自備碗盤和餐具，如果你不想每次都帶這些東西，你可以將它們留在餐廳。因為是你自己的碗盤，你可以印上你的姓名或公司標誌，請客時就可以用這些特殊碗盤，這意味著你會經常在同一家餐廳請客。

為了製造刺激，我們可以「逃脫」我們視為理所當然的任何東西。由此產生的刺激想法再荒唐、再不可思議，都沒有關係。

你可以請大家將他們視為理所當然的事寫在紙條上，放進袋子裡，你抽出一張紙條，上面寫的就是必須逃脫的事。另一種做法，是要求每個人逐條寫下他們視為理所當然的事，你隨意喊一個號碼，例如五，大家就要試著逃脫自己寫下的第五件事。你也可以自己列出一些人們視為理所當然的事，選擇一項作為逃脫的對象。

事情經過一段時間，形成穩固的做法、程序或制度時，逃脫法對檢視這些事情特別有用。當你想要改善或改變一些做法時，你可能不知道要從哪裡做起，利用逃脫法，就能擾亂現行程序，迫使你重新思考。

使用逃脫法很容易，但要注意，有時候逃脫法會封掉一條路，迫使思考者選擇簡單的替代方案。

我們認為開車到辦公室工作是理所當然的。

PO，你不能開車到辦公室工作。

在最簡單的層面，我們就接受不能開車，改搭公車或捷運，雖然這是有用的構想，但不是很有創意。我們其實還可以找到其他出路，例如我們可以考慮住在工作場所，工作一段長時間後，再放一段長假。我們也可以考慮在家工作，或是讓別人開車將工作送上門來。我們還可以想像開車出城工作，而不是開車進城工作。這可能意味著每天早上車輛只准出城，不能進城，鼓勵企業將工作場所遷往市郊城鎮。

踏腳石法

設定刺激的難處，在於設定的刺激必須要能夠刺激我們思考。思考者面對的陷阱之一，是選擇一個與既有的構想或概念相符的刺激想法，這是沒有用的，因為這種想法不能刺激思考，無助於產生創見。有些人對於可行的構想有約略的概念，他們會以此為方向設定刺激，這種刺激的作用非常有限。刺激應該是大膽而機械式的，你不應該對刺激想法可能將你帶往哪裡有任何概念。

因此許多設定刺激的方法都是機械式的。利用逃脫法時，我們闡明「視為理所當然」的事，然後否定它。運用踏腳石法時，我們也會對既有的東西做一些機械式操作。想像一下你在郊外散步，要跨越一條小溪。你的第一個動作，是抱起一塊不小的石頭，丟到溪流中間。你的第

二個動作，是利用這塊踏腳石跨越小溪。我作這個比喻，是要表明設定踏腳石與利用踏腳石是兩項不同的作業。

想知道你設定的刺激想法是否夠刺激、夠機械，你可以看看那些刺激想法有多少是可以成功運用的。成功運用刺激想法的比例一般不超過六成，如果你的成功率接近百分百，那麼只有兩種可能：你的移動技術非常高超，又或者你設定的刺激，幾乎都是在迎合你既有的構想。

「PO，飛機上下顛倒降落。」

這是反向型刺激，前面提過，這個刺激想法可以引導人思考飛機駕駛艙的位置；另一種思路則是注意差異，我們注意到，飛機上下顛倒時，機翼會產生向下推力，這衍生出垂直速度降落的概念，以及利用翼尖小翼產生向下推力的構想。這個構想在什麼情況下會有直接價值？如果飛機遇到需要升力的緊急狀況，機師可以將翼尖小翼向上轉，抵消向下推力，即時賦予飛機升力。

刺激的目的是得出新構想，而不是確認既有的構想。以下說明利用踏腳石法設定刺激的四種技巧。

1. 反向操作

檢視某件事的正常或慣常做法，然後反向而行。飛機上下顛倒降落，以及汽車使用方形輪子，都屬於這種反向型刺激。

早期奧運會的組織委員會不鼓勵電視轉播賽事，他們覺得這會降

低人們到現場觀看的意願。1984年奧運會的觀念變化之一，就是反向操作，將奧運會當作電視節目。奧運會的財務因此大幅改善，有能力自負盈虧。在這個個案中，刺激想法成了付諸實行的構想。

「接受沒有某些東西」並不是反向操作，而是逃脫法。

我早餐喝柳橙汁。

PO，我早餐不喝柳橙汁。

這是逃脫法，那麼，反向操作應該是怎樣呢？

PO，柳橙汁早餐吃我。

想像一個人掉進一大桶柳橙汁中，出來後渾身的柳橙味。這衍生出以下構想：蓮蓬頭可以加裝一個香氛附件，淋浴時可以享受香氛，而且香味還可以選擇。

有來電時，電話鈴聲會響。

PO，電話鈴聲一直響，有來電時則靜下來。

這是很好的反向型刺激，但它太荒謬了，似乎很難用，不過我們還是可以得到兩個有用的構想。如果電話一直響，代表電話處於備用狀態，沒有壞掉，由此衍生一個構想，我們可以在電話上裝一個很小的指

示燈，燈亮就代表電話處於備用狀態。第二個構想是，我們可以將電話與電視連接起來，來電時，電視就變成靜音，你會知道有人來電，電視還可以一直保持靜音，直到你掛掉電話。

打電話要付電話費。

PO，接電話者會獲得付費。

接電話者會獲得付費，本身就是個有趣的主意。在致電者的帳單上加一筆費用，在受話者的帳單上減這筆費用，技術上應該不困難。也就是說，你接越多電話，要付的電話費就越少。你可以選擇要把用這種方式計費的電話號碼給誰。

▍2. 誇張

利用踏腳石法設定刺激的第二種技巧是誇張，這方法和事物的尺寸或規模有關，例如數量、頻率、體積、溫度、持續時間等等。無論是什麼情況，關鍵變量都有一個正常數值範圍，誇張法則是提出大幅偏離正常數值範圍的數字，可以偏高，也可以偏低。

PO，每個家庭都有一百具電話。

PO，電話上只有一個按鍵。

利用誇張法時，數值不應該縮小至零，因為這樣就變成了逃脫法。

PO，牙膏只是一滴液體。

一滴液體暗示我們可以製造某種加在食物上的東西，它會在我們咀嚼食物時發揮清潔牙齒的功能。

誇張法製造出不穩定的狀態，我們不能停留在這種狀態，因此會設法移動到某個構想上。多年前，《紐約》雜誌安排我看一些市長辦公室轉交的問題，其中一個問題是紐約市巡邏警力不足。

PO，警察有六隻眼睛。

這個簡單的誇張想法衍生出一項建議：讓市民充當警察的耳目。這項建議成為《紐約》雜誌1971年4月封面報導的內容，後來廣泛應用於「社區守望相助」計畫中。

PO，學生每分鐘都接受考試。

這個想法衍生出以下構想：設置一部學生隨時可以使用的獨立電腦，電腦出題給學生作答，累積一定的答對題數和比率後，即通過該科目的考試。這系統還需要防止作弊和濫用的設計。

從以下的誇張想法，你能想到什麼？

PO，電話重得拿不起來。

PO，電話小得像一粒鈕扣。

PO，每通電話都必須持續至少一小時。

PO，每通電話不能超過十秒鐘。

PO，撥一通電話必須按一百個數字。

PO，撥電話只需要按一個鍵。

PO，每通電話固定收費一百英鎊。

PO，每通電話最多收費十便士。

PO，你只能打電話給一個人。

PO，你一次可以對一千個人說話。

瑞典電影學院曾經來找我，希望我幫忙想想如何為電影籌資。

PO，每張電影票賣一百英鎊。

這個想法衍生出以下構想：我們可以讓觀眾投資他們剛看完的電影。這與事先投資不同，觀眾可以先評估成品再決定投資。觀眾成為投資人之後，也會鼓勵其他人看這部電影，成為電影的宣傳大使。這系統有助早期投資的人收回成本，鼓勵人們早期投資，降低投資風險。

有些人覺得誇張型刺激很難用，我總是對此感到驚訝。這種刺激很純粹，你設定刺激之後，你不知道它會將你帶往何處。那些在運用刺激

上遇到困難的人，都是圍繞著他們既有的構想在設定刺激。

再強調一次，誇張型刺激是針對事物的尺寸或規模，這一點與涵蓋一切離譜事物的廣義誇張不同。

▋ 3. 扭曲

事物之間總有某種正常關係，行動總有某種正常時序，扭曲法便是改變這些正常情況。在某個討論會上，我請與會者針對郵政系統創造各種刺激：

PO，信件在寄出後才封好。

這個扭曲想法（扭曲了作業順序）非常好，是一名與會者提出的，它衍生出一個有意思的構想：如果你不想付郵費，你的信件可以不封口，廣告商會放入廣告單，封好信封並代付郵費。你得到免費寄信的好處，廣告商得到接觸潛在顧客的好處。廣告商必須選擇特定地區，以便接觸目標顧客。

PO，考試採學生互考的方式。

這個扭曲想法衍生出一個簡單的構想：所有考試都可以設一道很好的題目，要求學生出題，並解釋他們為什麼出這些題目。你必須非常了解一門學科，才有能力設計出好題目。學生出的題目，也可以運用在未

來的考試中。

PO，你在死前去世。

這個刺激促使保德信保險公司的巴貝羅研擬出非常成功的「生存給付」構想。在反向房貸（reverse mortgage）中，你是先收到給付，之後才付出代價。

下面是其他扭曲想法的例子，你能想到什麼？

PO，你代表你的鄰居投票。
PO，郵局替你寫信。
PO，投資的收益由第三方收取。
PO，維持警力的成本由罪犯承擔。
PO，開罐之前就能倒出飲料。
PO，飛機還沒起飛就已降落。
PO，電視機選擇播什麼給你看。
PO，孩子決定父母跟誰結婚。

如果事情僅涉及兩方面，扭曲和反向操作會得出一樣的結果。扭曲是先釐清正常情況（關係、時序等等），再改變相關安排，它很可能是踏腳石法中最困難的一種，但能產生很有力的構想，因為扭曲產生的刺

激想法往往非常刺激，我們不會輕易地倒退回既有構想。

▋ 4. 如意算盤

「工廠在自己的下游」就是一個如意算盤的刺激，我們提出一種自己幻想的美好情況：「如果……該有多好。」即便心裡很清楚這是不可能的。以幻想作為刺激想法十分重要，如果只是提出正常的渴望、目標或任務，刺激效果就太弱了。「我希望將鉛筆的成本縮減一半。」這是一個你可以努力的目標或任務，即使它可能非常困難，但這不是刺激想法。「PO，這枝鉛筆能自己寫字。」這就比較像是幻想和刺激想法。

某個小鎮市中心的停車位整天都被通勤的汽車占據，他們請我幫忙想個對策。

PO，汽車應該限制自己的停車時間。

如果汽車能限制自己的停車時間，該有多好。我由此想到一個簡單的構想：只要你的車子開著大燈，你可以在任何地方停車，這樣一來，停車的時間稍久，電池就會沒電。這個主意也可以用在使用停車錶收費的城市，如果你的車子開著大燈，你就不用付停車費，這樣停車位會輪轉得快一些。

反向操作、誇張和扭曲是靠對抗既有事物，如意算盤則要我們憑空想出刺激想法。有些人覺得這比較難，因為它的操作沒那麼機械式，但

也有人覺得提出美好的幻想一點也不難。

PO，商店扒手會表明自己是扒手。

如果商店扒手會表明自己是扒手，該有多好。這實在不大可能發生，你能想像扒手舉起手來，說「我是小偷」嗎？或許我們可以藉由衣著來辨識他們，舉例來說，商店可以提供長袍讓顧客穿上，這件長袍沒有口袋，偷東西會變得比較難。願意穿長袍的人可以得到小幅折扣，不願意穿的人會受到較嚴密的監視。這個構想背後有一個概念：扒手可能會抗拒一些其他人覺得沒什麼的要求。我們或許能想出實踐這概念的更好方法。

刺激想法越像是不可能的美夢，刺激效果越強。

PO，你一到機場就能立即踏上飛機。
PO，每一位乘客都有自己的飛機和機師。
PO，飛機可以隨時帶你去你想去的地方。
PO，有一名空服員只服務你一人。
PO，你在飛機上總是在睡覺。
PO，你總是坐在最有趣的人旁邊。
PO，航空公司提供你需要的全部行李。
PO，你買機票的同時也得到航空公司的股份。

PO，飛機延誤總是歡樂和值得的。

PO，每次你想搭飛機時都是機票最便宜的時候。

PO，如果你遇到塞車，飛機會等你。

上述想法有些看來完全不可能實現，但它們全都可以當作刺激想法。你對自己的移動技巧越有信心，你就越能夠從各種刺激想法中得到價值。你運用極端刺激想法的能力越強，你設定刺激時會越大膽。薄弱的刺激想法沒有多大的刺激作用。

PO，如果你遇到塞車，飛機會等你。

這衍生出一個構想：航班的出發時間都設定在實際出發前半小時，如果你遲到，必須額外支付費用，但你仍然可以登機；如果你早些登機，可以得到優惠券。另一個構想，是航空公司自動替未出現的乘客訂下一班飛機，但這種訂位的時效只有一小時。

當你嘗試就某件事發揮創造力時，你可以設定許多踏腳石刺激，你不必想著要如何使用它們。這麼做能解放你的思考，你可能會很想使用當中一塊踏腳石，不過，這項作業的目的，只是要圍繞著創造力焦點盡可能擺放踏腳石，越多越好。

隨機輸入法

隨機輸入法是最簡單的創意技巧，產品開發團隊、廣告公司、搖滾樂團、劇作家，許多人都會運用這個技巧。我在1968年開發出這個技巧，此後它被廣泛借用或剽竊，然而借用或剽竊它的人往往不知道它為何有效，也不知道它是如何產生作用的。

隨機輸入法非常有力，但看起來完全不合邏輯。當我們需要一些新構想時，就找一個毫不相干的詞，把它跟我們的創造力焦點並列，例如「影印機PO鼻子」，我們要設法從這兩個詞提出新構想。運用傳統邏輯的人會認為這種做法十分荒謬，如果我們輸入的詞真的是隨機的，這個詞應該可以用在任何主題上，也就是說，任何一個詞對任何主題都有價值，這完全不合邏輯。

如果我們明白大腦是一個自組織系統，就能夠理解為什麼隨機輸入法是有道理的。圖2-15顯示你在小鎮上的家，你出門時總是走同一條路，某天有人開車載你到小鎮的邊陲，你要自己找路回家，你走的路很可能就不是你平常走的路。道理很簡單，中心與邊陲的形態機率不同，

當中毫無神奇之處。

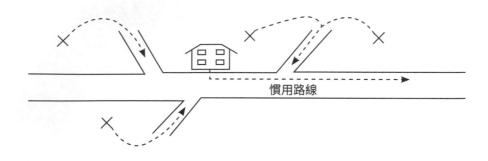

慣用路線

圖2-15

　　我們的大腦非常擅長將事物連繫起來，即使隨機輸入的詞看起來與創造力焦點毫不相干，大腦仍會設法將兩者連繫起來。我不曾遇過隨機詞與創造力焦點關係太遠這種事，反而經常發生隨機詞與創造力焦點關係太密切，產生不了太大的刺激作用。

　　歷史上有許多例子顯示，重要創見的產生，有時候是偶然事件觸發的。當然，這只會發生在思考相關問題一段時間，已經準備好的頭腦中。我們都聽過這則故事，當年牛頓坐在英國林肯郡烏爾索普村一棵蘋果樹下看書，一顆蘋果掉到他頭上，觸發他產生地心引力的概念。即使這則故事不是真的，也還有很多其他例子。

　　我們有必要坐在蘋果樹下，等待蘋果掉到我們頭上嗎？即使我們在風大時，坐在結實纍纍的蘋果樹下，這仍是相當被動的做法。我們為什麼不在需要新構想時，起身搖樹？我們確實可以這麼做，而這就是隨機

輸入法在做的事。

隨機輸入法是一種刺激技巧，但它的運作方式與其他刺激技巧略有不同。如圖2-16，我們運用其他刺激技巧時，會設定一個刺激點，利用它來脫離主要路徑，提高移動至新路徑的機會。利用隨機輸入法時，我們則從一個新的點出發，這能立即提高我們走上新路徑的機會。走上新路徑之後，我們要將它與我們的焦點連起來，這就產生了一條可用的新思路。

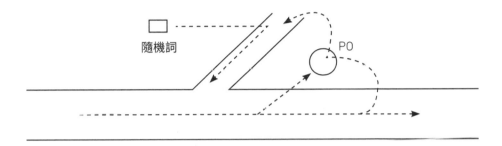

圖2-16

從新的點出發，這是創意思考中行之已久的做法。我們可以改變關注的對象，例如將注意力從網球賽的勝利者，轉移到落敗者；從被警方抓到的罪犯，轉移到仍逍遙法外的罪犯；從覺得文章有趣的讀者，轉移到覺得文章乏味的讀者。有些情況可能有明確的切入點，有些則沒有，隨機輸入法適用於任何情況。

選出隨機詞

我們不可能憑自己的力量選出隨機詞，因為我們會根據既有的想法作選擇，這樣是無法刺激思考的。我們必須利用真正隨機的方式來產生刺激點，我們有許多方式可以做到：

1. 列一張有六十個單詞的清單，例如火、書桌、鞋子、鼻子、狗、飛機、漢堡、老虎等等。當你需要隨機詞時，看一下手錶的秒針，如果秒針的讀數是四十五，清單上第四十五個詞就是你的隨機詞。如果你有可以顯示百分之一秒的電子錶，你可以列一張一百個詞的清單。為了能得到新的詞，你可以每六個月換一張隨機詞清單。

2. 使用字典。想一個頁數（例如第八十二頁）和單詞的位置（例如第八個單詞），然後打開字典第八十二頁，找到第八個單詞，如果不是名詞，就往下找，找到第一個名詞。

3. 有個加拿大人製造了一個很大的塑膠球，裡面有一萬三千個單詞。你搖動把手，當你停下來時，出現在窗口的詞就是你的隨機詞。

4. 你閉上眼睛，手指指向報紙或書本的某一頁，最接近手指的詞就是你的隨機詞。

這些都是得到隨機詞的方式。隨機輸入法比其他刺激技巧容易使

用，因為刺激想法可輕易得到，不必費心去創造。

香菸PO紅綠燈

利用這個刺激，我們很快就想出一個主意：我們可以在離菸蒂一段距離處印上紅圈，作為警示。香菸靠近菸蒂的部分比較有害，如果你在紅圈之前就不再吸下去，會比較安全一些；如果你吸到紅圈以下，你可能會感到內疚。如果你想減少抽菸，你可以購買紅圈離菸蒂較遠的牌子。

這個刺激也衍生一個不尋常的建議：在香菸的濾嘴中放入植物種子，如果在庭院或公園丟菸蒂，一段時間後會長出花來。香菸品牌還可以選擇特定的花作為宣傳。

失業PO假牙

裝假牙通常會有某種擔保，同樣道理，我們可以為勞工提供符合他們需求的保障：想要穩定工作的人必須接受較低的薪酬，想要較高薪酬的人則必須接受率先遭裁員的風險。勞工想清楚自己重視什麼，再選擇適合自己的雇用方式。

現在來談本章開頭的刺激想法：

影印機PO鼻子

我們馬上想到氣味，氣味可以用來做什麼？或許我們可以替影印機設計一個香氛匣，當影印機故障時，會散發獨特的味道。如果你聞到薰衣草的味道，就知道是影印紙用完了；如果你聞到樟腦的味道，就知道要更換碳粉匣了。這技術應該不難。這種做法的好處之一，是你不必站在影印機旁邊，你在自己的位置工作聞到薰衣草的味道，就可以走過去替影印機加紙。利用味道來顯示複雜機器的狀態，這是一個有力的概念，可以應用在許多類型的機器上。

隨機輸入法是產生新思路和新構想的好方法，這些新思路和新構想可能是任何一種邏輯設計或分析法永遠無法產生的。

這種時候不妨試試

隨機輸入法在以下情況下特別有用：

▌停滯不前時

你已經試著發揮創造力一段時間，但都回到同樣的構想和概念，你覺得自己無計可施，這時候你可以找一個隨機詞，它會立即給你一條新思路。

▌腦袋一片空白時

你獲派一項需要新構想的任務，你不知道要從何入手，你完全沒有

主意，找不到可以切入問題的既有事物，在這種情況下，隨機輸入法可以為你提供切入點，幫助你想出創見。

▌需要更多構想時

你已經有幾個構想，但覺得可能還有截然不同的思路尚未出現，利用隨機輸入法，可以幫你找到新思路。

▌走投無路時

你陷入困境，找不到任何出路，這時候不妨試試隨機輸入法。沒有人能保證它一定有效，但你有充分的理由投入時間和精力試試看。隨機輸入法或許無法提供你需要的方案，但它應該可以幫你打開新思路，取得一些進展。

小心陷阱

隨機輸入法非常容易使用，但還是有一些必須注意的地方，也就是有一些必須避開的陷阱：

1. 將隨機詞與既有想法連繫起來，藉此證明自己有多聰明，這麼做毫無意義。運用隨機輸入法是為了得到新構想，而不是為採用舊構想提供藉口。

2. 找到哪個詞就用哪個，不要重新組合，不要只抽出一部分來使用。如果你這麼做，你只是在找一個符合你既有想法的詞，這會失去刺激效果。

3. 不要用太多步驟，不要作這種聯想：「這讓我想到A，A使我想到B，B又令我想到C……」如果你用太多步驟，你很可能會回到既有想法上，隨機詞也將失去它的刺激效果。

4. 不要列出隨機詞的所有涵義，這麼做的話，你只會從中找出合用的，這會使隨機詞喪失刺激作用。你想到什麼，就盡可能利用它來產生新構想。

5. 不要輕易斷定手上的隨機詞不可用，然後再找一個，如果你這麼做，你只是在等待一個符合你既有想法的詞。你可以這麼做的唯一情況，是隨機詞與創造力焦點關係太密切、太直接，以致它毫無刺激效果。

　　這幾點對維持隨機輸入法的刺激效果十分重要。使用隨機輸入法是要刺激出新構想，而不是將隨機詞與既有構想連繫起來。

　　使用上有時候會出現一種有趣現象，人們一開始對這個簡單方法抱持懷疑，但在看到它的成效之後，又變得貪心：如果這個隨機詞可以產生如此有意思的構想，我們怎麼知道換一個詞不會產生更好的構想？我們如何找到「最好的」隨機詞？

　　答案很簡單，我們無法找到。這個過程是開放式的，換一個隨機詞有可能產生更好的構想，但是我們無法找到「最好的」隨機詞，因為這麼

想，得到的詞就不是隨機的。如果你能得到一些新構想，就應該滿足了。

　　你不應該連續使用多個隨機詞，想要找出所有可能的構想。用過隨機輸入法之後，你應該改用其他技巧，如果還有其他適用的情況，再回頭使用隨機輸入法。如果你使用多個隨機詞，可能就不會努力思考，只是想等一個容易使用的詞出現。

　　除了隨機詞，你可以使用隨機圖片，從一堆圖片中隨機選出一張，用它來刺激思考。你也可以使用其他東西，隨機找一件東西，用它來刺激思考。隨機輸入法也可以是去看一些並非自己專業領域的展覽，與其他領域的人交談，或是閱讀其他領域的刊物。

　　隨機輸入法的大原則，是願意檢視不相干的東西，利用它來打開新思路。每個人閱讀的東西都應該有一部分是隨機的，如果你總是堅持閱讀相似的東西，只會鞏固你的既有想法，很難產生新想法。

　　隨機詞是最方便的，它很實用，也容易使用，一個詞往往包含了功能、概念、細節和聯想，其他的東西因為受到較多限制，通常不如隨機詞那麼有力。隨機輸入法作為一種刺激技巧，不時更換隨機輸入的內容也很重要，如果一直使用同一組內容，你的思考終將陷入窠臼。

敏感化技巧

嚴格來說，敏感化技巧不是刺激技巧，但是它有刺激的意味，我們提出一些東西，看看會發生什麼事。它也有隨機的成分，因為它不嘗試分析，也不求全面。

大腦作為自組織形態系統，非常容易敏感化。如果大腦某些部分受到刺激，這些部分將準備好參與接下來的思考活動，這種準備便是敏感化。如果你告訴自己，你要找出運動場上穿黃色衣服的人，那麼當你的眼光掃過人群時，穿黃色衣服的人會凸顯出來，因為你的大腦已經對黃色變得敏感。敏感化技巧不如刺激技巧那麼強而有力，它的目的是將一些想法輸入大腦，藉此促成富創意的新思路，產生新概念或新構想。

語層

「語層」是我創造的詞，一個語層由若干平行的陳述或看法構成，

把這些語句放在一起，構成一個整體。這些語句不必有關連，不求全面，不求描述，也不求分析，一如你使用某個隨機詞，你將不同的語句放在一起，構成語層，只是因為你想這麼做。語層的目的是讓大腦變得敏感，以便產生新構想。

一個語層由多少句子構成都可以，但為了有一定的形式，我選擇以五個句子構成。五個句子給人豐富的感覺，又不會多到讓人覺得不能視為一個整體。每個句子必須是一個詞組或完整的句子，不能只有單詞，只是列出單詞不能構成語層，即使你認為這些單詞的意思已經夠完整。

▋ 範例1：汽車保險的語層

「可能被索賠人和修車廠詐騙保險金。」
「因為人力和技術問題，修車成本越來越高。」
「受法規限制，保費有上限。」
「法律費用和理賠成本越來越高。」
「不同的客戶群有不同的行為。」

由這五個句子構成語層，並衍生出以下想法：

1. 只為嚴格選定的客戶群提供服務。
2. 如果不能只服務嚴格選定的客戶群，就結束這項業務。
3. 建議政府將國營的汽車保險計畫交給公司代為管理。

其中以第三個想法最有創意，而且可能是有價值的。保險受到的法

規限制越來越多，因此越來越難當作營利事業經營，替政府管理國營保險計畫，可能是有利可圖的業務。

▌範例2：聘用資深員工的語層

「最好的員工會滿意他們目前的工作。」

「未來的工作表現難以評估。」

「個性與能力要達到平衡。」

「來得容易的人，可能也去得容易。」

「才能有正確的價格嗎？」

這可以衍生出以下想法：

1. 自己培育人才，比招攬現成人才的成本低。

2. 雇用高價人才只是臨時措施，目的是要達成某些變革目標。

3. 聘請顧問而非全職員工。

4. 聘請顧問，如果表現出色，就為他們提供正式職位。

5. 出借人才，等他們累積一定經驗之後，再讓他們回到原本職位。

當中出借人才的想法最有創意。

▌範例3：啤酒的語層

「主要是男性喝的飲料。」

「容易買，方便喝。」

「難以呈現品牌差異。」

「通常是婦女在超市幫家人購買。」

「新客群或新飲用場合的市場價值。」

由此衍生一個行銷構想：將啤酒與食物連繫起來，例如宣傳吃雞肉料理時要喝海尼根，而吃魚或貝類料理時則要喝健力士。這構想背後的概念是發展啤酒配食物的市場，也有助於打開女性市場。

使用語層是一種省思的過程，你將一些語句組成語層，反覆閱讀，讓一些構想在腦中形成。但如果你都選擇一些迎合既有構想的語句，這個語層只會繞回你原有的構想，這麼做毫無意義。不過，如果是你潛意識中某個構想形成的語句和語層，就可以利用語層將這個構想清楚呈現出來。這才是語層的正確用法，才是有價值的。

建構語層需要練習，一開始你會希望無所不包，嘗試將每個語句連繫起來，你要避免這麼做，因為無所不包的描述不會帶給你什麼啟發。真正重要的是語層的隨機性和任意性。

語層中的各語句越是互不相連，敏感化作用就越廣泛。如果每個語句都集中在同一領域，要形成新思路的機會很低。你可以將語層想作是在畫水彩畫之前，弄濕畫紙某些部分，你畫到弄濕的部分時，顏料會流動，並形成自己的形態。

抽絲法

抽絲法我是利用隨機詞得到的技巧，當時的隨機詞是「毛髮」。
運用抽絲法時，我們圍繞著創造力焦點，寫下關於這個焦點的一些正常
要求。我們逐項檢視這些要求，這時候要完全忽略創造力焦點的實際脈
絡。我們從每項要求抽出細絲，也就是滿足該要求的各種方法。我們接
著瀏覽這些平行的細絲，從每一束中挑選一些細絲，試著將它們組織成
一個新構想。選擇細絲時，可以是明確的，也可以是無意識的。

▌範例1：廣告的抽絲法

以下將抽絲法運用在廣告上。冒號前是正常要求，冒號後是抽出的
細絲。

看得見：大、明亮、位於重要位置、引人注目、經常出現
引人注意：聲響、喊叫、醜聞、驚奇、意外
利益：承諾、價值、立即的報酬、金錢
好形象：溫暖的感覺、聯想、品質、好東西、吸引力
可信：令人信服、有人背書、獲得授權、正式

從「經常出現」、「驚奇」、「立即的報酬」和「獲得授權」可以
衍生出以下構想：企業經營彩券，替公益團體募款。彩券廣告、彩券本
體和開獎儀式都會連結特定的品牌形象。

▌範例2：繫鞋的抽絲法

以下是利用抽絲法，嘗試找到新的繫鞋方法。

堅固：耐用、橡膠、玻璃、鋼鐵、陶瓷、瀝青

可調整：連續的、凹口、有彈性、彈簧

繫緊：鉤、結、螺絲、黏著劑、螺栓、釘子

堅韌：鋼鐵、克維拉合成纖維、塑膠、金屬、繩、鏈

簡單：單一動作、開關扣

吸引人：印花、顏色、設計、雕塑

從「陶瓷」、「鉤」、「塑膠」和「設計」可以衍生出一個構想：設計一款扣在鞋子上的陶瓷釦或上琺瑯的金屬釦，因為非常美觀，這種釦子可以成為一種時尚飾品，它可以輕易替換，以搭配衣服。

▌範例3：銀行經營場所的抽絲法

以下是利用抽絲法，嘗試找到改善銀行經營場所的好主意。

地點方便：在街角、到處都是、在商店裡、在交通要點、在運動中心

空間充裕：寬敞、整齊、有等待的空間、必要時有額外的空間

布局良好：走動的空間、等待的空間、作業的空間、清楚的標示、沒有障礙物、容易進出

人手充足：沒有繁忙時間人手不足的問題、彈性運作、必要時可安排人手支援、提供不需要人手的自助服務

我們從中抽出一些項目，「在交通要點」、「必要時有額外空間」、「清楚的標示」、「彈性運作」，想到了一個主意：設計一種提供銀行服務的小貨車，視需要在特定地點提供臨時服務，必要時可以出動備用車子。車子的功能視需求設計，可以在停車場提供服務。

抽絲法可以說是構成一種另類的語層，藉此讓大腦變得敏感。這當中也有隨機輸入法的效果，我們從各層中隨機抽出一些項目，試著組織成新構想。因此抽絲法有兩種運用方式：

1. **被動型**——檢視各條細絲，等待構想浮現。
2. **主動型**——選擇一些細絲，設法將它們組織起來，得出一個構想。

講到這裡，水平思考的技巧已介紹完畢，但要完成創意思考，我們還有許多事情要做。

運用水平思考

本書介紹的水平思考技巧，人們已經使用多年，而且不分社會文化，證實可以有系統地運用，也相當有效，這毫無疑問。如果你發垙某項技巧對你沒有幫助，想想以下三種可能：

1. 這項技巧剛好對你這次的問題沒有幫助，這種事並不意外，沒有一項技巧是每次都靈的。
2. 你還需要練習，增強自己運用它的信心，累積經驗對你會有幫助。
3. 你運用這項技巧時遇到某種障礙，這技巧可能不適合你用。

這些技巧是非常基本的創意思考工具，無法運用它們的人，很可能沒什麼創造力可言。但要學會運用這些工具，需要一些努力，如果因為一次失敗就放棄，等同於認定自己不可能有創造力，那是非常可惜的事。一如學騎腳踏車，一開始總是有點困難，但你掌握訣竅之後就沒有

問題了。

　　如果有人在研討會上對我說，他發現這些技巧行不通，我會這麼回答：「或許這些技巧暫時對你沒有用，但很多人都覺得它們很有幫助。」這就是在這領域累積多年經驗的一大好處，你知道哪些東西行得通，而不是見仁見智的事。

讓技巧發揮最大效果

　　各項技巧是否有不同的用途？它們是否有不同的應用領域？各項技巧在哪些情況下效果最好？

　　一般而言，每一項水平思考技巧都可以用在任何需要水平思考的情況，但我們必須以合適的方式設定創造任務。例如，設定刺激的逃脫法，適合用在有東西可以逃脫的情況。如果你面對的是綠地情況（見第241頁），你的困難在於不知道要從哪裡切入運用逃脫法。在這種情況下，必須這樣設定任務：這種情況的正常或標準思路是什麼？現在我要逃脫它。

　　相反的例子之一，是我們需要解決某個問題，我們有明確的目標：解決手上的問題。隨機詞在這種情況下可以如何發揮作用？隨機詞在性質上不是針對某個具體目標，它適合用在大致範圍型焦點。如果是這樣，我們先記著要解決的問題，然後運用隨機詞技巧，檢視由此產生的構想，看看當中是否有可以直接用來解決問題的構想。即使沒有，也可

以嘗試調整和修改某個構想，即使構想本身不能用，我們或許可以從中找到有用的原則。

確實有些人會偏愛某些技巧，因為他們覺得這些技巧容易使用，而且效果很好。許多人喜歡用隨機詞，因為這方法很簡單；有些人愛用逃脫法，以便擺脫特定情況下的標準思路；大膽的人喜歡踏腳石法，因為它能產生極端的刺激想法；喜歡做事有條理、一步步來的人會喜歡概念扇。

即使你有特別偏愛的技巧，不時運用其他技巧也是很重要的。就像打高爾夫球，你可能有特別愛用的球桿，但還是要維持使用每一款球桿一定的技術。

個別技巧的運用

我們需要新構想時，有些技巧能直接派上用場。

▌聚焦

精準聚焦、重新聚焦和創造子焦點的能力，在任何情況下都能促進創造力。即使你做的是例行工作，釐清焦點和在工作範圍內創造新焦點仍有好處。重複聚焦，賦予焦點多個定義，也是發揮創造力的通用習慣。

▌質疑

創造性質疑可以用在既有事物上，也可以用在想發揮創造力的時

候。為什麼我們必須這樣看這件事？為什麼我們必須受限於這些界限？即使已有方案或構想，還是可以質疑。

▌替代方案

發揮創造力，本質上就是在尋找替代方案。這焦點有其他定義嗎？這件事可以有其他做法嗎？我們還有哪些技巧可以用？我們每想到一個概念，就立即尋找實踐這概念的各種方法。即使我們已經有確定的構想，還是可以問：這件事有更好的做法嗎？

▌隨機輸入法

隨機輸入法的適用範圍很廣，如果你在創意思考的過程中卡住了，發現自己已無計可施，你可以立即用一個隨機詞來打開新思路。當你不知道該從何入手時，隨機詞可以為你提供切入點。為了發揮隨機詞的最佳效果，最好將創造力焦點調整為大致範圍型焦點。

▌語層

語層也是一種通用的技巧。思考作業開始時，你根據面對的整體情況建構一個語層，這一步適用於任何情況。在思考過程中，你可以建構另一個語層，這一次是根據你對問題的思考。你在思考過程中想到了什麼？在一般應用上，語層與隨機詞類似，但刺激效果弱一些，對於處理複雜情況比較有幫助。

▋抽絲法

只要你能闡明你面對的情況需要什麼，抽絲法便能派上用場。將要求逐項列出，然後忽略當前脈絡，根據每項要求抽出細絲，也就是滿足要求的各種方法。我們思考的問題大部分都能寫下一些要求，因此也都適用抽絲法。

思考的分類

思考有幾種基本類型，我們可以據此討論每一種類型最適合的技巧。這種分類方式其實是過度簡化思考，但可以為各項技巧的運用提供一些指引。

▋成就型思考（達成）

我們要如何走到這一點？我們要如何解決這個問題？我們要如何執行這項任務？我們清楚知道自己想做到什麼。成就型思考涵蓋解決問題、達成任務、計畫、談判和衝突等等。許多水平思考技巧都適用於成就型思考，以下幾種是最合適的。

質疑──界限、主導概念、基本要素，甚至問題的定義，全都可以質疑：「為什麼我們必須以這種方式看問題？」「為什麼我們必須將它當作是一個問題？」

概念扇──這是成就型思考的關鍵技巧，它關注的正是我們要如何走到某一點、我們需要哪些概念。有條理地運用概念扇，可以產生多種達成目標的方針和路線。概念扇是尋找替代方案的精密方法。

踏腳石法──這種刺激效果強烈的技巧將問題反轉，迫使我們以新方式思考問題，有助於找到真正的新做法。運用概念扇，可以得到多種可行的方案，踏腳石法則可以刺激我們想出一些與現行做法截然不同的方案。如果問題存在已久，我們有必要試用至少一種刺激技巧，否則很可能無法提出新構想。

▎ 改善型思考（改變）

改善型思考也是一種成就型思考（例如：我們可以如何縮短作業時間？），但因為改善型任務的某些特徵，我們另外提出來討論，第一個特徵是，我們已有可行的做法。第二個特徵是，改善方向的描述是通用和開放的（例如：加快、縮短時間、減少能量消耗、減少錯誤）。改善型思考同樣有許多合用的技巧，以下幾種是最有用的。

質疑──這是改善型思考的關鍵技巧。「這種做法是怎麼來的？」「為什麼必須這麼做？」「為什麼必須待在這些界限之內？」我們可以質疑現狀，也可以質疑我們對問題的思考。這時持續性分析特別有用。

替代方案──我們在每一點均設法尋找替代方案。我們界定定

點，然後尋找到達這些定點的各種方案。這不僅適用於整個過程，也適用於過程的每一部分。

逃脫法——這是最合適的刺激技巧，闡明正常情況下我們「視為理所當然」的事物，然後設法逃脫。我們想改善的既有做法，就是我們要逃脫的對象，即使是最基本的事物，也可以利用逃脫法。

▎綠地思考（開始）

我們要從哪裡開始？我們該從何入手？綠地思考與改善型思考相反。改善型思考可以從現行做法出發，綠地思考則除了籠統的簡單說明之外，什麼都沒有。發明和設計是綠地思考顯而易見的例子，創造新機會或新概念也是。

隨機輸入法——這是綠地思考的關鍵技巧，無論面對什麼情況，隨機輸入法都可以立即提供一些新的起點，引導思考往各種方向走。當方向一出現，我們就可以調整或改變，或是提出更多方向。這就是為什麼搖滾樂團和其他創作者會使用這項技巧。

抽絲法——我們寫下手上任務的大致要求，運用抽絲法來形成思路。你可以等待構想浮現，也可以試著將某些細絲組織起來，得出一個新構想。

如意算盤——這是設定踏腳石刺激的一種方法，面對綠地思考任務，你可以提出美好的幻想，藉此打開思路。隨著構想

形成，你要把握機會尋找新概念：「這構想背後的概念是什麼？」「這概念可以如何使用？」

▌組織型思考（安排）

所有要素都在手上，我們如何以最好的方式將它們組織起來？這種思考適用於計畫、策略、某些類型的設計，以及一般的組織工作。主要是藉由分析來尋找最佳狀況，也可能需要一些新做法。

替代方案──嘗試各種可能的做法，不只是合理的方案，也要嘗試一些刺激的做法：「如果我們這麼做，將會怎樣？」

質疑──組織型思考很大程度上受傳統做法、假設、界限和限制引導，因此，質疑慣常做法、嘗試新做法非常重要。

扭曲──這是設定踏腳石刺激的一種方法，特別適合組織型思考，因為我們可以「扭曲」正常安排，得到一些新做法。這種刺激可能使我們突然洞察情況，改變我們的做事方式。

特定情況

接下來要說明一些特定情況，以及每一種情況最適用的水平思考技巧。這不表示其他技巧就不適用，當我們進行創意思考時，幾乎每一種技巧都有適用的時候。例如當你嘗試解決問題，但陷入無計可施的窘

境時，你可能會想馬上使用隨機詞。我提出的適用技巧並非只能一成不變地使用，它們只是一種建議，在你想不到更好策略的時候助你一臂之力。假以時日，你可能會形成自己處理每一種情況的策略和技巧組合。

有時候，一種情況中可能有另一種情況。例如我們嘗試解決「衝突」時，可能會遇到某些具體的「問題」。又例如我們「設計」某些東西時，可能有必要進行某種「改善」。你可能不清楚自己面對的情況該歸入哪一類，只要你能取得進展和你需要的構想，以不同方式處理你面對的情況是沒有問題的。只是要小心，不要因為你必須得到某種結果，就將一切都歸類為問題。

▌改善

我多次提到，改善可能是創造力最大的用途，因為一切皆可改善。困難在於，我們太習慣只想到問題，而不願意投入改善。

聚焦很重要，因為我們必須有清楚的焦點，也必須要能聚焦在我們選擇的東西上，而不是只能聚焦在某個問題上。如果我們能夠聚焦在別人忽略的某些東西上，小小的創造力也可能帶來巨大成果。

質疑也很重要，我們必須假定現行做法可能不是最好的，只是因為某種原因持續至今。我們也必須質疑界限、假設和必要因素等等，以便得到必要的自由。要記住，質疑不是批判、攻擊，而是探索還有沒有更好的做法。

尋找**替代方案**至關緊要，因為我們正是藉此改善事物。我們必須在總體目標、概念和細節等層面尋找替代方案。界定定點有助於我們維持

在正軌上。

概念扇是檢視如何進行改善的方法：改善的大致方向為何？我們可以如何朝這些方向前進？概念扇也可以用在總體目標上，忘掉我們正在做的事，釐清作業的總體目標，然後建構一個概念扇來看看我們可以如何達到這個目的。

檢視現行做法的**概念**，可能促使我們改變概念，或是提出實踐這個概念更好的方法。

逃脫型刺激法使我們得以逃脫現行做法，重新思考整個過程。

踏腳石刺激法運用在現行系統上，可以從根本改變系統的性質。比起運用在細節上，這個方法運用在整體上效果更好。

▌問題

聚焦對於界定問題和試用問題的多種定義很重要，對於設定子問題也很重要。聚焦可以讓我們將注意力轉移到問題的各個方面。

質疑問題的表述，質疑我們看當前情況的方式，這很重要，或許它既是問題，也是機會。我們必須處理這個問題嗎？它是否可能自行消失？質疑假設、界限、兩極觀念，以及任何會限制潛在解決方案的事物都很重要。

替代方案在每一點都很重要。如果是小問題，從我們的經驗中尋找替代方案可能便足以解決問題。界定定點有助我們尋找替代方案。

概念扇是解決問題的主要技巧。方向或方法為何？每一個方向有哪些可行的概念？實踐概念可以運用哪些構想？記住，概念扇可以產生一

些可行的構想，不太可能激發出真正的新構想，但在建構概念扇的過程中，可能會出現一些新焦點。

逃脫型刺激法可用來處理當前問題的標準做法或現行做法。我們通常如何處理這個問題？我們可以逃脫這種做法嗎？逃脫法可以在創意思考的任何階段使用。我們視為理所當然的一切，都是我們可以試著逃脫的對象。

任何一種**踏腳石刺激法**都可以用來改變整個局面，促使新構想浮現。當問題涉及某個系統的行為時，情況尤其如此。踏腳石刺激法可能是產生全新做法的最好方法。

面對有許多要求必須滿足的設定型問題時，**抽絲法**相當有用。

當你想不到新主意，或是覺得自己不斷原地踏步時，**隨機詞**便可派上用場。這個技巧通常無法立即提供解決方案，但可以打開新思路。

▋ 任務

如果「問題」是你必須處理的事，那麼「任務」可說是你想做的事。任務可以是自己或別人賦予的，重點是要得到新構想，而非只是創造任務。

聚焦很重要，因為這樣才能清楚知道我們想做什麼。許多富創意的人有個壞習慣，他們希望自己對所有事情都有想法，常常忘了自己手上的任務。

概念扇在此的用處，主要是檢視執行手上任務的慣常做法。概念扇可能指出某個重要概念，然後我們的焦點會轉向實踐該概念的各種方法。

概念很重要，我們要得出概念，然後運用概念。我們想到的構想，主要是要讓我們得到某些概念，不用急著去到實用的構想層次，我們之後會有足夠的時間研擬實用構想。留在概念層次，比較可能想到新做法。

隨機詞在此至關緊要，可以開啟與概念扇大不相同的新思路。

如意算盤很可能是踏腳石刺激法中最有用的，我們可以藉由它走出開放的一步。用來刺激思考的幻想是無限的。

如果任務有明確的要求，我們可以運用抽絲法。任務的目標，往往是由一組規格或要求界定。

▌機會

當環境變化，我們會希望這能帶給我們某種機會。某種新物料出現了，這為我們提供了什麼機會？調查顯示人們的態度和行為有所改變，我們是否可以從中找到機會？

如意算盤在此很重要。這種踏腳石刺激法可以打開一系列的概念，思考者可以免受概念要合理的要求束縛。

語層有用，我們將當前處境的各方面列出來，就有機會藉由連結當中某些項目產生新構想。語層的運用有被動和主動兩種方式。

隨機詞可以開啟一些思路，或至少提供一個起點，讓我們移動到概念上。

在思考過程中，適時嘗試提取和擬定多種概念是有用的。這些概念可能源自你投入的創意思考努力，也可能在一開始便浮現。

我們可以不時運用逃脫法，擺脫我們思考機會時視為理所當然的事

物。思考機會時，很容易囿於特定方向，我們必須設法擺脫這些限制。

我們也可以**質疑**思考過程本身：「我們為什麼只關注新物料價格低廉這一點？」原因如同逃脫法。

▌發明

發明可以有許多不同的起點，可以是大致範圍型焦點（我想發明一些與園藝有關的東西），也可以是具體的焦點（我想發明一款可無限調整的水管噴嘴）。發明的過程，幾乎與執行任務的過程一模一樣。

聚焦很重要，因為在思考過程中，焦點可能改變，注意新焦點很重要。發明者一開始可能是想發明某樣東西，結果卻發明了另一樣東西。就發明而言，這完全沒有問題。

概念扇可以提供一些做法。如果焦點夠特別，或許利用概念扇就能找到既有的可行做法，完成發明。

抽絲法在此處的最大用途，是讓我們得以利用各項要求來激發新構想。發明者腦中通常有一組非常明確的需求。

如果發明的焦點很平常，**如意算盤**和其他**踏腳石刺激法**可以提供不一樣的做法。我們可以將刺激法用在發明的需求上，例如：「PO，水會自己調整水管噴嘴」。

當其他起點無法帶給我們有意思的想法時，**隨機輸入法**可以提供新的起點。

我們也可以在思考過程中，**質疑**我們為什麼作某些假設、接受某些界限。發明中的突破，往往正是這種質疑的結果。

▎設計

發明可能未必有結果，但設計一定要有結果。設計者如果找不到更好的做法，還是可以回到傳統或標準的方案。

在設計的初步階段，**質疑**慣常做法、假設和傳統觀念很重要。在思考的過程中，質疑事情的發展方式也是有用的。

逃脫法很重要，原因與質疑法相同。設計者應該試著逃脫傳統的設計假設，試著逃脫自己最初的想法。這或許能帶給設計者全新的思考方向，新方向出現後，便可合理地加以發揮。

在每一個層次都可以尋找**替代方案**。設計的整體概念可以有替代方案，執行方式可以有替代方案，各項細節也可以有替代方案。尋找替代方案時，定點必須非常清楚，否則某一點的改變可能會擾亂其他部分的安排。

概念也有兩階段的用法。剛開始時，你可能會考慮各種概念，看看如何運用。在思考過程中，你必須釐清浮現的概念，探索實踐這些概念的各種方法。如果沒有釐清概念，你的設計可能湧現大量細節，陷入一團混亂。

你可以一開始便使用**踏腳石刺激法**，以激發出全新的設計概念，這是值得嘗試的。

在設計工作中，**隨機詞**可以用來克服自滿的問題。設計者常遇到這種情況，某個設計概念早早出現，之後思考就一直局限在這個範圍內。遇到這種難以擺脫的情況，就可以利用隨機詞激發出一個全新概念。

▌膠著狀態

在膠著狀態下，創造力似乎已經枯竭，思考者不斷原地踏步，找不到新構想。膠著狀態可能發生在此處所講的任何一種情況中，可能是在你思考某些事情時，也可能是一段長時間裡。

隨機詞是擺脫膠著狀態最簡單、最有效的做法。隨機詞可開啟新思路，即使新思路不切實際，膠著的僵局也已改變。

我們也可以利用**逃脫法**，但不是用在思考的主題上，而是用在思考本身上。例如我們可以從一再出現的方案中，找出我們視為理所當然的事，然後試著逃脫，例如：「PO，我們不必取悅人。」

主動型抽絲法的操作方式與隨機詞相似，在此也可以發揮作用。

▌綠地情況

綠地情況是一片空白，不知該從何開始的情況，這與囿於舊構想的膠著狀態並不相同。

我們可以利用**語層**設定一種狀態，構想或許能會浮現。如果我們知道大致要求，**抽絲法**也能提供一些起點。

你可能會想到，**隨機輸入法**是處理綠地情況的有力技巧，因為它完全不需要某個切入點。隨機輸入法不限於隨機詞，也可以是隨機物品、隨機閱讀或隨機參觀展覽等等。

▌專案

達成任務可能需要創造力，執行專案則需要執行力。不過，執行者

可能會想發揮創造力，看看能否增強執行專案的能力。

我們可以**質疑**人們面對這種情況的正常想法，質疑自己目前的想法，質疑假設和界限等等。

概念扇是典型的成就型技巧，或許能產生一些新焦點，作進一步的創意思考。

我們可以將**逃脫法**運用在執行專案的標準做法上。我們通常將哪些東西視為理所當然？如果我們擺脫這些東西，那會怎樣？

利用**抽絲法**將專案的要求列出來，或許能貢獻一種新做法。這裡比較適合等待構想浮現的被動型抽絲法。

注意專案涉及的基本**概念**，或許能帶來概念的改善或改變，或是實踐概念更好的做法。

聚焦非常重要，我們可以付出創造努力在專案整體或部分上。整體焦點和當事人選擇的子焦點都很重要，它們是思考的焦點，不是行動的目標。

我們在「設計」和「任務」提到的許多論點，也適用於專案。

▌衝突

在衝突中，利益對立的雙方為實現自己的願望討價還價、談判和爭鬥，常用的手段涉及權力、壓力、恐懼和痛苦。創意思考的應用範圍遠遠超過多數人所想的，尤其是涉入解決衝突的人。

尋找**替代方案**是基本程序，替代方案包括對大局和每一步發展的不同感知：我們如何理解這件事？有其他理解的方式嗎？我們可以提出其

他建議，可以找到其他價值和利益，解決方案也可以有其他組合方式。釐清定點有助我們精確尋找替代方案。

創造性暫停非常重要，當事人不該用本能回應對方的提議，應該停下來檢視提議，兼顧當中的機會和威脅。

至於**質疑**，對象不是對方，而是自己的想法。這情況為什麼必須這樣看它？這些東西真的重要嗎？這情況有多強的持續性？我們是否被鎖在某些位置上？這情況涉及怎樣的兩極觀念？涉及哪些必要因素？它們真的必要嗎？

如果討論的情況合適，**逃脫法**也可以一起使用。

我們也必須注意價值**概念**。理解不同價值概念的能力，是成功解決衝突的基礎。理解價值概念之後，就可以設計提供這些價值的方法。我們也有必要重新提取、設計行動和壓力的概念。如果你認為解決衝突有如下棋，所有棋子都在棋盤上，你只需要移動棋子，那是錯誤的。

語層在一開始或思考的過程中都可以派上用場。我們可以藉由語層暫停一下，退後一步，讓新構想浮現出來。

一如在任何情況下，當我們陷入僵局時，可以利用**隨機詞**開啟新思路。如果情況很好，雙方可以共同利用隨機詞進行創意思考。

▌設想未來

我們設想的未來，通常是當前趨勢的延續，並展望哪些事物可能匯聚並產生新效應。有時候我們對未來的展望必須更豐富一些，找出哪些持續狀況可能中斷，此時我們就需要創造力。

想讓各項因素在大腦中形成新的可能，**語層**是非常有用的工具。我們可以圍繞著一個焦點或數個焦點，建構不同的語層。以下這點很重要，我們必須誠實地建構語層，而非設計語層來反映我們的既有想法。避免設計語層的方法之一，是將一些句子放進袋子裡，隨機抽出五句來形成語層。

　　設定**踏腳石刺激**的各項方法，包括誇張、反向操作、扭曲、如意算盤都可用來設想哪些持續狀況可能中斷。刺激法可以幫助我們擺脫各種持續狀況。

　　逃脫型刺激法可以與概念分析結合使用，我們檢視既有和未來可能出現的概念，然後逃脫它們或它們的某些方面，例如：「PO，我們不工作也能賺錢。」

　　即使基本概念不變，也可能找到不同的執行方法，例如不同的工作方式，界定定點和尋找**替代方案**因此相當重要。

　　最後，當所有方法都無效時，我們或許能靠**隨機詞**產生一些新可能。除了檢視這些可能之外，也思考它們可以如何配合已產生的其他可能。

　　我們隨時都可以質疑我們對未來的設想，即使我們正在思考也不例外。

▌ 制定策略

　　制定策略是一個複雜的設計過程，涉及問題、機會、任務、衝突和設想未來。制定策略也涉及相當多的資訊，以及對趨勢、可能性和競爭反應的分析。引進新概念、設計彈性方案和退路都需要創造力。

聚焦當然重要，整體焦點和各個必要的子焦點都必須非常清楚。這個策略的目的是什麼？它將成就什麼？人們將如何對待它？

質疑很重要，我們必須質疑傳統觀念和組織中的想法，質疑有關未來和競爭反應的假設，質疑法規、價值觀和科技設定的界限。我們也要質疑是否有兩極觀念。策略是由一系列的概念凝聚而成，這些概念又因為我們的質疑而散開，最後一切塵埃落定時，策略也就底定。

策略、概念和執行的方法都可以有**替代方案**，對未來也可以有多種設想。尋找替代方案之前先界定定點，在此處更顯得重要。

我們必須非常注意**概念**，制定策略時，概念比構想重要。如果概念錯了，沒有構想可以糾正它。所有構想都是我們折返得到概念的工具。

如果各種概念很豐富，可以將它們組織成**概念扇**。這種組織方式將能提供前進的大致方向。此外也可以注意實踐概念的各種方法。

逃脫型刺激法可以運用在組織和產業中的既有觀念上，也可以用在目前的策略規畫上。

全新的構想需要**踏腳石刺激法**，尤其是扭曲法。

▍規畫

前面「設計」、「專案」、「設想未來」和「制定策略」提到的論點，大多適用於規畫。我們已遵循合理的規畫程序，但有尋找更好構想的意願。

我們在規畫中的每一步都可以尋找**替代方案**。或許還有其他可行的路線，同一條路線也可能有多種走法。監察點的布置也可能有不同方

案，我們也可以考慮一些能刺激思考的替代方案。

我們可以**質疑**整個計畫，也可以質疑計畫必須遵守的條件。我們必須接受這些界限嗎？這些因素真的必要嗎？

逃脫型刺激法可以用來產生新概念，也可以用來檢驗計畫的彈性。

如果想從根本改變計畫，我們需要**踏腳石刺激法**，這種技巧或許能改變我們對局勢的看法。看法改變了，計畫也必須改變。

至此讀者應該大致明白各項技巧可以如何運用了，各項技巧的基本用法如下：

聚焦──界定焦點，視情況改變焦點。尋找焦點的各種定義。選擇子焦點。

質疑──質疑傳統思維、當前的想法，以及創意思考過程中出現的想法。質疑思考環境，例如假設和界限等等。

替代方案──尋找執行任務和滿足某個定點的各種方法，可用在從廣泛到具體的各個層次。

概念扇──一種精巧的方法，藉由概念尋找多種做事方法。對成就型思考很有用。

概念──刻意注意概念。嘗試提取並清楚闡述概念。從構想折返至概念。調整和改變概念。尋找將概念付諸實踐的方法。在由概念驅動的所有領域均有用。

逃脫型刺激法──質疑法有用時，逃脫型刺激法也有用。將質

疑變成一種刺激思考的構想，可以用來檢視現行方法和想法，也可以用來檢視進行中的創意思考。

踏腳石刺激法──一般用來嘗試改變整套系統或方法，是最能刺激思考的技巧。當中的如意算盤法有一種特殊用途：在當事人面對綠地情況時，產生一些構想。踏腳石刺激法運用在整體上，通常有最佳效果。

隨機輸入法──任何情況下皆可以用來產生新構想。面對綠地情況、不知該從何入手，或是再也想不到任何東西時，可用來打破僵局。當檯面上已有一些構想時，用來尋找額外和不同的構想。

語層──在開始思考時運用，讓構想浮現。思考一段時間後再用，看看之前的思考可以產生什麼。

抽絲法──只要當事人知道必須滿足什麼要求，就可以使用抽絲法。可以被動地等待構想浮現，或是主動地得出構想，後者與隨機詞的用法相似。

一般而言，運用創造力與資訊、分析和邏輯，有以下幾種情況：

1. 你已經努力運用資訊、分析和邏輯，但是毫無進展，創造力是你唯一的希望。

2. 你已經從資訊、分析和邏輯產生一些替代方案，但你願意發揮創造力，看看能否提出新做法。

3. 你遇到一些存在已久的舊問題，人們為此耗費許多精力，嘗試運用邏輯分析問題。你覺得情況值得你立即運用創意思考。

4. 你在分析和邏輯思考的過程中界定了一些焦點，你知道你需要據此提出新構想，你的創造力就集中在這些焦點上。

5. 在思考過程中，你不時從分析、邏輯的模式轉換到創意模式。

六頂思考帽

本章談技巧的運用，都沒有提到六頂思考帽，因為六頂思考帽主要是用在組織的思考活動上。

綠色思考帽要求發揮創造力，但未指明要怎麼做，可以是簡單的暫停，以便考慮其他可能，或是嘗試提出替代方案。此時也可以使用其他水平思考技巧。綠色思考帽的主要價值，在於為創造努力提供空間。

黃色思考帽對引導思考者尋找可行性和價值很有用，它讓新構想獲得正面的注意。我們可以利用黃色思考帽，直接要求反對構想的人嘗試尋找當中的價值，並建議執行的方法。

六頂思考帽非常重要的一點是，我們可以將黑帽思考限制在特定時刻，而不是任由它隨時使用。我們將黑帽思考用在評估構想上，點出必須克服的缺陷。

六頂思考帽便是這樣促進創意思考。簡單排定六頂思考帽的使用順

序，這幾乎就是一種創造程序。順序可以是這樣：

白帽——建立資訊基礎。我們知道哪些東西？

綠帽——提出替代方案、建議和構想。

黃帽——提出構想的可行性、好處和價值。

黑帽——提出必須警惕的困難、危險、問題和某些地方。

紅帽——提出對各項構想的直覺和感覺。

藍帽——總結。

收割

　　一名農夫種了整塊田的穀物，但收成的季節到來時，他卻滿足於只收割四分之一的田地，另外四分之三的成果都浪費掉了。多數人運用創意思考時，情況正是這樣。

　　一如聚焦，收割是許多人進行創意思考時最弱的環節之一。因為收割與聚焦都看似簡單、直接，毫無奇特或令人興奮之處，因此人們並不太重視。但事實上，兩者的重要性一點也不低於創意思考中較富魅力的部分。

　　進行創意思考時，我們一心只想找到可說服其他人接受的實用新構想。我們努力尋找這個神奇的構想，當它出現時，我們會記下它，卻忽略了思考過程中浮現的其他一切。

　　如果你不是賞鳥愛好者，你透過望遠鏡觀察鳥類，對於有人熱愛這種活動感到納悶。但是經過一段時間，你開始注意到鳥類的各種行為，開始懂得辨識形態，看到差異。此時你開始覺得賞鳥真是非常有趣的事。

　　你站在一張畫作前面，你的直覺告訴你，你喜歡或不喜歡這件藝

術品的某些方面。但你上了一些藝術欣賞課之後，再看同一張畫作，構圖、筆觸、光影的運用、顏色的選擇等等，你注意到的東西遠比以前多。

我們必須經過訓練，才會注意到重要事物。不經過訓練，我們對於眼前的東西會視而不見。為了收割創意思考的成果，我們也需要這種訓練。只記下神奇的構想，忽略其他一切，是嚴重浪費創意思考的成果。

所有創意思考的過程都有以下三個目的：

1. 找到神奇構想。
2. 找到一些經過調整便可使用的新構想。
3. 為大腦儲備一些目前派不上用場，但日後思考相關議題，甚至是其他議題時可帶給你更多靈感的概念和構想。

不擅收割的思考者會忽略第二和第三個目的。要收割得仔細，你可能必須在思考的過程中記筆記，或是以錄音的方式記下，並在事後仔細聆聽。你也可能必須回想整個思考過程，以免遺漏重點。如此一來，你便可以提取創意思考過程的全部價值，並記下所有重點。

設計良好的檢查表，可以幫助思考者完成重要的收割作業。檢查表的各部分可能會重疊，有時候我們難以決定某些重點應該放在哪裡，但這種歸類不是很重要，檢查表的目的是幫助我們注意到重要事物，至於將它歸入哪一部分並不重要。

以下說明收割檢查表的各部分，我們以兒童遊樂場的設計為例子。

▌具體構想

可以付諸實踐的具體構想，包括會讓每個人驚豔的神奇構想，但也包括其他可用和可行的構想。這是創意思考的典型成果。

有關兒童遊樂場的設計，具體構想包括：「為家長設立的咖啡廳」、「為新遊戲提供標示」、「嚴格區隔年齡層」。

▌例如構想

這些是公認不可行，但看來含有寶貴的概念或程序的構想。例如構想只是用來說明某些事情的一些例子。

有關兒童遊樂場的設計，例如構想包括：「可以用來建造東西的盒子」、「一種遊戲：各組人將一塊重物拖過遊樂場」、「提供一個發明家的角落」。

▌幼苗構想

幼苗構想只是構想的雛形，這種構想有潛力，但需要栽培，才能成為有用的構想。幼苗構想還需要下很多工夫，但思考者意識到它是有價值和潛力的。幼苗構想不同於例如構想，因為思考者不會想要琢磨後者。

有關兒童遊樂場的設計，幼苗構想包括：「由不同的私人企業每週贊助遊樂場一天」、「由各團體承包遊戲設計工作」、「推出遊樂場的彩色制服」。

▍直接概念

討論過程中產生的概念，這些概念可能發展出某些構想，也可能就停留在概念的層面。無論是哪一種情況，我們都要記錄下這些概念，而不是它們衍生的構想。記錄價值概念尤其重要。概念不容易記錄，因為它們可能只是短暫存在，而且許多人假定概念的目的只是為了得到構想。思考者必須藉由扎實的努力，才能找出概念並記錄下來。

有關兒童遊樂場的設計，直接概念包括：「遊樂場應該要有小孩」、「有機會遇到其他小孩」、「與其他人團隊合作」、「彈性使用空間」。

▍折返概念

這些概念未曾出現在討論的過程中，是思考者從構想或例如構想折返到概念層面時注意到的概念。這種折返可能在思考的過程中就已經發生，但收割時一定要再檢視各類構想，並刻意從構想折返到概念層面。概念藏在構想中，釐清構想背後的概念有很大的價值。

有關兒童遊樂場的設計，折返概念包括：「商業贊助」、「允許兒童創新」、「形成團隊」、「新遊戲的組織」。

▍方向

方向與概念的差異，在概念扇那一章已經說明過了。方向是廣義的概念或處理某種情況的門路，與概念可能有重疊之處，這沒有關係。思考者要做的是將方向記錄下來，無論這些方向是否已經釐清。

有關兒童遊樂場的設計，方向包括：「參與」、「與他人玩耍」、「彈性」。

▎需要

創意思考的過程中可能會出現一些明確的需要，例如需要將某個概念轉化為實用的構想，也可能有確定的方向需要相關概念支持。「我們需要找個方法來做這件事。」界定思考過程中浮現的需要，是創造過程很重要的一部分。認清缺口，就是為此做一些事的起點。

在兒童遊樂場的討論中浮現的需要包括：「需要非強制的指引」、「需要形成團隊的方法」、「需要區隔年齡層的方法」、「需要尋找商業贊助的方法」。

▎新焦點

思考者注意到的需要可能會衍生出一個新的創造力焦點。明確地記下這些新焦點，稍後由團隊直接處理，或是由肩負創造任務的個人處理。

在兒童遊樂場的討論中界定了以下的新焦點：「遊樂場團隊遊戲（大致範圍型焦點）」、「組織團隊的方法（目的型焦點）」、「商業組織的參與（大致範圍型焦點）」。

▎改變

任何創意思考的過程都可能涉及思路的改變，像是出現新思路，或是方向改變。當討論開始朝某個方向發展，我們要將改變記錄下來，記

錄下「從……到……」。例如，我們從這個方向轉到那個方向；我們一開始是這麼看的，現在改為這麼看。

在兒童遊樂場的討論中發生的改變包括：「從把遊樂場視為個人遊戲的場地，到視為團體遊戲的場所」、「從著眼於提供固定的傳統遊樂設施，到著眼於設計新遊戲」、「從避免涉及商業利益，到設法尋求商業贊助」。

▌氣息

檢查表的最後一部分是氣息，也就是整個創意思考過程給人的感覺。記下這種氣息的價值在於，未來進行創意思考時，你可以試著提出不同的構想。舉個例子，某次的思考都在尋找責怪的對象，下次你就可以嘗試做一些比較有建設性的事。一次的思考過程只應該有一種代表性的氣息，即使過程中還有其他的感覺。

這回兒童遊樂場討論的整體氣息是「以兒童為中心的新方式」。

雜誌界有這樣的說法，爭取一名新訂戶的成本，是留住一名老訂戶的四倍。創意思考的收割也有類似的情況，記下出現過的構想和概念，遠比要從頭開始產生它們容易。因此收割非常重要，即使這項作業似乎繁瑣又費時。在收割過程中，記錄既有的構想和概念，我們也可能會想到一些新的構想和概念。

你一旦習慣了利用檢查表收割思考成果，你在思考過程中注意到重點的能力也會增強。你現在就可以寫下你注意到的東西，這有助你在

思考過程中產生更多成果。例如你注意到概念的改變，你可能會試著尋找實踐這個概念的構想。明確注意到一個新方向，可能會促使你探索更多方向。你從一個例如構想得出一個折返概念，或許就能開啟一條全新的思路。記下一個新焦點，你可能就會致力於尋找圍繞著這個焦點的構想。

收割並非只是事後記錄，它還可以成為思考過程不可或缺的一部分。一如賞鳥，你學會在事情發生的當下看見並注意到它們。

處理構想

　　利用水平思考的技巧和工具，我們得到了一些構想，接下來要怎麼做？這些構想之中，可能有幾個新點子看起來立即可用，或至少可以試試看。這些構想可以與從其他方法，例如抄襲、邏輯分析等等產生的構想一併接受評估。其他構想又如何呢？

　　本章要談的，是如何處理經由創意思考產生、但還未能立即接受評估的構想，這些構想還需要一些處理。在此我們關注的是新構想，而非新概念。我們致力於將概念轉化為可用的構想：這個概念可以如何實踐？這一步如果成功了，我們會得到更多構想。若不成功，相關概念也可留待日後的創意思考處理。

避免快速否決構想

　　首先要避免的，是快速否決構想。我們會快速否決一個構想，通常

是因為立即考慮到現實中的限制。如果一個構想因為現實中的限制而不可行，通常會遭否決。我們應該以黃帽和綠帽思考，制衡黑帽思考太早拿出來。評估構想可以留待稍後再做，眼前的工作目標，是改進和完善構想。

否決構想最常用、也最有力的方法，是簡單表示「這個構想和⋯⋯一樣」，例如：「這個構想和我們已經在做的一樣。」「這個構想和我們以前的做法一樣。」「這個構想和我們以前嘗試過，而且證實不可行的做法一樣。」

「這個構想和⋯⋯一樣」是看似無害的說法，卻能有力地扼殺構想。這個說法想講的是：這個構想不是新構想，所以我們不必注意它，也不必耗費時間去想它。說話的人並沒有批評構想不可行或無價值，事實上還可能承認它是一個好構想，只是它與某個既有構想是一樣的。我多次見過人們在會議中利用這簡單的說法，扼殺一些非常好的構想。這個說法效果驚人，一經提出，要捍衛遭受批評的構想會非常困難。

會這麼說的人，有時候是真的看不出他批評的構想與某個既有構想的差別。但很多時候，提出這種說法的人是不誠實的，他們只是希望扼殺自己不喜歡的構想，而且他們知道最簡單的方法就是說這個構想毫無新意。

如果我們折返到夠廣的概念層面，我們可以說許多構想都是相同或相似的。我們可以說一匹馬和一架飛機是相同的，因為兩者都是從A地到B地的一種工具。信用卡與提款卡相同，這兩者又與支票相同，因為它們都是不用現金支付帳款的方法。如果我們縱容「這個構想和⋯⋯一

樣」這個危險的說法，我們將會損失許多重要構想和新價值。

當你在尋找新構想時，千萬不要允許「這個構想和……一樣」這種說法。如果某個構想看起來確實與某個既有構想相似，請注意差異（這是移動的方法之一），即使只有百分之一的差異，也請集中注意這百分之一的差異。

塑造構想

在正常的設計過程中，我們會釐清要求和限制條件，然後尋找符合這個模型的構想，因此限制條件一開始便存在。在正常的評斷過程中，我們以限制條件為濾網，能通過這個濾網的構想才是可接受的。

但是，在創意思考過程中，我們是利用限制條件將構想「塑造」成較合適的形態，這是一個主動的創造過程，就像一名陶匠用他的雙手將轉盤上的黏土塑造成他想要的樣子。這種塑造工夫可以產生比較好的形態。

「這個構想成本太高了，我們可以設法降低成本嗎？」

「這個構想以目前的形式是非法的，我們可以設法把它變得合法嗎？」

「這個構想以目前的形式是不被接受的，我們可以設法令它變得可以接受嗎？」

「這個構想很好，但容易被濫用，我們可以加以調整，讓它不輕易被濫用嗎？」

我們自覺、主動地塑造新構想，設法使它滿足現實中的限制條件。我們也可以不時質疑限制條件本身。如果我們無法將構想塑造到符合限制條件的模樣，我們會擱置這個構想；一段時間之後，我們可能會再度嘗試塑造這個構想。

修剪構想

修剪作業主要是考慮可動用的資源，而非現實中的各種限制。一套衣服要怎麼剪裁，必須看我們有怎樣的布可以用。我們的構想可以修剪到既有資源可配合的模樣嗎？同一個構想，大公司或許可以採用某種執行方式，但規模較小的公司或許就得用另一種方式。

在產生構想的過程中，我們是不是應該在某個時候了解我們實際可動用的資源？有人會說，太早考慮資源問題，可能會扼殺寶貴的思路。另一方面，如果我們對可用的資源有概念，或許就能確保每一個階段產生的構想都調整至切合實際的模樣。這可能要求我們在創意思考過程中研擬出更多替代方案。

在我的經驗中，一開始便大致了解有多少資源可用是有益的。但這種資料絕不能用來否決構想或思路，而是用來引導思考方向。

強化構想

　　每一個構想都有它的力量，可能是它產生的好處、誘人之處，或者是便於執行的特點。處理構想，就包括辨明它的力量，並設法強化。強化不是嘗試全面改善構想，而是設法增強構想的核心力量。

　　舉個例子，**餐廳**作為「室內野餐」地點這構想的力量，在於藉由取消廚師和廚房，以及杜絕浪費食物，來降低經營成本。節省了這些成本，經營者就可以在其他方面花比較多錢，例如接送服務和室內裝潢。構想的力量可能嘉惠商品或服務的供應商，也可能嘉惠消費者。如果受惠者是供應商，有些好處應該與消費者分享，否則構想可能因為好處太過一面倒而失敗。

　　強化構想僅針對構想的力量或長處，一個構想無論看起來多精彩，我們還是可以使它變得更強。這可能讓人有多此一舉的感覺，但關鍵其實在於發掘構想的最大潛力。聽廣告就可以免費打電話的構想，或許可以藉由提供一個選擇鍵，允許使用者正常付費使用來強化。

補強構想

　　如果一棟大樓某些地方有弱點，你會加以補強。構想也是這樣，針對構想的弱點，設法加以補強。弱點與其說是一種缺陷，不如說是可能導致失敗或麻煩的地方。一個構想的弱點，可能是它的複雜性或遭濫用

的可能。一個最終可能成功的構想，要是乍看之下令人難以接受，這或許也是它的弱點，如果是這種情況，你應該嘗試將構想包裝一下。

學生可以隨時應考的電腦測驗系統，弱點可能在於必須要有龐大的題庫，以免學生背下答案。補強的方法，可能是利用組合的方式，讓題目的組合有非常多種可能。我們或許也可以說，學生如果背下了大量題目的答案，他學到的東西可能已經夠多了。

人們採納新構想的動機可能不夠強，思考這問題總是有益的。創造者往往假定新構想的採用者就和自己一樣熱情，這是不可能的。對創造者以外的人來說，新構想意味著麻煩和風險，新構想的採用者必須知道他們可以得到什麼好處。

構想的常見弱點，還包括與既有構想衝突，以及過渡期涉及種種困難。構想可以緩慢推行嗎？還是必須立即全面執行？

推動構想

誰決定這個構想該如何處理？誰來執行這個構想？我們需要哪些人配合？如果沒有人關注構想的推動工作，再好的構想也可能不會有任何結果。

你可能只需要賦予構想適當的形態，或是在適當的脈絡中呈現；你也可能需要讓執行者了解構想可以立即產生的好處，或至少向他們強調這些好處。構想不會獨自以某種完美的形態存在，構想涉及人，而這些

人有他們自己的需要和計畫。好廚師知道食物的呈現方式,與食物的品質幾乎一樣重要。

如我在本書稍早提到,有些構想當下看起來就十分吸引人、也符合邏輯;有些構想涉及若干風險,必須先投入一些資源,其價值才能彰顯出來。我們要如何降低風險?是否可以做一些實驗,利用實驗結果促進構想的實踐?是否有方法可以使人覺得自己是構想的主人?率先嘗試新構想是否可以建立起好口碑?

比較

如我稍早所言,西方的傳統是攻擊現狀,然後設計一個替代方案來克服現行做法的不足之處。日本人的做法則是不理會現行做法,逕自研擬可行的替代方案,再拿來與現行做法比較,了解新做法有哪些好處。比較是這過程中非常重要的一環,也是任何評估過程至關緊要的一環。我們可以比較新構想與現行做法,也可以比較不同的新構想。

比較可以迅速將好處、節約和困難顯垷出來。新構想若能提供歷來所有方法都無法提供的某些好處,那它一定有一個很強的長處。任何好的新構想都必須通過比較的考驗,證明它承諾的好處有穩固的基礎。不同之處在哪裡?相似之處又在哪裡?兩個方案背後的概念是不同的嗎?抑或它們只是同一個概念的不同實踐方法?不同之處是根本,還是表面上的差異?不同構想提供的價值是源自不同的機制,還是同一個機制?

「ebne」這個新詞代表某個方案「很好、但不足夠」（excellent but not enough）。事情不再是攻擊現行做法以求改變。一個看起來很強的構想，往往與其他構想一比較，就顯得弱了許多。新構想的好處可能只是基於期望、臆測或理想狀況。希望展現新構想好處的人，會立即比較新構想與現行做法，這是有用的，但還不足夠。比較之後我們可能會發現，新構想還不錯，但相對於舊做法並沒有多大好處。新機器比較不吵是好事，但還是比不上真正安靜的機器。

缺陷和錯誤

現在我們可以來思考新構想的缺陷和錯誤了。我們將這個重要步驟留在後面，是因為到這時候，許多缺陷可能已經浮現。另一方面，我們可能已經在補強的過程中，以及考慮如何推動構想時，克服了某些缺陷。無論如何，在這個階段，我們應該可以看清楚構想的缺陷、錯誤和問題。這些缺陷可以藉由標準做法或簡單的思考解決嗎？還是會成為新的創造力焦點，需要我們展開新的創意思考？

人們在評估新構想時，會立即緊盯著缺陷不放，這種情況應該在我們的預期當中。人們很容易拒絕採納一個好構想，甘願放棄某些重大好處，卻很難接受一個已知有缺陷的構想。多數人都很不願意冒險，哪怕只是一點點風險；未能把握機會通常不會被責怪，但採納一個已知有缺陷的構想幾乎一定會受責難。

因此，想改善一個構想，讓它更有吸引力，消除缺陷遠比增加好處有效。黑帽思考正是在這時候派上用場，我們檢視新構想，找出當中的缺陷、錯誤和潛在問題。在各種情況下，可能會出現什麼困難？哪些事情可能出錯？預期中的好處可能會受哪些意外干擾？

積極的創造已走到尾聲，現在是審慎找碴的時候，我們必須辨明和面對缺陷。我們最後的努力，是調整構想以避免問題，或是發揮創造力解決問題，克服我們發現的缺陷。我們已經努力過了，仍有某個嚴重缺陷無法克服，唯有在這種情況下，缺陷才能成為我們放棄一個構想的理由。

結果

處理新構想的最後一步，是展望執行構想的結果。我們採用這構想，會發生什麼事？這是想像每一步的分析，也是以廣闊的角度看結果。

「立即會發生什麼事？」

「短期內會發生什麼事？」

「中期而言會發生什麼事？」

「長期而言會發生什麼事？」

實際時間尺度隨主題而變。如果主題是流行事物，長期可能是指六個月之後的事；如果是一座新的發電廠，長期可能是指三十年。

我們檢視結果，可能會發現新的弱點、缺陷和困難，這些都是我們必須處理的問題。構想當中可能會有空白或未知的情況，我們必須提出各種可能發生的情況。競爭對手的反應是未知的，我們必須設想可能的反應。新構想必須在各種情況下都能有效運作，我們也必須考慮這些情況。我們也要想好退路和調整構想的方法。

可測試性

如果我們能提出一些測試構想的方法，可以提升構想的價值，我們也可能會調整構想，以改善它的可測試性。

有些構想無法預先測試，如果是這樣，我們就必須讓構想具有很大的彈性，才能視得到的反應作適當的調整。如此一來，即使構想進入執行階段，我們仍然可以改善它。

評估

構想的處理程序完成之後，就進入評估階段。正面思考和建設性思考在處理程序中已經發揮了最大作用，到這個階段，構想必須與其他事物爭逐人們的注意力、時間和資源。評估的關鍵要素為可行性、好處、資源和合適程度。

正式輸出

有些人認為，紀律、結構和形式與創造力格格不入，因為他們已經習慣將發揮創造力視為解除一切束縛，自由發揮，期望能得到某種靈感。在創意思考的過程中，這確實是一個有用的階段，但現在我們可以超越這個階段，我們可以運用系統化的程序。

每一條魚都有脊骨，脊骨連著肌肉，每一條肌肉都有神經，魚便可以在海裡自由遊走。海洋生物的結構越好，牠們可以遊走的範圍就越廣、也越自由，例如鯊魚和海豚。連水母都有一定的結構。我在前言中就已經提過限制型結構與解放型結構的差別。

如果沒有結構和紀律，雖然偶爾也能得到一些收穫，但我們的創造努力就像亂槍打鳥。創意思考的效能，其實可以藉由結構和紀律來加強。紀律展現在以下幾方面：

▌時間

你替自己或其他人設定一個明確的期限，針對某個焦點運用某種創

意技巧。要嚴格遵守你設定的時間。如果你設定的時間很短，例如只有二至四分鐘，你的大腦會快速運轉。時間紀律的作用，在於幫助你集中精神在眼前的任務上。我在學校教授思考方法時發現，小孩一旦習慣了短短的時限，他們的思考產出將相當豐富。但如果給他們很長的時間，他們只會打混摸魚。時間紀律還可以讓思考者放棄非得到神奇構想不可的念頭。我們在時限內盡力而為，時間一到便停下來。

▌聚焦

養成聚焦的紀律很重要。富創造力的人往往會因為拒絕聚焦在眼前的任務上，而招致惡名，他們可能是希望就其他的焦點提出非凡構想。真正富創造力的人，應該要證明自己有能力聚焦在必要的事情上。在創意思考的過程中，偏離焦點很容易發生，因為一個構想會衍生另一個構想，思考者常常會順著比較有趣的思路走下去。思考者應該要牢記真正的焦點，並且不斷回到這個焦點。聚焦的紀律很可能是所有紀律中最重要的一項。

▌技巧

每一種技巧都有一些正式的步驟，思考者必須有紀律地完成這些步驟。如果你想運用一種刺激技巧，你必須先設定刺激，然後走到移動這一步，之後你必須塑造或以其他方式處理你的構想。雖然技巧可能互有重疊，但你要有意識地運用每一項技巧，不能只是籠統地希望運用刺激技巧，然後期望出現某些結果。有許多人告訴我，當他們有系統地運用

創意技巧時，發現自己的創造力大為提升，對自己能提出種種新構想大感意外。

▌ 輸出

創意思考會產生一些結果，我在上一章已經說明過，我們必須有系統地收割成果。結果的輸出也有一定的形式和紀律。參與創意思考的人對出現過的構想會有印象，只要稍微提醒便能認出一個構想，但是人們會淡忘這些構想，除非將它們清楚記錄下來，不然我們終將失去這些構想。這項作業當下可能顯得多餘而繁瑣，但如果不想浪費創意思考的價值，這種輸出的紀律是必要的。

輸出的形式

首先要複述焦點，焦點的類型也必須寫下來。這對目的型焦點可能不是很重要，只要我們說明目的，就會自動顯示焦點；但這對大致範圍型焦點非常重要，如果不寫清楚，我們會搞不清楚狀況。

下一步是將概念正式記錄下來。在創意思考的過程中，我們可能會清楚提出某個概念，但更常見的情況是，我們直接提出某些構想，然後必須從構想折返到背後的概念。釐清概念很重要，因為將來可能會有人喜歡那個概念，而不是構想。

最後一步是將構想正式記錄下來。每一個構想都要分開記錄，即使

它們看起來很相似，甚至只有一點不同。舉個例子，如果你打算以「金錢」和「更多休閒時間」提供獎勵，這兩個構想應該分開記錄。我們可以用「這個構想是……」和「這個概念是……」作為開頭，這麼做可能顯得多餘，但正式地記錄下來，能賦予結果更多價值。

▌範例1

焦點——這個目的型焦點是設法減輕城市中的塞車問題。
概念——這個概念是獎勵可以開車進城、但選擇不這麼做的人。
構想——這個構想是以汽油折價券獎勵將車停在城郊停車場的人。這些停車場或許可以由石油公司擁有。

在這例子中，概念的措辭非常重要，如果我是寫「獎勵不開車進城的人」，它可以理解成獎勵家裡有車，但從不會開車進城的人。記錄概念和構想不必講求簡潔，清楚說明比較重要。我們不能只寫下一個字或詞，然後期望後來的讀者能明白我們想說什麼。我們要詳細說明一切，而不是嘗試以最簡短的文字概括一切，甚至濃縮為單一字詞。就算記錄的人知道那是什麼意思，其他人也很可能無法理解。

▌範例2

焦點——有關餐廳的大致範圍型焦點。

概念——這個概念是顧客在餐廳使用自己的餐具。

構想——餐廳替顧客保管餐具，餐具上可以印顧客公司的標誌。顧客可以在餐廳使用這些餐具宴客。這或許能鼓勵顧客一再光顧同一家餐廳。

在這例子中，構想的描述提到了它的價值。說明價值是有用的，不需要很詳細，但我們不應期望後來的讀者去猜測構想的價值。若有必要，我們可以另起一行說明價值。

▌範例3

焦點——這個目的型焦點是設法增加啤酒的消費。

概念——這個概念是增加適合喝啤酒的場合。

構想——這個構想是將啤酒（或特定啤酒品牌）與某些食物（例如雞肉或海鮮料理）連繫起來。

價值——這個構想的價值在於女性會在超市購買更多啤酒。女性和年輕人可能因此成為喝啤酒的人。喝啤酒的場合也會增加。

在這例子中，構想的主要價值就隱含在構想中，但我們將主要價值與額外的價值都清楚記下。

▌範例 4

焦點——這個目的型焦點是處理警力不足的問題。

概念——這個概念是動員民眾協助警察的工作。

構想——這個構想是民眾應該對犯罪和可疑行為保持警惕,而且要有方法通知警方。

價值——這個構想的價值之一,是警方的監控功能得以擴大。另一價值是民眾參與監控,有助嚇阻地方的犯罪活動。

　　正式地記錄下創意思考的成果需要花一些工夫,但這完全值得,有助人們了解相關構想和概念的全部價值,這些構想和概念會得到更認真的對待。記錄也能迫使思考者釐清相關構想和概念。

　　創意思考過程中出現的構想和概念是不是全部都要這麼處理?我們必須區分「私有結果」和「公開結果」,私有結果是我們在收割程序作的全面性記錄,公開結果則僅列出適合公開的構想和概念。哪些構想和概念適合公開,視會有哪些人看到它們而定,有時候我們可以納入正常的構想和例如構想,但有時候最好只納入那些看起來有價值的構想。

Chapter ■■■ 27

群體或個人

　　本書介紹的水平思考技巧，每一項都可以由個人使用，這一點必須再次強調，因為傳統的腦力激盪法給人「創意思考一定是群體活動」的印象，但事實絕非如此。

　　群體思考的目的，是讓每個人的想法互相激盪，讓別人的評論刺激你的思考。但有了水平思考技巧，你可以自己刺激思考。你可以利用刺激技巧來設定刺激，看看大腦對此有什麼反應。也就是說，思考者可以設定自己的刺激物，這是PO的價值之一。

　　許多人喜歡參與群體思考，而且往往高估了群體思考的成果。一個人思考比較寂寞，而且需要紀律和水平思考技巧。但群體思考是非常緩慢的。在群體中，有人講話時，其他人必須聆聽。如果覺得其他人尚未充分理解某個構想，可能有必要複述或進一步解釋。群體中通常也會有人希望搞笑。群體一次只能探討一個方向，但一個人思考可以探討許多不同方向，也不必講話或聽人講話。獨自思考可以探討一個看似瘋狂的想法，直到它變得合理。群體中幾乎不可能這麼做。

實際上，如果群體中的每個人都覺得自己是構想的主人，那麼群體思考可能是有優勢的。如果群體必須接受某個構想並據此行動，這種主人意識非常重要。另一方面，個人隨時隨地都可以進行創意思考，不必召開會議，也不必等待下次的群體會議。

根據我的經驗，就提出構想和開創新思路而言，個人的表現遠優於群體。但是，構想提出之後，群體運作可能就有優勢。群體或許能更完善地充實新構想，提出原創者沒有考慮過的發展方向。群體成員的多元經驗，此時會成為有利的條件。

所有技巧都可以由個人使用，群體的成員也可以合作使用這些技巧。例如群體可以共同建構一個概念扇，或是設定隨機詞，共同擬出新構想，這都可以藉由討論做到。如果刺激是：

「停車場PO沙子」

這可以討論出什麼樣的構想？

「沙子會讓汽車慢下來，這當中或許藏有一個構想。沙子讓人想到沙灘，人們在沙灘的活動基本上靠自己組織，或許我們可以允許人們在停車場自行組織。」
「對我來說，沙子意味著很多小顆粒。這讓我想到為停車場設立點數制度，這要考慮使用需求、時間和獎勵等等。」
「汽車在沙子上留下軌跡，我們是不是可以在停車場設一些深

溝，讓駕駛人只能按指示前進，不能抄捷徑？」

「我喜歡點數制度的構想，如果你已經有一段時間沒使用停車場，你的點數會比較高。我們可以在一開始提供一定的點數，每次使用停車場就扣掉一點。如此一來，大家只會在真正需要的時候使用停車場。」

「這不是我設想的點數制度。」

「我知道，這是從你的構想觸發的另一個主意。」

我們看到，在群體討論中各項構想如何互動。如果是一個人思考，我們可能會一直鑽研自己最初的構想，而不再提出新構想。

結合群體與個人

我們可以將群體與個人的創意思考努力結合起來，這種做法可以兼得兩者之長：個人可以打開新思路，群體可以據此加以發揮。有幾種不同的結合方式：

▌ 斷續法

一開始是群體討論，界定焦點，並圍繞著焦點提出一些構想，大家同意運用某項水平思考技巧，然後每個人自行思考。個人的思考時間通常是二至四分鐘，比較複雜的技巧，例如概念扇則可延長至十分鐘。

個人思考可以是運用一項技巧的完整過程：「請每個人運用逃脫型刺激法，設定刺激並使用它。」或是一起完成一開始的設定工作：「請利用以下刺激自行思考：PO，我們有個沒有水龍頭的浴室。」群體選出一個踏腳石刺激，再讓每個人自行發想；或是群體決定一個定點，再讓每個人自行找出能滿足這個定點的替代方案。

如果成員運用相關技巧還不是很熟練，最好是由群體先做好設定，再要求每個人思考。如果成員都是經驗豐富的水平思考者，就可以放心讓他們自行設定並完成思考過程。

個人的思考時間結束後，便向大家報告思考結果，一個人通常需要三分鐘左右。報告完畢後，圍繞著大家提出的構想展開討論。群體不應該只是接收和記下構想，應該試著加以發揮，研擬出更完善的構想。

當群體討論開始停滯不前時，就可以再指定技巧讓大家運用。整個過程便是這樣周而復始。過程中群體的任務包括三方面：

1. 傾聽每個人的意見。
2. 討論每個人提出的構想並加以發揮。
3. 引導成員運用思考技巧。

▌三明治法

先讓每個人都知道這次的創造力焦點，可以先召開一次群體會議，或是直接連繫每個人，面對面或以郵件說明皆可。接著讓大家自行思考，時間可能是一星期。說明創造力焦點時，可以建議一些刺激思考的

內容，成員也可以完全自由發揮，視成員的水平思考程度而定。

　　個人的思考時間結束後，召開群體會議，讓每個人提出構想。即使有提交書面報告，也要口頭報告思考的結果。每個人的報告時間約十分鐘，剩下的時間用來討論大家提出的構想，並設法從這些建議研擬出新構想，時間的安排要充裕。

　　群體討論之後，再回到個人的創意思考，現在可以思考所有已接觸的概念和構想，也可以從其他成員的評論，改善自己的構想。一段時間之後，可能是一星期之後，每個人都要提交個人創意思考的完整收割報告。這報告並非記錄群體努力的結果，而是自己認為有意思的內容。這些個人報告會綜合成一份報告，發給群體的成員。是否再開群體會議則視情況而定，如果要採用相關構想，就要再開一次會議，進一步討論和挑選構想。

　　結合群體與個人的好處之一，是這樣個人通常會比較包容其他人的構想。如果當事人知道自己必須提出構想，對其他人的構想通常會抱持比較建設性的態度。

　　單純的群體努力有一個缺點，有些人可能永遠不會提出任何構想，卻意見多多，隨時藉由直接批評或表示个屑來貶低其他人的構想。加入個人的努力，每個人都必須提出自己創意思考的結果，這也鼓勵成員鍛鍊自己的創意思考技巧。若只是群體努力，有些人會認為自己天生富創造力，只要坐在那裡，等待天生的創造力發揮作用即可。但如果他們知道自己將必須運用某項創意技巧，並提出自己的構想，他們會較有動力鍛鍊相關技巧。

【應用篇】

在工作中運用創意思考

Chapter ■ ■ ■ 28

創意思考的應用

本書第一部分說明創意思考的本質、邏輯和重要性，第二部分闡述水平思考的工具，第三部分則是關注創意思考的應用。

可能有讀者主要對第二部分有興趣，希望培養自己創意思考的能力。可能也有讀者對第一部分最有興趣，他們或許無意培養自己的創意思考技巧，但也想了解創造力是怎麼一回事。可能也有許多讀者對第三部分有興趣，因為他們的工作涉及將創意思考引進組織。

水平思考的正式技巧獨立存在，它們是我們需要和想用時，幫助我們產生新構想的方法。但我們需要一個運用框架，否則人們不會意識到自己正處於必須提出新構想的情況。無論我們的技巧有多高明，如果不好好利用，它們還是產生不了什麼作用。

接下來我將說明日常創造力與特定創造力的不同，也談到如何將創意思考引進組織，這需要謹慎執行。一個組織中必須要有人負責創意思考方面的努力，這件事應該由誰來做？我會提出一些運用創意思考的具體結構，為發揮創造力提供框架。

此外我們必須考慮創意技巧的培訓，這件事該怎麼做？水平思考技巧必須配合具體情況運用，各種情況應該使用哪些技巧？我也會建議一些適合個人與群體進行創意思考的形式。最後我將談談經由創意思考產生的構想要如何評估。

　　這一部分提出的建議，是根據我在創意思考這領域多年的經驗，但企業有自己的文化和性格，我們永遠不能保證某公司有效的做法在另一家公司也行得通，結果如何，很大程度上取決於誰是攸關成敗的關鍵人物。

　　以下這一點應謹記在心，有些人認為偶爾做做腦力激盪，要求人們提供建議就夠了，但是運用創意思考並不是這些人所想的那麼容易。除非有人能有效地處理應用問題，否則創意思考將成為一種不重要的奢侈品，對組織的運作沒什麼作用。

　　創意思考非常重要，未來只會更加重要，我們需要認真的創意思考，也需要認真地運用認真的創意思考。

日常創造力與特定創造力

創造力的運用分兩大類，一類是「日常」創造力，也就是創造力已成為正常思考的一部分，所有需要思考的情況都可運用，不需要正式或刻意的努力。另一類是特定創造力，也就是當事人已經界定明確的需求，需要正式、刻意地運用水平思考的技巧，以求產生新構想。

日常創造力

天生富創造力或強烈希望發揮創造力的人，會宣稱自己是以日常方式在運用創造力。當創造力成了日常思考的一部分，就像汽車的換檔桿或高爾夫球袋裡的球桿一樣隨時可用，情況合適時，你會自動運用創造力。你抱持著創造性和建設性的態度，願意尋找新構想，也思考其他人提出的新構想，這種態度與某些創意技巧有關：

▋ 創造性暫停

你願意停下來想一想，願意中斷事情的順暢運轉或某條思路，思考：「有替代方案嗎？」「我們一定要這麼做嗎？」「我們可以利用這東西做什麼？」這種暫停發生在你思考某些東西、閱讀某方面的資料或聽某人講話時。暫停就只是暫停，不像焦點那麼明確。

▋ 質疑

質疑是日常創造力的關鍵部分。「我們非這麼做不可嗎？」「有更好的做法嗎？我們來研究一下吧。」質疑不是批評，釐清這一點很重要。質疑一旦變成批評，就不再是日常創造力，它會造成破壞，而且無人領情。創造性質疑假定現行做法未必是最好的，願意思考換一種做法的可能，也願意接受新做法可能帶來的好處。

創造性質疑包括停下來思考為什麼這件事要用這種做法，這可能也包括持續性分析：「持續這麼做是有歷史原因的嗎？」「還是因為被其他人的要求鎖定了？」創造性質疑是一種溫和的不滿，相信改變可能帶來更好的結果。

▋ 綠色思考帽

綠色思考帽的態度也是日常創造力的一部分。你可以在沒有人知道的情況下戴上綠色思考帽，也可以在與人交談或開會時，要求別人運用綠色思考帽。綠色思考帽是要求自己或別人在某個時候試著發揮創造力，尋找不一樣的構想，提出替代方案。

▍ 簡單聚焦

聚焦比創造性暫停或質疑來得刻意和明確。聚焦是界定一項需求：「我希望在這裡（或為了這目的）找到一些新構想。」希望針對某件事進一步思考時，我們會進行聚焦，界定焦點，但是在日常創造力中，這種思考意圖不是必要的。即使沒有思考的意圖，當我們意識到某個創造力焦點，往往就會無意識地投入許多創意思考的工夫。

▍ 替代方案

日常創造力最顯而易見的應用是尋找替代方案。有些情況顯然是需要替代方案的，但日常創造力促使我們去尋找更多不尋常的替代方案。日常創造力促使我們盡可能多找一些替代方案，而不是深入探討每一個替代方案。眼前正發生的事，還有什麼是我們沒想到的嗎？有哪些替代方案？還可以有更多替代方案嗎？

要在沒有問題、困難或明確需要替代方案時，停下來尋找替代方案，是不容易的。這與創造性暫停、質疑和簡單聚焦密切相關，我們必須願意檢視沒有問題的事物，願意加以改善。

▍ 刺激

如果一個組織已牢牢確立創意思考的文化，刺激可成為日常創造力的一部分。在這種情況下，人們會很自然地使用PO，甚至是提出強烈的刺激想法。不知道刺激法的人，顯然不會這麼做。刺激的態度還包括願意考慮一些奇怪的構想，甚至鼓勵別人提出前衛的點子。刺激的態度也

包括願意將任何構想都當作是一種刺激，無論提出構想的人本意是否如此。刺激的態度有兩方面：

1. 即使是匪夷所思或錯誤的構想，也可能帶給我們一些有用的東西，只要我們試著移動。
2. 設定刺激想法，讓我們的思路脫離常軌。

▌傾聽

建設性的傾聽也是日常創造力的一部分，即使你從不（或認為自己從不）提出新構想，仍然可以藉由傾聽和鼓勵，協助寶貴的構想產生和發展。調整過的判斷也是創造力的來源之一，意識到一個構想的潛力，協助發展、壯大這個構想，我們也能作出貢獻。鼓勵其他人的創造態度和行為，增強組織發揮創造力的文化，也是日常創造力的一部分。

培養日常創造力

描述日常創造力的態度和行動是很容易的事，但日常創造力從何而來？要如何培養出日常創造力？我們有三條路可以走。

▌敏感化

了解創造力的本質、邏輯和重要性，就會更重視創造力。我們可以

透過為組織管理高層舉辦內部研討會，達成這種敏感化，安排各部門的主管參加研討會，而非僅限某些部門。我曾為荷蘭航空最高層的六十名主管辦研討會，他們沒有一人缺席。我也曾為杜邦公司辦內部研討會，吸引了一千三百人參加。透過影片或網路研討會傳達，也是讓群體對創造力敏感化的方法，但效果比較差。

根據我在幾家大公司的經驗，如果公司的最高管理層或執行長重視創造力，這種關注很快就會傳遍整家公司。遺憾的是，如果是從公司的一個小焦點出發，要普及重視創造力的文化，通常都不成功。

▌ 培訓

第34章還會具體討論培訓的問題。我們可以藉由提供水平思考技巧的培訓，促進日常創造力。學會這些技巧之後，即使不正式使用它們，依附在這些技巧上的態度也能產生作用，建立起日常創造力的態度。這種培訓必須廣泛提供，至少要提供六頂思考帽的培訓，因為這是將創意思考引進組織的簡單方法。學會六頂思考帽之後，便可以提出戴上綠色思考帽的要求。

▌ 結構與方案

提出「持續改善」、「品質控管」和「顧客滿意度」這種方案，這些方案鼓勵人們發揮日常創造力，因為這些方案都鼓勵反思和改善現狀，有助於培養日常創造力的態度。品管圈和建言計畫這樣的結構，也有助於培養日常創造力的態度，雖然僅限於涉入這些結構的人。明

確的創造力結構，如創意思考清單和FAT／CAT（Fixed Assigned Task/ Creative Action Team，也就是指定任務和創意行動小組），也是在組織中培養創意思考態度的方法。第33章會再說明能促進組織創造力的結構與方案。

人們很快就會意識到組織在玩什麼遊戲，如果發揮創造力能獲得賞識、獎勵和鼓勵，人們就會努力發揮創造力。提供創造力培訓，或是為創造行為提供框架，都可以加強人們發揮創造力的意圖。

日常創造力最好能普及到整個組織，不分層級和部門。其實，所有需要思考的人都需要日常創造力。

特定創造力

如果我們有明確的焦點或創造任務，我們運用的是特定創造力。我們會圍繞著我們界定的焦點，利用系統化的方法產生新構想或新概念。在這種情況下，創意思考是我們用來產生新構想的程序。特定創造力包括以下三方面：

1. 界定焦點或創造任務。
2. 為創意思考提供結構。
3. 評估和執行創意思考的結果。

▌界定焦點

創造力焦點可能是自行浮現的問題、個人界定的明確焦點，也可能是某項明顯的創意需求。我們也可以藉由正式的方法，例如創意思考清單和FAT／CAT，設定創造任務。無論是藉由哪一種方式，都是為了得到一些明確的創造力焦點。

▌為創意思考提供結構

一旦界定出創造力焦點，即可圍繞著它發揮創意思考，如前所述，這可以是群體或個人努力，也可以是群體與個人的組合。創意思考可以在既有的結構中進行，例如品管圈或特定任務小組，也可以成立特別創意小組負責相關工作。遇到問題的小組，會組織自己的創意思考會議，處理相關問題。組織也可能會有定期的創意思考會議，期間會處理最新的創造力焦點。

▌評估與執行

圍繞著創造力焦點思考的小組，也可能負責評估創意思考產生的構想，在這種情況下，整個過程是連續的。如果思考小組與執行小組不同，我們必須讓負責執行的人及早參與，對新構想產生某程度的主人意識。

特定創造力有一點很重要，我們對待新構想的態度，和對待原料、科技、專利、設計或能源是一樣的。新構想是確實的存在，它是思想的產物，但這無損它的價值，說到底，人類的進步全拜新想法所賜。即使我們不會運用某個新構想，它仍然應當獲得正式的處理，這個構想將繼

續以未用或不可用的形態存在。這與生火時，火必須生起來才有價值是不同的。一個構想無論是否有人用它，都是有價值的。

運用特定創造力時，每一個階段都必須是具體而明確的。創造任務的定義必須是明確的，運用水平思考技巧的結構必須是明確的，創意思考的結果必須是明確的；最後，結果的評估和執行（若有的話）也必須是明確的。

運用特定創造力，不是覺得自己富創造力，四處尋找焦點，然後期望在這過程中可以靠靈感得到有用的想法。認真的創造力，意味著每一個階段都必須是認真的。

企業中有些部門，例如研發、行銷、新產品、新業務、企業策略等等，他們非常需要日常創造力，也需要特定創造力。但他們往往不願意界定創造力焦點，刻意運用創意思考技巧；這些部門的人覺得自己隨時都在發揮創造力，因此不需要「特定的」創造努力，這想法是錯的。即使是創造力最強的人，也可以受惠於特定創造力的刻意性質。

創意思考清單

想想以下兩種情況：

1. 我希望發揮創造力，而且已經養成了自己的創意思考技
    術，現在讓我來找一些東西發揮創造力。
2. 我有一個明確的創造力焦點，現在需要一些方法來得到一
    些新構想，我可以怎麼做？

在第一種情況下，當事人先有創造的動機和技能，再尋找發揮創造
力的目標。在第二種情況下，當事人先有一個明確的創造需求，再尋找
圍繞著那個需求產生構想的方法。問題不在於哪一種情況比較好。培養
創造動機和技能的最好方式，是先有明確的創造需求。有創造需求和採
取行動的期望，學習創意思考就不再是一種次要的奢侈行為，而是必要
之舉。即使如此，令人驚訝的是，常常有人希望反過來做。

之前已一再提到聚焦對發揮創造力的重要性。聚焦之所以重要，有
兩個原因：

1. 如果能聚焦在沒有人注意過的事物上，我們不需要多大的創造努力，即可提出有價值的新構想。
2. 如果我們有明確的創造力焦點，而且能夠堅持圍繞著這焦點努力，系統化的創意思考工具將能發揮最大作用。

我也講過，據我的經驗，多數管理階層人士設定創造力焦點的能力相當弱。很多主管都認為，思考只是為了解決問題，不需要去尋找問題，它會自己呈現出來。因此，尋找問題或創造力焦點不是多數主管的思考習慣。我們有必要養成界定創造需求範圍的習慣，這正是「創意思考清單」派上用場之處。

創意思考清單是完整記錄創造需求範圍的一項正式工具，清單上會記錄創造力焦點或創造任務。

編纂創意思考清單

1. 群體可以召開會議，編纂創意思考清單，作為一項創造性活動。群體的成員事前會獲得說明，他們會帶著一些構想出席會議，並在會議上提出更多建議。最終成果應該是一個約有二十個項目的創意思考清單。
2. 部門主管可以要求部門員工研擬並提交自己的創意思考清

單，主管再將這些個別清單綜合成部門的創意思考清單。

3. 組織可以指定一個團隊編纂創意思考清單。該團隊與組織中的人討論，逐步完成清單編輯工作，再將擬好的清單交給之前諮詢的人，請他們提供意見。

4. 由一個人編纂創意思考清單，然後發出去徵詢眾人的意見，據此增刪修改。

個人、群體或團隊都可以有創意思考清單。部門、分支，以至整個組織，也都可以有各自的創意思考清單。有時可能會有許多份各有名稱或編號的創意思考清單並存。

創意思考清單的項目

許多人會用問題塞滿創意思考清單，變成一份問題清單，但我們也不應該將所有問題排除在外，有些問題需要我們關注。創意思考清單最好能有四個項目：

▍問題

這是目的型焦點，是典型的困難或誤差。我們如何解決這個問題？我們如何克服障礙？清單上應該有存在已久的真正難題，也應該有看來較容易解決的問題。選擇問題有兩個準則：

1. 問題得到解決有非常重大的意義，產生的貢獻最好是可測量的。
2. 創意思考對解決問題有幫助。

清單上的問題不應該太技術性或涉及太多技術細節，讓專業領域以外的人無從參與解決問題，這種技術問題只會出現在相關領域的創意思考清單上。

▌改善任務

改善的範圍與類型均已界定，因此這也是目的型焦點。我們可以如何加快速度？可以如何減少浪費？可以如何改善品質？改善任務有時會定出量化的目標：我們如何在接下來六個月中降低破損率50%？選擇改善任務的準則與選擇問題類似，不過改善任務更強調結果是可測量的。證明創造力確實產生了作用，這很重要，因此選擇結果可測量的改善任務也很重要，至少一開始是這樣。

▌專案

專案可以是組織指派的任務，或是經過創意思考產生的，也可以是自己決定要做的。專案包括發明或設計一些新事物的建議，也包括與工作非直接相關，但與社區有關的事。專案也包含設計一個新的創造專案的任務。

▌奇想與機會

這基本上是大致範圍型焦點。奇想是興之所至，選定一個範圍，邀請思考者在範圍內提出一些構想。可以聚焦在不尋常的事物上，也可以是隨意選定的。這個類別也包括機會，任何改變或新產品，或是看似有潛力的事物，均可視為尋找創見的機會範圍。

以下是一份創意思考清單，當中有各類型的項目：

問題——停車場太小、缺席率越來越高、食堂出現排隊長龍、競爭對手在營業成本上占有優勢、研究與行銷部門之間溝通不足。

改善任務——減少花在開會上的時間、加快回應客訴、改善訊息記錄方式、加快清潔模具、減少成品表面的刮痕。

專案——為社區中的老人舉辦每月的郊遊活動、建立創造力培訓系統、設計更好的產品展示窗、發明個人電腦架、記住部門中每一個人的名字。

奇想與機會——照明開關、一天的最後五分鐘、信件上的簽名、使用高彈性纖維、利用業餘園丁的專長。

創意思考清單的運用

創意思考清單可以貼在布告欄和自己的座位上，也可以製成小卡，放在皮包裡隨身攜帶。創意思考清單可以連同建議，在組織內部刊物刊出。清單上的項目，可以成為創造力培訓和正式的創意思考討論會的材料。個人可以著手處理清單上的項目，也可以群體召開會議，專注處理清單上的某個項目。在FAT／CAT中，創意思考清單上的項目也可以指派給創意行動小組處理。

創意思考清單上沒有什麼是不能改變的，清單上的項目可以刪除或以其他項目替代。清單的初版，與數週之後經過修改的版本可能截然不同。

創意思考清單與一般的問題解決

有些問題需要蒐集資料作進一步的分析才能解決，這些問題可能已交由某個部門或團隊處理。創意思考清單並不是要涵蓋所有組織必須進行的思考活動，而是看起來需要創意思考，也就是相關問題或任務無法藉由既有做法解決，需要一種新做法，才會列在清單上。有些情況是已經有一些既有做法，但希望找到新做法。清單上應具體說明需要怎樣的新構想，而不是陳述整個問題。創意思考清單只會簡略說明焦點範圍和創造需求，選擇了某個項目為焦點的人，會再獲得完整的說明。

「這項目為什麼在創意思考清單上？」這個問題無論何時提出都是正當的，答案應該是對新概念或新構想的明確需求，如果無法提出令人滿意的答案，這個項目就應該從清單上剔除。

創意思考清單的價值

創意思考清單有多方面的價值：

1. 有些事情確實需要我們的關注，創意思考清單吸引大家針對這些事情發揮創意思考，產生的構想會有直接的價值。

2. 在界定清單上的項目時，我們會檢視自己或組織正在做的事。假以時日，這可以養成辨識創造力焦點的習慣。即使有些創造力焦點上不了創意思考清單，組織還是可以用其他方式處理它們。

3. 創意思考清單提醒大家組織需要創造力，有助培養發揮創造力的文化。

4. 創意思考清單可以為創造力的培訓和創意技巧的練習提供現成的創造任務。清單上的任務也可以指派給FAT／CAT的團隊。

5. 創意思考清單彰顯組織需要創意思考，為創造力培訓提供了理由。

6. 特定領域的創意思考清單有助相關人士集中注意該領域的真正創造需求。

7. 創意思考清單為創造努力提供了正式的目標，清單上每一個項目都有成為努力目標的價值。

8. 創意思考清單為自認富創意的人提供一種挑戰，他們終於有機會展現自己的創造力。

9. 創意思考清單為人們提供機會，參與個人職務範圍以外的活動，從中得到樂趣與利益。

10. 創意思考清單有助組織找出真正富創意的人，以及積極發揮創造力的人。

注意事項

使用創意思考清單有一些需要注意的地方，首先，清單上可能充斥著一般問題，它們需要資料與分析，多過富創意的新構想。此外，清單上可能充斥著瑣碎的項目，進而令創造力也變得瑣碎。如果有人能審慎檢視創意思考清單上的項目，並審慎斟酌措辭，這兩項危險都可以避免。這項重要的工作可以由個人或一個小團隊負責。

為組織引進創造力

　　「該做的事，我們都已經做了。」「我們還有更重要的事情要做。」「創造力是天賦問題，你能做的，就只是找一些有創造力的人。」「我們在這方面相當強。」「我們有一些頗富創造力的人。」「我來告訴你一些我們正在做的創造工作。」

　　在我舉辦的研討會上經常聽到這些話，也經常有人問我如何將創造力引進組織，我必須說，這一點也不容易。

　　讓我從容易的情況說起，如果一家公司的執行長本身富創造力，又或者清楚看到公司需要創造力，事情會比較容易。汽巴—嘉基（Ciba-Geigy）已故前執行長柯什林（Sam Koechlin）是這樣；殼牌（Shell）已故前執行長波卡克（Michael Pocock）是這樣；通用食品（General Foods）被收購之前，史密斯（Phil Smith）擔任執行長時是這樣；法瑪西亞（Pharmacia）前執行長韋斯曼（Gunnar Wessman）是這樣；保德信前執行長巴貝羅是這樣。

　　類似例子還有不少，因為執行長對創造力有興趣，在公司內部舉辦

研討會，說明創造力的邏輯與本質，這非常重要，因為人們對創造力有許多誤解，而這些誤解根本不是簡單的交談或提供書面說明便可以消除的。

坎波里斯（Mano Kampouris）擔任美國標準公司（American Standard）執行長時，因為對創造力產生興趣，他替公司高層安排了一系列的內部研討會。雖然這些研討會也提到水平思考工具，但與其說它是培訓課程，不如說是敏感化課程。這種敏感化研討會非常重要。

還有一些例子是企業高層參加了我辦的公開研討會，才對創造力產生興趣。杜邦公司對創造力的強烈興趣便是這麼產生的。唐納參加了我在多倫多辦的一場研討會之後，對創造力深感興趣，邀請我為杜邦高層舉辦數場研討會。杜邦高層明白我談的不是某種瘋狂的創造力，而是一套認真而系統化的重要技巧之後，便支持公司成立創造力中心。

為組織引進創造力是一件需要擔當，也需要領導力的事。就算每個人都同意創造力很寶貴，但因為組織必須優先處理危機、問題和削減成本等等，結果沒有人為引進創造力做任何事。創造力是一種沒有人反對，但也沒有人真正用力去推動的奢侈品。組織需要執行長或某位高層人士擔任創造力的程序推動者。

組織是否有可能安排一個積極的小組，鍛鍊出很強的創意思考技巧，然後將創造力普及到整個組織？這是可能做到的，只是我在現實中未見過這種例子。在組織中要跨越平行部門的界限，需要高超的政治技能，但總有人能勝任。理論上，我們應該不難將創造力引進品質控管、持續改善或削減成本等既有的工作中，這些工作都需要某程度的創意思考，以提出更好的做法，但實際上這並不容易，因為這些工作的激勵方

式與結構往往相當僵固，完全沒有餘地可以引進創造力，儘管它顯然很需要。

那麼，當組織缺乏高瞻遠矚的執行長時，我們有什麼方法為組織引進創造力？

▎敏感化

安排夠多的管理高層，包括最高層，參加水平思考的研討會，這是最簡單、最有效的方法。我們也可以嘗試利用相關影片令相關人士對創造力敏感化，但因為沒有集體互動的效應，這種做法效果比較差。

▎六頂思考帽

六頂思考帽簡單有力，能促使人們思考並提出想法，也能提升會議效率，因此很自然地廣泛流傳，許多組織都在採用。六頂思考帽並非只與創意思考有關，但它有直接促進創意思考的地方。綠色思考帽為創意思考提供了時間和空間，提出使用綠色思考帽，要求大家進行創意思考，大家就會意識到創意思考的需求，以及相關技能的不足。六頂思考帽也將黑色思考帽的使用限制在特定時段。有了這個框架，我們就能有效率地討論新構想。

簡單而言，管理層一旦看到六頂思考帽如此簡單有力，會有較強的動機嘗試其他改善思考的技巧。引進六頂思考帽可能是有用的第一步。

▌ 程序推動者

如果有位能幹的主管將推動創造力視為己任，引進創造力的工作即可展開，這完全取決於這位主管的精力和政治能力。創造力越快產生明確的成果，引進速度會越快。程序推動者不必具有特別強的創造力，政治能力和組織能力更重要。

▌ 結構與方案

建立正式的創意思考清單制度或其他結構與方案，有助引進創造力，但前提是要有意願才行。有意願，但不知道要如何進行時，結構與方案能幫助我們。最難克服的問題顯然是自滿，許多組織相信自己在創造力方面已經夠努力了，但它們所做的往往不過是口頭提倡或辦一些小範圍的活動。當這些組織因為缺乏創造力而出現問題時，它們往往會馬上著手削減成本，因為這是能立即見效的方法。自滿真的是必須注意的一大警訊。真正擅長某些工作的人不會自滿，不會覺得自己不再需要進步。

創造力的推動者

誰負責推動創造力？這是誰的職責？誰應該促成這些事？創造力是好東西，沒有人反對創造力，每個人都需要創造力，因此創造力是所有人的事，但也因為如此，創造力不是任何人的分內事。組織在這方面毫無作為，除非有人用心、用力去推動。

程序推動者

新產品需要一位產品推動者，這個人投入精力在他負責的產品上，確保事情不會停滯不前。當每個人都在為自己的專案爭取資源時，產品推動者替他負責的產品出頭，在各種會議上替他的產品發言。他為失去動能的專案注入活力，在事情不順利、每個人都不抱希望時，撐起這個專案。如果沒有產品推動者，產品一遇到困難，就會走上死亡之路。

同樣道理，在組織中推動創造力也需要一位「程序推動者」。創造

力之脆弱一如任何產品，同樣需要有人為它注入活力，需要一位推動者為它奮鬥。因為創造力是這麼好的東西，許多人便假定它不需要特別去推動。但它確實需要有人去推動，因為相對於發揮創造力，人們天生強烈傾向蒐集資料和解決問題。

英國航空前執行長馬歇爾爵士（Colin Marshall）對扭轉英航的困境有很大的功勞，他深信指定推動者的作用。他宣稱，如果沒有指定推動者，組織基本上做不成什麼事。許多人也得出類似結論。組織需要有人負責促成重要的事情，需要有人可以回應這種問題：「創造力推動情況如何？」「我們已經取得多大的進展？」「這件事你可以向我報告嗎？」

我完全同意組織需要指定推動者，但我認為這還不夠，有時候組織雖然指定了負責人，但這個人未必能夠投入很多精力在他負責的事情上。我認為，程序推動者的意義大於指定推動者。在某些情況下，如果負責人精力充沛，他可以自己擔任創造力的程序推動者。

程序推動者需要具備哪些特質？程序推動者不必具有特別強的創造力。組織中總有人格外希望發揮創造力，也得到了富創造力的名聲，但這種人通常不適合擔任程序推動者。他們可能因為多年來的挫折，形成一種對抗態度和難以擺脫的利基活動範圍，人們也可能不把他們當回事。富創造力的人往往好勝，對其他人的構想抱持批判的態度。基於這些原因，程序推動者只要對創造力有興趣，而且有推動的意願，不必具有很強的創造力。

程序推動者必須精力充沛，而且有高強的組織能力。因為創造力涉及許多領域，而且沒有自然的管道可循，也沒有自然的動力可恃，程序

推動者不能坐待事情循既有管道前進，每一步都必須用心安排。

　　創造力在組織高層和高層會議中要有它的代表，因此程序推動者的地位越高越好，但他也必須有時間和精力去推動創造力。程序推動者必須有很好的人緣和人脈，而且懂得運用他的人脈。他必須做大量的連絡工作，而且是個優秀的推銷員。程序推動者很容易過度推銷，使人對創造力有不切實際的期望。另一方面，推動者也必須說服人們採取某些行動，而不是假定自己在創造力方面無事可為。為組織引進創造力不是一個人的事，程序推動者必須要有能力建立團隊和激勵團隊。這是富創造力的人往往不適合擔任程序推動者的另一個原因，因為他們通常傾向單打獨鬥。

　　由此看來，程序推動者似乎必須具備種種了不起的特質，而這種人在組織中通常已肩負太多職責，不會再有額外的時間和精力去推動創造力。程序推動者的一種可能人選，是在某領域已升至最高職位，但又無意成為執行長的人。這種人會希望迎接新挑戰，如果你能在組織中找到這樣的人，他可能就是理想人選。另一種可能人選是公司有意栽培的年輕人，可以利用創造力專案來測試他的能力，並賦予他廣泛接觸公司各部門的機會。

概念經理

　　我相信，未來許多組織都會有正式的概念經理職位。在競爭激烈的

世界中，所有組織都有基本的能力水準，要領先別人，只能靠更好的概念。我們將必須像對待財務、人力、能源和原料那樣認真對待概念，我們不能只是期望更好的概念會「不知怎麼地」就出現。我在《超競爭》一書中談到組織有必要設立正式的概念研發部門，概念經理負責蒐集、產生和發展新概念。這個職位將攸關組織的成敗，其意義遠非止於研究公司策略。

在小組織中，程序推動者與概念經理的工作可以集中在一個人身上。在較大型的組織中，程序推動者將與概念經理合作，協助後者的工作。概念經理的任務是促進概念的研發，程序推動者的任務是確保所有人都發展出高強的創意思考技巧，並且懂得善用這些技巧。

創造力中心

多年前，唐納是杜邦公司傑出的程序推動者，他在杜邦設立創造力中心，配有一名全職員工，這名員工的辦公室就在執行長辦公室旁邊。推動創造力就是要這麼認真，投資在創造力上，一如投資在研發上，只是前者便宜得多。設立專責部門之後，組織就不再只是仰賴幾個富創造力的人貢獻創見，而是有正式的部門致力在組織中全面推廣創造力，並建立鼓勵所有人發揮創造力的結構。

創造力中心有教練提供創造力培訓，有經過訓練的引導者擔任會議的程序管理者。引導者會出席一些需要研擬新構想的會議，負責引導

與會者運用各種創意思考技巧。在引導者的協助下，即使相關技巧還不熟練，還是能夠運用它們，試著運用這些技巧處理問題，也是在學習。創造力中心負責組織研討會、會議和展覽，也肩負建立公司創造力文化的職責。創造力中心有一項非常清楚、明確的責任，就是增強公司的創造力。

必須注意的是，光是設立創造力中心不會有效。創造力中心無法代替程序推動者，後者總是必要的。組織中若有充滿幹勁的程序推動者，創造力中心的功能將是擴大程序推動者的努力，並使它具體化。當創造力已經穩固地成為公司文化的一部分，創造力中心就要維持組織的創造動能。

有些人會表示，如果組織藉由創造力中心將創造力體制化，那麼專責部門以外的人將對創造力失去興趣。如果創造力中心假定自己要負責組織全部的創意思考，當然會有上述的危險。創造力中心的目的，是要讓組織中所有人都能比較輕鬆地發揮創意，產生更多創見。組織絕不應該設立一個孤立的創意思考單位。設立創造力中心，比較像是設立一個能源部門，負責為所有人供應能源。

人才網絡

除了創造力中心外，組織也需要分派一些會積極推動創意思考的人在各個部門，負責在地的創意思考活動。這方面基本上有兩種網絡。

第一種是在地的程序推動者網絡，這些人知道創造力是怎麼一回事，能夠主持創意思考會議，甚至能提供某種程度的創造力培訓。他們可能分布在不同的部門、地點或工廠等等，建立和維持這個網絡，是推動創造力的一個關鍵。等待員工自願加入是不夠的，選擇一些合適的人，激發他們對創造力的興趣，可能是比較好的做法。

第二種是創造型人才網絡，由向來就對創造力有興趣，或是有創造力的人組成。他們是組織的創造型人才，是周遭同事的榜樣。如我稍早指出，這些人可能不適合擔任在地的程序推動者，因為他們雖然有創造力，但未必有組織或激勵他人的才能。這兩種網絡有時會互有重疊，但它們是不同的網絡。

人力資源部門

隨著企業終於體認到人才是公司最重要的資源，人力資源部門的重要性和威望與日俱增，這是應該的。人力資源部門的職務很廣泛，包括人員培訓、績效考核、解決問題和照顧員工的一般工作。組織的運作仰賴員工，照顧員工是所有組織的一個關鍵職責。

那麼，引進和主持創意思考這件事，是不是應該交由人力資源部門負責？這麼做乍看之下很合理，因為培養員工創意思考，本來就是人力資源發展方面的事。此外，創造力培訓也應該融入人力資源部門已經在進行的培訓工作中。將推動創造力的責任交給人力資源部門，也算是處

理創造力問題的一個省事方法。

　　但是在現實中，人力資源部門的工作負擔往往已經超載，人資部的工作有些是例行的，有些則涉及引進一些新計畫，例如品質控管和顧客服務方面的事。如果將推動創造力的工作也交給人資部，這項重要工作有可能被視為一般的待辦事項，無法得到它需要的高度集中的幹勁和注意力。因此，將推動創造力的工作交給人資部並不是一個好主意，除非人資部中有人強烈希望承擔這項工作，而且有時間和精力成為程序推動者。

　　不管如何，程序推動者都必須與人資部保持密切連繫，因為培養員工創意思考，確實是落在人資部的職務範圍之內。程序推動者與人資部的人合作，推動具體的創造力培訓，或是將創造力培訓融入例行的員工培訓之中。人資部在推動品質改善或削減成本等計畫時，也要與程序推動者合作，把創意技巧當作工具，運用在這些計畫中。

　　當組織採用像FAT／CAT這種具體方案時，人資部可以帶頭將創造力引進組織，但還是需要程序推動者建立創造力的應用框架。雖然品質控管和持續改善顯然需要創造力，但創造力需要一個身分，才能介入其中，這就是為什麼杜邦公司維持各自獨立、但彼此合作的創造力與持續改善團隊。

創造力教練

　　組織有時候會派人接受訓練，學習如何教導別人創意思考技巧，這

是組織認真推動創造力的一種表現。這些人受訓回來之後，可以教導同事創意思考技巧，這當然有用，但前提是，組織本來就有扎實的培訓計畫，可以再納入創造力培訓，成為常規培訓計畫的一部分，這時候創造力教練的新技能就派上用場。

　　但是，如果組織期望創造力教練承擔將創造力引進組織的責任，這是行不通的。創造力教練根本沒有條件建立廣泛的培訓計畫或促進創造力的結構，這是不切實際的期望。創造力教練可以是創造力推廣計畫的重要一部分，但他們沒有條件承擔主要的組織工作。

　　要注意的是，組織派人受訓成為創造力教練，組織可能會覺得，只要這麼做，就不必再為創造力做任何事，這種想法很危險。受過訓練的創造力教練是組織的一種資源，但資源必須有企業家去運用它，程序推動者便是組織中的創造力企業家。

　　說到底，認真地將創造力引進一個組織，有賴合適的人承擔合適的工作。

結構與方案

　　有些人擔心系統化的技巧或體制化的結構與方案會扼殺創造力，但是，才華橫溢的足球員或棒球員在正規的球場上，遵循正規的比賽規則，仍然能夠展現他們的才能。只有當我們對於創造力無話可說或無事可為時，「創造力就是不受約束」這種老觀念才會有道理。

　　結構與方案是鼓勵和獎勵創造行為的框架。將創造力引進組織最重要的一點，是讓創造行為變成組織對員工的一種期望。但我們一開始必須先讓員工覺得創造行為是有額外貢獻的特別行為，否則人人皆可宣稱自己本來就常常在發揮創造力。但是，要如何讓員工覺得組織期望某種行為？方法之一，是將當事人置於需要展現這種行為來完成任務的處境，這正是結構與方案的意義所在。

　　本章將闡述組織可能採用的一些結構與方案，當中有些是傳統做法，有些是新做法。我只是列出各種可能，組織不需要採用全部或多數做法。一般而言，結構比方案持久，創造力中心是一種結構，品質控管則是在既有結構上運作的一種方案。不過，有些方案可能是永久的，例

如持續改善和安全方案。

建言計畫

有些組織能透過建言計畫蒐集到許多有用的建議，但有些組織的建言計畫形同虛設。日本人有提出建議的文化，他們的建言計畫之所以有效，原因之一是組織期望員工提出建議，而且這些建議通常在它們提出的層級就獲得考慮。因此，前線員工提出的建議，會交給前線的品管圈考慮。在西方，建言計畫蒐集到的建議通常是交給某些高層人員檢視，這些高層人員的工作負擔很重，他們通常不太願意撥出時間做這件事。這種建言計畫也因此不歡迎愚蠢的建議，只有少數人自覺提出的建議很重要，才會利用這種計畫。

只獎勵有用的建議，這也使人覺得遙不可及。一個建議往往必須經過多個篩選委員會檢視，最後獲得採納，提議者才會得到獎勵，因此許多人認為自己不可能提出這種建議，也就不願意費這個心。此外，有些部門，例如工程部歡迎可以賺錢的建議，但有些部門，例如客服部，可能難以估量一個新構想的價值。

比較好的做法，是在員工提出建議之後，很快給予一些獎勵。無論建議的品質如何，願意提出建議的人都應該得到嘉許。另外，組織也應該要求建言者解釋他的建議為什麼會有價值，以及將如何產生價值，這能幫助評估者檢視，以及向落選者說明其建議為何未獲採納。

如果建言計畫持續在幕後運作，人們可能不會去注意到它。既然計畫一直都在，那就不必急著在今天或明天做些什麼；既然任何東西都可以成為焦點，那就不必聚焦在任何東西上。因此，安排短期焦點是個好主意，例如公司可以安排兩週的時間，呼籲大家提供安全方面的建議，利用海報和告示牌等工具幫助宣傳。然後一段時間不設定主題，接著再安排兩週以削減成本為焦點，呼籲大家提供相關建議，同樣努力宣傳。可以考慮的焦點還有「節約能源」、「減少浪費」和「改善程序」等等，每個焦點都是明確的，而且僅維持一段短時間，期間呼籲員工提供相關建議。

組織可以提供一些基本的創造力培訓，讓建言者可以運用創意思考進行發想。

品管圈

組織如果已有品管圈制度，可以引進創造力培訓，提升品管圈的效能。品管圈設立初期通常不宜引進創意思考，品管圈的成員利用自己的經驗和邏輯分析，就能提出許多有用的建議；當既有的方法開始難以產生有用的建議時，創造力培訓即可派上用場。在此之前，人們可能會覺得這種培訓沒有必要，只會讓事情更複雜。

品管圈中的創意技巧運用，仰賴明確的創造力焦點，各小組或整個組織都應該致力尋找這種焦點，研擬創意思考清單可能有幫助。無法直

接解決的問題，是運用創意思考工具的最佳標的，最能夠展現創意思考工具的價值。

還有一點值得注意，追求品質，通常是用更好的方法去做同樣的事，但運用創意思考，除了可以改善既有的做法之外，也可能做一些不同的事。

品質控管、持續改善和削減成本

組織中有各種方案關注品質控管、持續改善和削減成本等問題。這些方案各有目標、結構和方法，可能是要解決問題，或是要找出做某件事的更好方法、提出更多替代方案，這些需求有時可以靠經驗、分析或進一步的資料滿足，但有時真的需要創意思考。組織因此有必要為這些方案引進創意思考。

當這些方案需要創意思考時，只要求相關人士運用創意思考技巧。具體的技巧之外，經過創造力培訓產生的態度也很重要，例如受過訓練的人會養成質疑現行做法的習慣，願意為了沒有問題的情況停下來，思考是否有更好的做法，也願意澄清定點並尋找替代方案。

這些方案需要創造力，有時組織會將某些創造力元素融入方案中，但這樣效果太弱了。比較好的做法，是請在創意思考方面經驗豐富的人設計培訓方案，藉由創造力培訓，直接引進創意思考。

創造力中心

前面已經說明創造力中心這種結構，創造力中心有它自己的活動，也負責協調本章提出的許多建議，例如創意思考清單和稍後會提到的九重天檔案。創造力中心提供激勵和聚焦的結構，也提供蒐集和組織資料的框架。創造力中心負責組織在創造力方面必須做，但不在其他人職責範圍內的事。

概念研發

這是一項重要建議，組織應該像對待技術研發那樣，認真對待概念研發。許多組織耗費巨資在技術研發上，但完全不直接花錢在概念研發上，只是假定概念會隨機浮現。但是，隨著企業的技術能力達到難以提升的高原期，真正攸關成敗的，將會是概念。概念研發的構想在我另一本書《超競爭》中有詳細說明，我在這裡只想指出，概念研發仰賴運用創造力，組織開始設立概念研發部門時，必須認真看待創造力。

創意思考清單

創意思考清單是一種簡單的結構，可以用來引進創造力並維持創造

力的作用。組織運用創意思考清單必須是正式且認真的,這是程序推動者和創造力中心應該監督的事。公司或各主要部門可以有一份整體的清單,各團隊或小組也應該要有自己的創意思考清單,後者的內容可以專門得多。針對清單上項目的建議可以綜合起來,以原型或摘要的形式公布。公布時當然應該突顯最有意思和成功的建議。

九重天檔案

九重天檔案是加拿大一家建設公司開發出來的,九重天(Cloud 9)有「夢想」的意思。九重天檔案是一種實體檔案,在主管和相關人員之間傳閱。組織中可能同時有好幾份這類檔案,特殊領域也可能有專門的檔案。傳閱名單上的人每一至兩個月會收到一次檔案。檔案中的內容可能有以下幾項:

新構想──構想未必是原創的,可能已有其他組織付諸實行,但你的組織尚未採用。這些是可以借用或模仿的構想。

原創構想──原創者可以將自己的名字掛上去,如果他想這麼做的話。這些構想可能與某領域關注的焦點有關,也可能是以九重天檔案中的其他資料為基礎。

建設性意見──這些意見可能源自白色思考帽,評論者根據某些經驗或資料,支持檔案中的某個構想。意見也可能源自黃色

思考帽（指出檔案中構想的價值）或綠色思考帽（針對檔案中的構想建議替代方案或修改方式）。原則上不應該有源自黑色思考帽的意見，除非評論者能同時提出克服困難的方法。

新的創造力焦點——你可以在這裡建議新的創造力焦點，可以用問題、任務或機會等形式提出。檔案中可以留一個地方專門列出創造力焦點，以便閱讀者能一目了然。

傳閱名單上的人收到檔案，閱讀後加入自己的意見，然後交給下一位。檔案變得太大時，可以另開備份檔案，並以索引說明如何取得更多資料。

九重天檔案有幾方面的價值：

1. 定期提醒大家進行創意思考。
2. 提供創意思考的應用焦點。
3. 提供一些構想和概念供大家思考和評論。
4. 提供一個容納構想的簡單管道。
5. 檔案中的構想和建議本身是有價值的。

九重天檔案的管道價值非常重要，許多人不喜歡提出構想，是因為不希望自己可能得承受一些麻煩。你將怎麼做？必須說服哪些人？如何證明你的構想行得通？你還得回答這些問題，提出構想可能成為一種負擔。九重天檔案提供了最簡單的管道，如果你有新點子，你只需要等檔

案傳到自己手上，將構想放進檔案中就可以，沒有其他事情了。

創造任務表

九重天檔案是一種機會，它不要求任何人貢獻內容，你可以看完便傳給下一位，不加任何東西。創造任務表則是直接請求收件人就某個明確的焦點提供他的創見。對某些事情有想法的人被問到為什麼不提出自己的想法時，往往會這麼回答：「這不是我分內的事。」「沒有人會對我的想法有興趣。」「沒有人問我的意見。」「我不想因為提出想法而承受種種麻煩。」創造任務表正是為了克服這種消極心態，引出新構想。

創造任務表會先說明創造任務或焦點，說明要清楚，但不必提供太多細節。它會說明你實際要做什麼，像是提供建議、解決方案、更多替代方案或一個新概念等等。上頭也可能建議運用某些創意思考技巧或具體刺激，但你不一定要使用。

創造任務表會個別發給組織希望他們貢獻創見的人，這些人必須在指定的期限之前交回任務表。將每個人貢獻的構想和概念蒐集起來之後，如果需要進一步的資料，可以直接連繫貢獻構想的人。若有必要，組織可以召集展現出最大興趣和能力的人，開一次創意思考會議。

創造任務表的作業可以由創造力中心或程序推動者負責。任何人需要某方面的創見，都可以發出創造任務表，不過，如果由創造力中心或程序推動者負責協調，這件事會簡單一些。各部門單位也可以直接發出

內部的創造任務表，這可以成為需要新構想時的習慣做法。

機會稽核

　　主管常會因為犯錯或未能解決問題而受到責怪，但極少人會因為錯失機會而受到責難。因此很少人願意冒險嘗試新東西，如果嘗試的結果是失敗，他們的個人檔案會留下不好的記錄；只要不嘗試新東西，就不會有犯錯的風險。

　　那麼，創新的力量來自何處？汽巴─嘉基已故前執行長柯什林曾告訴我，如果公司主管每年向他報告他們犯了哪些錯誤，他會很高興，因為這代表他們至少有在嘗試新事物。不過，他當年在瑞士並未看到很多人勇於創新。

　　我在《機會》（Opportunities）一書中提出「機會稽核」的構想。組織要求主管必須說明他們一年來考慮過哪些機會或新構想。機會稽核使這件事成為組織期望主管完成的一項任務。在機會稽核中，不提供任何資料，代表主管失職。什麼都不做不再是最安全的做法，機會稽核是一種要求創業者思維的結構，主管必須說明自己考慮過哪些機會，為此做了什麼，進展如何，或是為什麼未付諸實行。

　　機會稽核也可以修改成創造力稽核。

定期的創意思考會議

　　一個部門或一支團隊可以考慮安排定期的創意思考會議，例如每月第一個週三開會；時間固定，可以是早餐會議，也可以是一天工作結束時開會。議程會事先設定，每個人都可以提出議程建議。議程將在會議召開的一週之前發給大家，並要求大家在開會議前自行做一些創意思考。與會者可以在會議上提出自己想到的構想和概念。

　　定期的創意思考會議，可以由創造力中心和在地的程序推動者負責。創意思考會議運用的是本書闡述的「認真創造力」，最好不要稱之為腦力激盪會議，以免給人錯誤的印象。定期是這種創意思考會議的價值，定期會議制度建立之後，就可以運用創造力焦點，安排每場會議處理創意思考清單上的一個項目。

　　一般來說，創意思考會議的與會者不能超過八人，因此可以視需要安排數場議程相同的會議在同時或不同時間進行。

教練與培訓

　　培訓工作是促進組織創造力的一種重要結構。一般而言，有一種培訓是將創造力元素加入既有的培訓計畫中，例如新人入職培訓或特定項目的培訓。還有一種培訓則是以教導創意思考技能為目的。培訓是組織要促進創造力不可或缺的一部分，如果沒有適當的培訓，創造力就只能

維持在非常基本的水準。仰賴天才或靈感是很弱的做法，會浪費組織的潛力。培訓確實有很高的價值，但如果認為培訓是引進創造力的唯一方法，那期望就太高了。

引導者

利用引導者是個有意思的概念，這也是杜邦公司的文化之一。引導者與其說是創造力教練，不如說是程序管理者。引導者獲邀主持創意思考會議，指導與會者使用創意思考技巧。與會者在引導者帶領下使用這些技巧，也學習這些技巧。因為這些技巧是用在自己非常重視的事情上，有很強的動機，通常也會帶來很好的效果。

將創意思考技巧運用在切身問題上，這並不是學習創意思考最好的方法，因為你的注意力往往會放在你的問題上，而不是思考過程本身。學習這些技巧的最佳方式，還是運用在非切身的問題上，熟練之後才應用它們處理切身問題。

另外我們必須警惕的是，與會者可能變得非常依賴引導者。引導者最好能培養與會者的能力，讓他們不再需要引導者。無論如何，引導者制度仍然是一種實用而有力的工具，有助組織發揮創造力。

FAT ／ CAT

　　這是一種新方案，專門設計用於將創造力正式引進組織中。FAT／CAT代表指定任務和創意行動小組。組織將任務指派給行動小組，這些小組有責任就指定的任務提出新構想和概念。同一任務也可以指派給數個小組。這種方案有特定的結構，也必須為參與的小組提供基本的創造力培訓。

碰運氣

　　一般組織的做法是仰賴幾個富創造力的人隨意而行，期望他們能夠啟發其他人，這樣是不夠的。除了碰運氣，你還可以利用本章介紹的結構和方案，為組織引進和應用創造力。

培訓計畫

本書一再強調，我們可以藉由訓練培養自己的創造力，一如我們可以藉由訓練培養自己的數學、烹飪和打網球的技術。這並不表示受過創造力訓練的人可以成為天才，許多人經過訓練後可以打一手好網球，但不是人人都能成為溫布頓網球賽冠軍。我們不必成為天才，也能學到各種程度的創造力。

要提供創造力培訓，涉及意願、技能和方法。

▌意願

組織必須要有為員工提供創造力培訓的意願。只是協助員工發揮他們天生的創造力是不夠的，這麼做效果太弱了，組織要有教導某些技巧和程序的決心。

▌技能

教練必須要有提供創造力培訓的技能。教練如果對自己的工作有清

楚的概念，就不會覺得這是很複雜的事。只是放手讓員工自由發揮，提出瘋狂的構想，這種做法效果非常短暫。學習正式的創意思考技巧有點像學騎腳踏車，你不知道自己要如何掌握這些技術，也不知道其他人是怎麼學會的，一切都顯得彆扭而不自然；但一段時間之後，你開始掌握訣竅，再一段時間之後，你的技巧已相當純熟，你會難以理解，為什麼初學的時候會覺得那麼困難。如果要求我們做一些違反習慣或自然的事情，起初一定會覺得彆扭。學滑雪時，我們會覺得轉彎時要向外靠而不是向內靠，是非常不自然的事。

藉由有趣或瘋狂的做法去克服自然的束縛，並非唯一的方法，也不是最有效的方法。了解創造力的邏輯才是最有用的，對一些技術人員來說，這才是唯一的方法。

▊ 方法

水平思考是認真發揮創造力的一種具體、刻意的手段。水平思考有正式的培訓課程，本書不是培訓手冊，想要學習如何教導別人創意思考技巧，可以上一些課程。有些負責創造力培訓的人有個非常惡劣的習慣，他們從多項課程中各選一點內容，東拼西湊成一個課程，以為這是教導創造力的最好做法。但這種做法往往令學生覺得困惑，因為課程中有些方法互相矛盾，它們沒有共同的基礎，有些甚至沒有任何基礎。此外，有些教練還會希望重寫既有的課程，這往往只是為了自我滿足，教練不必重寫既有的課程，也可以加入本地的事例，擴充課程內容。如果因為不想付版權費而重寫課程，這是侵犯知識財產權的違法行為。

不同的培訓需求

組織的創造力培訓需求可分成幾個明確的範圍，教練必須清楚知道自己正在提供哪一類的培訓，這與培訓的深度無關。

▎一般創造技能

所有需要思考的人，所有必須處理概念、感知與構想的人，都需要某程度的創造技能。如果沒有創造技能，你只能遵循既有的例行做法或這些例行做法的某種組合。一般創造技能應該是各層級教育的一部分，從小學到大學皆不例外，但事實並非如此。因此，組織若想受惠於一般創造技能，必須提供相關培訓給組織中所有人，無一例外，但這不代表組織各層級需要相同程度的創造技能。

組織應該將創造力視為一種關鍵資源，而不是次要的奢侈品，管理層有必要了解創造力的重要性和邏輯。組織應該讓主管有機會掌握水平思考的技巧，並養成使用的習慣。有些主管終其一生都會運用這些技巧，六頂思考帽和六雙行動鞋（Six Action Shoes，請參考我的同名著作）就值得成為思考行為的一部分。

在組織的其他層級，提供非常深入的創造力培訓或許有困難，但能做到是好的。提供培訓，讓員工對創造力的價值有扎實的了解，並掌握一些基本技巧，在希望發揮創造力時能有具體的工具可以使用，或許這樣便已足夠。

▌特殊領域的創造力

某些特殊領域對新構想持續有很大的需求，某種意義上，構想就是這些領域的產品。這些領域中的人往往認為，他們身處這些領域，就是因為他們有很強的創造力，這種想法可能有幾分道理，不過，天賦的創造才華和動機只會因為學習系統化的創造方法而增強。

這些特殊領域包括**研究工作**，在研究工作中，我們不僅需要創造力來解決問題，還需要創造力來提出新的研究方向和概念。研究應該由概念，而不是科技的自然動力驅動，研究工作不應該是：「我們可以做到這些事，現在我們可以如何運用它？」而應該是：「如果我們能這麼做就好了，現在我們可以怎麼做？」一般而言，科學家和技術人員的訓練重心完全放在資料的蒐集和分析上，創意思考的養成是不足的。研究工作其實很需要創造力，如此才能意識到新事物可能的用途。

組織能否開創全新的研究領域，有時取決於是否有能力研擬出新概念。負責開發新產品的部門，或許可以靠推出對手產品的改良版生存下去。讓別人去開拓新市場，然後以改良版產品進入市場，但是，如何改良、如何避免侵犯專利，這也需要創意思考。

組織若願意開發真正的新產品，就必須在概念層面發揮很強的創造力。新產品必須能充分融入購買者複雜的價值觀中，才有可能大獲成功。了解這些複雜的價值觀，設法將產品融入其中，需要發揮創造力。概念出現之後，我們必須想出執行方法。產品上市之前，我們也必須運用創造力設計測試產品的方法。要縮短生產時間或降低產品開發成本，也需要創造力。

有些組織有**業務發展部**，負責尋找新成長機會，可能包括併購其他公司或投資計畫。組織需要創造力去展望未來可能出現的情況，包括各種可能造成問題或機會的持續性中斷的情況。組織也必須研擬出禁得起考驗的概念，能適應某程度的情況變化和預測誤差。

你或許能藉由分析資料看到一些<u>趨勢</u>，但這些<u>趨勢</u>如何互動？你藉由分析資料看到的<u>趨勢</u>，其他人也可以靠同樣的方法看到。你可以研擬出什麼新概念來領先其他人？你使用的材料可能與其他人一樣，但你創造出的東西不必與其他人相同。有時連分析資料也需要創造，大腦只能看到它已準備好要看到的東西，你可能必須在大腦中產生一個構想、假說、揣測或形態，才能在眼前的資料中看到它。

有能力的組織有強大的執行力，但如果組織沒有好概念，會浪費了這種能力。**制定公司策略**的人應該大量運用創造力，因為他們必須設計概念和替代方案。由於許多不確定因素，包括未來的變化、競爭行為、生態壓力、政府行為等等，設計必須要有彈性，能改變方向。有些事情可以靠邏輯分析或運用傳統概念辦到，但我們還是需要新概念。誰能保證我們在任何情況下都能靠傳統概念獲得充分的價值？

我們應該投入多少資源在創造努力上？如果報酬很高，例如制定公司策略，就值得投入大量資源在創造努力上。所有創意構想最終都必須接受黑色思考帽的檢視，我們應該致力於改善產生創見和判斷、評估的能力，而不是擔心自己可能因為構想行不通而受困。所有對自身評估能力有信心的組織，都應該大量投資在創造努力上。

行銷是分析、傳統、普遍和創新概念的結合，有力的創新概念在行

銷工作中有很大的發揮空間。競爭對手會努力追上你的創新概念，你因此必須力求前進，保持領先。你既要懂得使用既有的做法，也要懂得質疑，你必須找到新的加乘作用和接觸顧客的管道。價值觀一直在變，你必須跟上形勢，並懂得將這些演變轉化為自己的優勢，你可能還必須創造新的價值觀變化。傳統的產品必須更新和重新定位，你還必須發現或創造不同的市場區塊。在這過程中，你必須隨時警惕自己聰明過頭和將事情做過頭的危險。

行銷工作特別需要概念操作技術，新概念永遠不嫌多，執行一個概念的方法也是永遠不嫌多的。在某些情況下，例如直效行銷，構想可能很容易檢驗，此時產生不同構想的能力特別有價值。我們總是面對這樣的誘惑：別人做什麼，我們就做什麼；知道某些構想可行，我們就滿足了。但同時，我們也擔心舊構想某天會變得不再可行，或者是競爭對手令它們失去作用。

談判和交易並不是特別需要創造力的領域，但兩者均涉及設計新概念和提出新價值。如果在設計上能發揮創造力，雙方均有可能得到滿意的方案。談判並非只能是權力、壓力和痛苦的交換，雙方還可以發揮創造力，嘗試使對立的價值變得契合。勞資之間的衝突和談判也有發揮創造力的空間，雙方同樣必須創造新價值，找到方法去實踐這些價值。新替代方案的設計不能只靠分析，必須發揮創造力。

廣告、公關、包裝、產品設計和流程設計也是直接需要創造力的特殊領域。

我已指出這些特殊領域對創造力的需求，但如果大家貪圖安逸，不

想冒險，延續傳統做法和抄襲行為，這會逐漸排擠創造力。要在這些領域提供創造力培訓並不容易，因為這些領域中的人往往認為自己已經有很強的創造力，因此抗拒有人來教他們創造力。不過，當這些人學會創意思考技巧，他們會很樂意使用它們來產生強大的效果。

創造力的邏輯和具體技巧都需要深入教導和反覆練習，教練有必要強調這些技巧的形式，因為這與這些領域平常的自由發揮做法顯然不同。教練不應將水平思考講成是優於天賦創造力，而應該說它是產生更多構想的另一種方法。你運用這些技巧，就像是得到一位創意助手，而這名助手其實是在另一個模式下運作的你。

▌實用創造技能

有些人會被要求使用創造技能來產生新構想，例如參與定期創意思考會議的人，他們需要水平思考的實用技術，因為他們必須定期使用這些技術。FAT／CAT的團隊也需要這種創造技能。引導者也必須能夠示範創意思考技巧，帶領其他人運用這些技巧。

參與這些創意思考特別小組或團隊的人，平常工作可能不一定會用到創意思考，他們因此必須在專業技能以外，再學習創造技能。相對於上述特殊領域中的人，這些人容易培訓得多，因為他們在創造工作上沒有慣有的做法，而且對自己的創造力沒有那麼自負。這種培訓著重實用性，因為他們比較需要學會準確地使用各種創意技巧，而不是深入了解創造力的邏輯。

組織有時候很難為所有團隊成員提供整套的創意技巧培訓，在這

種情況下，教練可以少教一些技巧，但所教的每一項技巧必須教到學員能純熟運用，實用創造技能是最直接可用的技術。組織必須提供培訓，讓員工必要時能立即使用適當的創意思考技巧，這有點像培養外科醫師時，直接教導特定手術需要的動刀技術，而不是耗費大量時間教授基本醫學知識。

培訓的形式

創意思考培訓是一種技能培訓，也就是訓練學員掌握一些容易使用、效果強大的工具。教練必須提供大量的例子，說明這些工具如何發揮作用，並且提供充分的練習機會。練習的例子必須與學員沒有直接關係，這是為了使他們集中注意思考的過程，並且藉由使用這些技巧建立自信。教練可以不時加入一些與學員有切身關係的事例，證明相關工具對這些事情同樣有用。

練習最好是選硬體問題，因為這樣我們才能一眼看出某個構想是否有價值。如果選用軟性題目，構想是否有價值可能見仁見智，這會降低學員的成就感和對新構想的意識。例如，如果你建議公司不在固定的日子發薪水，而是隨機選一天發薪，我們很難確定會發生什麼事。但是，如果你建議做一個球形底部的酒杯，我們很容易了解會發生什麼事。

技能培訓必須是從中心出發，與一般從邊緣出發的教學大不相同。一般教學著重區分不同情況，以便採取指定的行動。導師與學員耗費大

量精神在各種情況互有重疊的地方和灰色地帶上，因為他們需要針對這些情況作出決定。明確的案例很容易解決，灰色地帶則需要我們投入大量時間去釐清。在從中心出發的教學中，你會忽略灰色地帶，因為它們不重要。你會使用清楚的事例來說明自己的論點，略過令人困惑的東西。你的目的是使學生非常清楚知道自己該怎麼做。困惑是培養技能的大敵。

時間安排

培訓課程有多種形式，以下只是一些建議。

▌一天的研討會（六‧五小時）

這種研討會適合用來幫助一大群人了解創造力，對幫助組織認識創造力的重要性非常有用。課程會涵蓋一些基本的水平思考技巧，但只能提供有限的練習機會，因為還有很多內容要講。這種研討會也適合組織的最高管理層。參加者人數基本上沒有限制，一次容納五百人或更多也是可以的。

▌兩天的研討會（十一‧五小時）

兩天的研討會除了提供與一天研討會相同的內容外，還會有一些其他材料。主要差別在於兩天研討會的練習機會充分得多，學員可以體驗

實際操作創意技巧，因此學員人數最好不要超過五十人。我們也可以為更多人辦兩天的研討會，只是學員得到的個別照顧會比較少。

▌教練培訓課程（五天或四十小時）

這種課程專為教練設計，幫助他們掌握可傳授給學生的工具和方法。課程風格與一天或兩天的研討會截然不同，後者的設計是幫助學員掌握技巧自己使用。教練課程非常重視練習，以便學員在應用中清楚了解創意思考工具，而且能夠澄清未來教導學生時可能遇到的誤解。

▌水平思考高級課程（五天或四十小時）

這種課程是為對創造技能有很大個人需求的人所設計的。這是為創意技巧使用者而非教練所設的課程，課程會介紹一些水平思考的高級技巧，著重個人練習和小組合作。導師會注意每一名學員，幫助他們解決個人問題。學員人數應限制在二十人以內。

組織的課程模組

以下是組織中完成受訓的教練可以提供的一些課程模組：

四十小時的模組——這是為在工作中必須大量運用創意思考的特殊領域的人設計的深入課程。

二十小時的模組——這是為主管設計的課程，他們的創造力需求不是特別大，但在自己的工作中，以及鼓勵其他人發揮創意時還是需要一定的創造力。

十小時的模組——涵蓋創意工作團隊可能需要的基本水平思考技巧，著重技巧的直接應用。

五小時的模組——這是最低限度的培訓模組，教導若干創意思考工具，可以提供給組織中的所有人員。如果無法提供更充分的培訓，這模組也能滿足FAT／CAT方案的團隊。

這些課程模組都可以藉由減少練習時間來縮短，但這不是可取的做法。你可以找來一個人，播網球比賽給他看，他可能只需要十幾分鐘便明白網球比賽是怎麼一回事，但他不會因此就懂得打網球。要學會打網球，你必須實際上場練習。這就是為什麼在教練的指導下練習，是創造力培訓非常重要的一部分。

視組織的培訓作風而定，一個模組可以分為數段，例如二十小時的模組可以分為五段，每段四小時。一般而言，分越多段，效果越好，因為學員可以利用段與段之間的時間練習技巧和吸收課程內容。一次完成整個模組可能導致學員疲倦，因而只學到部分技巧，忽略了同樣重要的其他技巧。

使用形式

　　我喜歡將水平思考技巧視為工具，木匠有多種工具，有鎚、鋸、刨、鑿、鑽等等，他會視情況選用適當的工具，並沒有固定的步驟。木匠累積使用工具的經驗之後，他會很清楚什麼時候要使用什麼工具。有些培訓課程會提供具體的步驟要學生遵循，我向來都懷疑這種做法。這些具體步驟令人印象深刻，或許很適合在課堂上提出。但學員回到工作崗位之後，會忘記步驟的順序，此時便可能不知所措。如果沒有固定的步驟，你只需要視情況選用自己覺得合適的工具。你使用的步驟可能不是最好的，但仍然有效。

　　設計課程和提供培訓時最重要的一點，是老師教導的東西應該簡單又實用。有些人往往忘了這一點，他們會設計出複雜得令人欽佩的程序，但這種東西往往因為太複雜而不實用。相對之下，我對簡單有力的東西興趣大得多。六頂思考帽便是此類工具的一個好例子。

　　不過，舉例說明使用水平思考工具的一些實用形式還是有價值的。

立即使用

　　水思考技巧有時候可以立即使用，想想以下情況，你和團隊一直原地踏步，想不出任何新主意，於是你提出：「我們來試用隨機詞刺激法吧。」目的型焦點是太多人上班遲到，隨機詞是「橋」。現在開始是兩分鐘的個人思考時間。兩分鐘後，大家想到了什麼主意？

　　「我們上了橋之後，就必須走到橋的另一頭。因此我的構想是設法使員工在工作時間開始之前就來到公司。我們可以提供當天的報紙、簡單的早餐，諸如此類的東西，吸引他們提早到達公司。」

　　「我從牙醫使用的牙橋、口和吃東西，想到同樣的主意。」

　　「橋是幫助人們穿過某些東西的一種工具。我們可以幫助人們穿過市區嗎？或許我們公司可以提供自己的巴士，在某個中心點接員工上班。他們甚至可以考慮在巴士上工作，例如安排在巴士上開會，藉此善用通勤時間。」

　　「我想到吊橋（suspension bridge），或許我們可以將經常遲到的人停職（suspend），但反過來獎勵早到的人可能更好，不如我們發獎金給那些每週早到五分鐘超過一次的員工？」

　　「很好，我們有一些構想了，我們來概括一下……」

　　整個過程可能需要六分鐘。探索隨機詞激發的構想，提取概念，以

及尋找應用概念的不同方法（例如獎勵早到的人），可能需要更多時間。

以下是立即使用創意技巧的一個更簡單的例子。餐廳的餐桌可以如何覆蓋？我們希望有一些新點子。我們來嘗試提出一些直接可用的方案，我們的定點是：「注意餐桌表面」。

馬上提出想法：「桌布」、「顧客自己選擇桌布」、「餐墊」、「什麼都沒有，只有乾淨的桌面」、「鑲嵌陶磚」、「可拆式桌面」、「某種苔蘚或草」、「玻璃表面，下面放一些有趣的東西，例如一件古董，甚至是在密封容器裡爬來爬去的螞蟻」、「富美家裝飾耐火板，上面印一些名言佳句」……很好，我們現在有一些點子了。

這樣的過程可能需要四分鐘。有趣的是，「苔蘚或草」的刺激想法提出之後，建議方案便從傳統類型轉向創新類型，接著可能出現許多有趣的桌面方案。此時我們或許可以提取「可以欣賞或談論的有趣事物」這個概念，作為研擬構想的一個新定點。

或許會有人覺得這種即時應用很隨便，不需要正式運用創意技巧。但這麼做是有價值的，例如尋找替代方案時釐清定點，會比只是說「我們來想一些替代方案」好得多。

個人形式

水平思考技巧的個人與群體使用，在第27章已經討論過。個人使用的一大好處是快得多，一來不必花時間聽其他人的意見，二來也不用與

其他人討論。一般來說，使用同一項技巧，群體需要的時間是個人的三至五倍。

個人使用之所以省時，也是因為構想與概念一出現便可以寫下來，但如果是在群體討論中出現便不是這樣了。

聚焦階段——找到並澄清焦點；若有需要，輸入資料；嘗試提出焦點的不同定義，並以不同措辭描述焦點；選擇子焦點，留待稍後使用。

技巧階段——選擇技巧；設定技巧（例如設定一項刺激）；使用技巧。

輸出階段——提取概念；操作概念；收割；處理構想；正式輸出。

這三個階段需要的時間是不固定的，取決於焦點、選用的技巧、意念的流動，以及輸出所需要的工夫。以下是可參考的大致標準：

聚焦階段：三分鐘
技巧階段：三分鐘
輸出階段：六分鐘

輸出階段需要的時間，視任務的性質而定。如果運用水平思考技巧是為了產生新構想，結果想不出新點子，輸出階段就無事可為。但如果任務只是產生構想，不論新舊，那麼輸出的工夫就必須做得徹底。

從構想中提取概念，設法改善概念，並利用它們產生新構想，是輸出階段的一部分，因為這些都是直接使用技巧之後的事。一次創意思考可以使用多項技巧，但最好不要使用超過三項。

個人使用時，概念操作、收割和構想處理可以在用完最後一項技巧後一併進行。作業順序是這樣：

聚焦→技巧1→技巧2→技巧3→輸出

舉個例子：

▋ 聚焦

目的型焦點：「改善交通號誌燈，任何方式皆可。」

▋ 技巧1：質疑法

為什麼燈號總是排列成一列？為什麼號誌燈都要設在高處？為什麼一處只有一組號誌燈？

得到概念：「多重燈號置於多個地方。」

▋ 技巧2：逃脫法

我們將號誌燈必須看得見視為理所當然。PO，號誌燈是看不見的。

得到構想：「利用無線電訊號，在必須停車時，每一輛汽車車內會亮起紅燈。」

▌ 輸出

多重燈號的概念暗示我們可以將燈號複製到多個地點。或許可以把燈號置入路面，使某些路段會變色。或許可以將一些小燈排成特殊形狀。

利用無線電訊號使汽車內部亮燈的構想可以折返到以下概念：「每一輛汽車可以對燈號自動作出反應」，我們或許可以藉由路面的特殊設計（造成汽車顛簸）或實物障礙來做到這一點，也可以設法令汽車內部自動發出聲音。

■ ■ ■ 收割

兩大方向：燈號可以改變形狀和放置方式；汽車內有東西能使它對燈號自動作出反應。

例如構想：以無線電訊號觸發汽車內的燈號或聲音；以會變色的路段作為交通燈號；路面的特殊設計；以多個小燈排成特殊形狀。

改變思路：從考慮燈號本身轉為考慮汽車的反應，從考慮汽車的非強制反應轉為考慮強制反應，例如設置路障。

■ ■ ■ 塑造構想

或許紅燈可以做得顯著大於黃燈與綠燈，或許可以有兩盞紅燈。車內反應器是正常燈號之外的輔助裝置，這樣萬一該裝置失靈，我們還可以仰賴燈號系統。

紅燈時以實物障礙阻止車輛前進的概念還需要進一步思考。

■ ■ ■ 正式輸出

構想──利用比較大的紅燈或兩個紅燈，使它更醒目。

價值──看得見紅燈是最重要的。

概念──利用車內反應系統顯示交通燈號。

價值──及早有力地警示前方紅燈。

在這例子中，構想的收割和處理可以仔細得多。例如，無線電訊號的困難在於分辨來自不同方向的車輛（車輛到達路口之前可能就需要訊號）。使用收割檢查表和構想處理步驟總是有幫助的。

群體形式

群體使用創意技巧的階段與個人相似，但每個階段中的事顯然有所不同。

▌聚焦階段

1. 由提出創造要求的人詳細說明群體必須努力的焦點，並報告必要的資料。
2. 群體成員建議一些焦點，大家一起討論，包括同一焦點的

不同定義，以及各個子焦點，定出焦點的最終形式，並清楚說明焦點的類型。

▍技巧階段

1. 由引導者或主持創意思考會議的人決定使用什麼技巧，甚至完整說明要使用的技巧：「我們將使用隨機詞刺激法：交通燈PO雲。」群體成員接著花三分鐘左右獨自思考，或是一起討論。

2. 引導者指定技巧：「請大家使用逃脫法，自己設定並使用這方法。」然後每個人自己設定技巧和思考。

3. 群體一起討論使用什麼技巧，如果是選用某項刺激法，大家建議具體的刺激想法，然後選擇一個給所有人使用。接著可以採用個人或群體的形式。

整體而言，最好是所有人每次使用同一個刺激想法，這樣的話，討論會比較容易有成果。如果大家使用的刺激想法各有不同，那就有如單打獨鬥了。

▍輸出階段

群體思考時，使用完一項技巧之後總有一次輸出。這不是完整的收割，而是一種簡化的形式，包括以下要素：

1. 個人報告自己的思考結果。

2. 記下構想和概念。

3. 從構想折返到概念。

4. 基於構想的討論。

▌下一階段

下一階段可能是群體繼續討論，或是運用另一項技巧。處理方式如上述。

▌最終輸出

最終輸出包括徹底收割整個思考討論過程的成果，充分處理構想，以及完成正式輸出報告。收割工作可以群體一起完成，也可以每個人獨自收割，再綜合起來。構想處理和正式輸出則以群體合作完成。

群體思考各階段的時間同樣很難確定，因為這取決於多項因素，包括群體的人數、題材的性質、選用的技巧（概念扇需要頗長時間），以及意念的流動情況。構想越多，則收割和構想處理需要越多時間。

如果有三十分鐘，則大致的時間分配會是：

聚焦階段：三分鐘

技巧階段：三分鐘

輸出階段：十分鐘

最終輸出：十分鐘

正式輸出：四分鐘

如我稍早所言，收割和構想處理需要的時間，取決於創造任務的性質。如果任務僅限於尋找新構想，則構想不新便不必深入處理。如果沒有新構想、新概念，甚至連例如構想都沒有，則最終輸出階段可由試用另一項技巧代替。

三十分鐘一節的思考作業可以反覆進行，但最終輸出是在整個過程結束時才做的，作業順序因此是這樣：

聚焦→技巧1→輸出→技巧2→輸出→最終輸出

記錄

群體創意思考會議傳統上需要有人負責記錄。但我的經驗顯示，記錄員會顯著拖慢整個過程，而且相對於過程中出現的情況，記錄下來的構想貧乏得多。這是因為記錄員負擔過重，每一個人都指望他記下自己的構想。記錄員以簡化的形式記下構想，也往往假定新構想適合放在既有的標題下——他們很容易這麼做，因為新構想看起來真的適合放在既有的標題下。但是，一段時間之後，要在那個標題下看出構想的特殊性質，幾乎是不可能做到的事。

我曾旁觀一些創意思考會議，過程非常有意思，但輸出結果卻是乏味得令人難以置信，個別構想的精華在記錄過程中完全消失了。

我偏好以錄音記錄會議過程，這樣一來收割工作便可以悠閒地進行。最好是同時錄幾份，因為事後很少人會去複製錄音檔。錄音的一大好處是，簡短的建議也可以獲得充分的注意。許多人等著講話時，寶貴的評論往往會遭忽略，因為下一個講話的人很可能只講自己準備好的話，而不是跟進之前的重要評論。

錄音以外的一種做法，是要求群體中每一個人均記下他認為有價值的構想和概念。人性使然，所有構想很可能都會有人記錄下來。群體會議中個人工作完成之後，輸出結果即使已有口頭報告，也應提交書面報告。

在會議室的牆上貼很多記錄思考結果的紙，無疑能予人一種成就感，但可能會拖慢進度，而且可能導致創意思考成果減少，因為人們會處理已記錄下來的構想，而不是積極構思新點子。如果可以使用正式的刺激法，這種做法是不必要的。但群體使用像概念扇這種技巧時，則會需要簡報板或白板的輔助。

群體的結構

所謂群體，是為了某個目的而集結的一群人。我們所講的群體，目的是創意思考。傳統的腦力激盪法必然是一種群體活動。至於水平思考，群體使用水平思考技巧時，集體和個人努力皆有。構想和概念產生

之後，群體的討論和發揮可以產生更多價值。例如某人提出一個構想，群體中可能有人從該構想折返到概念層面，然後可能就有人提出將概念付諸實踐的更好方法。

▊ 人數

六個人是理想的人數。四個富創造力、態度積極的人是很好的組合。最好不要超過八個人。如果有八個人，開會時有些人可以保持安靜，不必積極貢獻自己的想法。

在水平思考過程中，群體的成員可以不時運用水平思考的正式技巧獨自努力。出現這種情況時，這些人有必要向大家報告他們的思考結果。這是需要時間的：每個人可能需要二至三分鐘。如果群體中有很多人，這種報告結果的步驟將會耗費太多時間。

群體如果有太多人，有些人會當懶人，坐待其他人去努力；也有些人會扮演「觀察者」或「批評者」的角色，專門評論其他人的構想。小群體會期望每一名成員均作出同等的貢獻。大群體則有容許某些成員扮演「官方」角色的空間，而這可能會抑制群體的表現。

▊ 成員的性質

有些人說，必須請到完全的局外人幫忙，才能提出真正的新點子。這種做法確實有其價值，但如果我們能刻意設定刺激法，或許就不必仰賴局外人。傳統的創意思考並沒有設定刺激的正式方法，因此比較仰賴瘋狂的構想和無知型創造力。

群體創意思考的目的之一，是培養創意思考技能。要達到這目的，最好是安排將會共事的人組成創意思考群體。在某些情況下，群體真的必須提出一些創見，此時找來一、兩位局外人加入，或至少找來不同部門的人一起努力，或許有助產生新構想。

如果群體檢視的是策略問題，則成員最好是平常處理這些問題的管理層人士。但如果議題焦點是某部門的流程或活動，則成員最好包括各層級的代表。

正式角色

正式角色只有一個，那就是群體組織者。群體組織者安排會議的時間和地點，召集成員開會。他還負責設定議程，通常會諮詢其他人的意見，以及宣布會議開始和結束。群體組織者主持會議，維持發言秩序。他也會設法防止會議失焦，辦法是不時提醒與會者回到會議的焦點上，必要時會問大家是否應該正式改變焦點。

群體組織者一般是戴著管理思考過程的藍色思考帽。他提議群體或個人使用什麼思考技巧，監督刺激法的設定和隨機詞的產生等等。群體組織者安排成員個別報告思考結果，安排會議記錄工作或其他輸出方法。

在某些情況下，群體組織者的角色可以由受過訓練的引導者擔任，引導者是會議的「程序管理者」，此時會議主席與引導者就不是同一個人。引導者是會議主席邀請來幫忙主持會議的，會議主席是群體的一員，負責建立群體和設定議程。引導者是「受聘」來主持會議中的創意思考活動，會議主席則是負責會議的內容和焦點。

會議並無正式的記錄員，原因如前所述。

▌時間

會議時間受許多因素影響。如果是定期的創意思考會議，每一場會議都可以是簡短的。如果與會者難得聚首開會，例如他們必須從各地趕來，又或者自身工作繁忙，會議時間必須好好把握，盡可能產生最大的作用。如果有些重要問題迫切需要新構想，則會議可以適當延長，以便能夠產生必要的創見。

不過，一般而言，我認為會議最好能控制在六十或九十分鐘之內。如果需要額外的收割和構想處理工夫，可以加時三十分鐘。

會議的頭十五分鐘應該用來練習一種正式的水平思考技巧，而思考的問題不應該是與會者切身的問題。這是一種熱身，另外也有培養創意思考技能的作用，因為技巧用在迫切的問題上時，人們往往會忽略了思考過程，這不利於技能的養成。

▌形式

會議的形式，以及群體與個人努力的協調，這在稍早已經講過。

Chapter ■ ■ ■ 36

評估

　　無論我們多麼喜歡一個新構想，構想的研擬工作總有必須告一段落的時候。此時構想必須離巢，設法在現實世界中立足。新構想必須與其他或許可行的構想競爭，證明自身的價值。

　　初步評估可以是創意思考過程的一部分，因為這有助塑造出更好的構想。這是構想處理過程的一部分。不過，處理工作完成之後，構想將必須接受正式的評估。

　　評估程序不是創意思考過程的一部分。它屬於個人或組織評估、判斷和決策能力的範疇。這種評斷能力必須應用在所有事情和構想上，無論它們來自何方。創意構想的評估絕對不應該與其他構想不同。這就是為什麼我總是堅稱沒有災難可歸咎於創意思考。災難真的發生時，要責怪的是拙劣的創意構想評估。正因如此，創意思考產生的構想，應該利用組織中的判斷和決策系統來作最終的評估。

　　上述程序的唯一例外，是組織刻意分配固定的部分資源來評估高潛力、高風險的創意構想。在此情況下，這種創意構想的評估顯然會與其

他事情的評估不同。評估研究專案的標準，可能與評估生產日程調整的標準不同。

本章有關評估的說法，必須放在以上陳述的背景下理解。

新構想可能是靈機一動的結果，構想評估過程需要的時間相對之下長得多。這是應該的，因為如果評估工作沒做好，事情可能會很危險。

最終類別

我希望從最終類別說起。所謂最終類別，是評估工作結束時，構想會被歸入的類別。最終類別對我們了解評估工作的性質很有幫助。這些類別毫無特別之處，構想的具體分類可以有很多不同方式。

▋ 可直接採用的構想

這些構想被評斷為有價值，而且可以直接採用。這不代表這些構想會立即獲得採用。組織擁有的可直接採用的構想，數量之多可能不是組織的資源可以全部支持的。

▋ 好構想，但不適合我們

這種構想被評斷為有價值而且可行，但也被評為不符合組織的需求或當前狀況。這與稍後將談到的「最佳歸屬」評估有關。構想不適合組織的原因必須說明。

▋ 好構想，但暫不適用（備用構想）

這種構想獲評斷為有價值而且可行，但不符合組織眼下的需求或優先目標，可是未來某個時候或許能派上用場。這與上一類別不同，因為上一類構想看來是完全不適合組織的。將構想歸入備用構想，意味著組織將不時考慮採用它。

▋ 有待加強

構想有嚴重的缺陷或不足之處，但並非根本不可行，而且有一定的潛力。組織希望有人努力補強這些構想，而補強工作可能同時涉及邏輯分析和創意思考。組織甚至可能指派專案小組負責這種補強工作。

▋ 效力強大，但不可用

此類構想效力強大，但組織因為各種原因，不能採用。不能採用的原因可能是法規不容許、環境問題、風險很高，或是會蠶食既有產品的市場等等。組織一方面承認此類構想效力強大，但同時認為它們是不可用的。此類構想被放在檔案裡，偶爾拿出來看看。有時環境改變之後，某些構想會變成是可用的。組織也可以從構想中提取有用的概念，並調整為比較可用的形式。

▋ 有意思，但不可用

此類構想並非「效力強大」，但它們「有意思」，因為它們開啟了很多可能性。有意思的構想帶來新觀念，例如提出或許可行的業務變

革構想。這些有意思的構想對觀念的影響，可能比它們的實際用途更寶貴。組織應該注意此類構想，並不時拿出來檢視一番。此類構想即使永遠不能付諸實踐，也有刺激思考和創意的價值。

▍價值不足

此類構想是可行的，也適合組織，但其價值和好處太弱了，以致組織沒有採用它們的動機或理由。組織有時可能低估了某個構想的價值，此時提出構想的人有責任證明構想有更高的價值。有些構想能吸引人們的注意和興趣，是因為它們有很高的新奇價值。但在較完整的評估之下，組織可能發現它們的唯一價值就是新奇。這種構想在廣告界可能有足夠的價值，但在其他領域往往不夠好。

▍不可行

許多構想會被視為不可行，這表示它們涉及根本無法解決的困難。此類構想不是再努力一點就能補救的，它們是理應否決的。一段時間之後，它們或許可以換一種形式再提出來，但眼下它們是應該否決的。組織不應浪費精力，嘗試發揮創造力來拯救這種構想。

由此看來，「可直接採用」與「不可行」之間還有許多類別。這些其他類別的構想仍然可以對組織的思考產生重要作用，但只有「可直接採用」的構想是可以決定優先採用的。可直接採用的構想可能仍需要做一些測試或實驗，在檢驗構想之餘，也為構想的實踐建立支持基礎（後者更重要）。測試結果產生的激勵作用，可能遠大於構想本身。

主要考量因素

以下列出評估構想時的主要考量因素。每一項都很廣，可用很多資料詳細說明。

▌好處

這是首先要考慮的，也是最重要的因素。如果一項構想不能提供任何好處，它是不值得進一步考慮的。「價值」與「好處」有何關係？我們有時交替使用這兩個詞，而這並沒有大問題。基本上我們可以說「價值」存在於構想之中，「好處」則是由構想的受惠者享受。例如一座好雕像有美學價值，而這種美的好處則由遊客、攝影師、藝術家和其他受惠者享受。

這構想有什麼好處？好處估計有多大？是如何產生的？它們仰賴什麼？可以持續多久？這些都是我們必須考慮的問題。例如仰賴匯率的好處雖然可能很大，但或許維持不了很久。在另一個國家生產的低成本好處可能持久，也可能不持久。新金融概念的好處，或許只能持續到競爭對手開始模仿之前。

誰將得到好處？這是關鍵問題。好處會藉由較低的成本和較高的利潤，直接落入生產者的口袋嗎？還是好處會藉由較低的價格、較好的品質或更多功能，惠及購買者？有時生產者與購買者都能得到好處。例如產品設計改善之後，購買者可能覺得產品更好用，而生產者也因為銷量增加而受惠。經手產品或服務的中間人和通路商又如何呢？濃縮洗衣粉

可以降低超市的處理費用45%，因此很受零售商歡迎。新構想會使零售商的日子變得比較輕鬆還是比較艱難？新構想會使代理商和中間人的日子變得比較輕鬆還是比較艱難？經常需要維修或很難示範的新產品對零售商沒有好處。促進環保的好處可能很實在，良好的宣傳效果也是。

好處的範圍和程度必須清楚、充分地說明，而且要提供資料，解釋為什麼預期能得到這些好處。

▌可行性

或許有人會認為可行性應該是首要考量因素，因為如果構想不可行，為什麼要費心去想它有什麼好處呢？但我們將好處放在第一位，是因為如果我們認為構想可以帶來很大的好處，我們可能會非常努力地設法令構想變得可行。

構想不可行，有時是因為它們違反某些基本原則或定律（例如永動機），我們沒有理由進一步研究這種構想。有些構想不可行，是因為它們違反某些法規，我們可以設法保留這種構想的概念，將構想修改成合法的形式，有時我們甚至值得去努力遊說當局修改法規。有些構想不可行，是因為它們可能惹怒某些人或損害環境，我們可以設法修改這種構想，看看能否避免這些問題。

構想不可行有時是因為沒有標準的執行方式，又或者目前的科技還無法配合。歷來有很多大獲成功的構想，人們對它們的第一反應是「這不可能是個好主意」。這些構想最後能付諸實行，有賴企業家的堅持。許多構想會在檢視可行性的階段遭否決，因為它們沒有可行的執行方

法，但是，如果構想的好處夠大，組織可能會決心尋找執行方法。當年巴貝羅提出「生存給付」的構想時，許多人異口同聲地向他解釋這構想為什麼不可行。決策者的問題，是了解組織可以投入多少資源來令構想變得可行。如果構想看來是可行的，事情會好辦得多。

▌資源

我們有成功執行這個構想所需要的資源嗎？我們想分配資源在這個構想上嗎？執行這個構想要花多少錢？要花多少時間？需要哪些階層投入多少勞力？既有的活動會受到多大的干擾？執行構想涉及的麻煩和副作用，將令組織付出多人的代價？誰將投入執行構想的工作？誰來為這個構想負責？其他活動和專案將有多少資源和人力被分走？

可行又有價值的構想若能全部執行，當然是好事，但組織總是要面對資源有限的問題。如果根本沒有資源可用，組織的決定是很簡單的。如果有資源，則問題在於比較各個構想，排好優先次序。務實地評估資源需求非常重要，人們總是嚴重低估執行新構想需要的資源。

▌適合

這個構想「適合」組織嗎？是否「適合」是個複雜但非常重要的問題。這個構想「適合」這種類型的組織嗎？有些構想可能適合嘗試打進市場的新業者，有些則僅適合市場實力堅強的大公司，因為只有它們才能有效執行這種構想。

這個構想符合公司的政策、策略和目標嗎？符合公司的形象和公眾

的期望嗎？符合證券分析師的期望嗎？

在組織內部，這個構想符合執行長和相關決策者的性格和抱負嗎？符合執行人員的動機嗎？它對我有什麼好處？

是否「適合」的問題，難處在於只有傳統的構想看來與組織的慣常行為「相適」，創新的構想必然是「不適合」的。在此同時，新構想如果與組織的作風和動機不相符，它很難有效實行。非常有價值、而且可行的構想，可能因為這種「不相符」而失敗。

一如「不可行」的構想，「不適合」的構想也可能值得我們再努力。如果某個構想看來不適合，我們可以令它變得適合嗎？我們願意為此作出多大的努力？

「最佳歸屬」評估是替構想找出最合適的「家」，其目的不在於檢視構想本身，而是了解構想最適合怎樣的組織。我們想像構想的理想歸屬，然後拿它與眼前的組織比較：這個構想的最佳歸屬是什麼？我們能提供這樣的環境嗎？

要使構想變得適合組織，需要構想可望產生的好處提供動力。

基本要素

雖然所有基本要素是否真的不可或缺是可以質疑的，但這不代表它們沒有道理。評估構想和替代方案時，我們有必要意識到基本要素。這些要素決定一個構想是否可用。如果構想缺少某項基本要素，組織就

必須否決它，或是必須設法令它具有那項基本要素。基本要素可分兩大類：生命要素和致命要素。

▌ 生命要素

生命要素是指賦予構想「生命」的要素。少了生命要素，構想便不可能成功。生命要素可能包括營利能力、符合法規、為工會所接受、明確的市場、通路，以及獲得分配適當的資源等等。有些生命要素是構想固有的，有些則源自組織處理構想的方式。足夠的資本是所有新企業的一項生命要素。獲得分配足夠的資源，是所有新構想的一項生命要素。

▌ 致命要素

生命要素是新構想維持生命不可缺少的，致命要素則會導致新構想死亡。如果構想含有致命要素，它是不可能成功的。現在損害環境在許多國家是一項致命要素。價格太高是另一項致命要素。法律費用高昂，造成很多複雜情況，以及侵犯智慧財產權均可能是致命要素。與一家走向衰亡的公司往來，有時也是致命要素。被人覺得虐待動物或剝削弱勢群體，也可能是致命要素。

一如構想不可行或不適合的情況，組織可以嘗試消除構想中的致命要素，而非只是加以掩飾，或是為它創造生命要素，而這種努力總是由構想可望產生的價值驅動。除非可望產生的價值非常高，否則構想將因為缺乏生命要素或含有致命要素而遭否決，這也是應該的。

▌彈性

現在人們認為彈性對新構想越來越重要。未來的情況是不確定的，競爭對手未來會怎麼做也是不確定的。價值觀一直在變，未來成本如何也是不確定的。

面臨這些不確定性，預測構想會不會成功是很困難的事，但我們還是需要新構想。我們不可能為了規避所有風險而什麼都不做，解決方法是研擬富彈性的新構想。

這個構想可以因應環境的變化而調整嗎？這個構想有足夠的彈性嗎？如果競爭對手這麼做，這個構想可以修改以因應情況嗎？如果我們需要改變價格，可以做到嗎？

我們最好不要選用僵固的構想，賦予構想彈性應該是設計過程重要的一部分。

如果這個構想成功了，它可以衍生出許多「續集」以利用它的氣勢嗎？我們可以推出「靈犬萊西之子」和「靈犬萊西之孫」嗎？我們可以將一項成就變成一系列的成就嗎？如果我們冒險創新而且成功了，我們如何獲得最大的利益？

退路

如果構想因為各種原因而失敗，我們有何退路？我們可以將損失減至最低嗎？我們可以從這次嘗試中得到任何東西嗎（例如增進對市場的

認識）？新構想失敗會損害我們既有的產品、形象或通路關係嗎？

　　常用的退路是找代罪羔羊來責怪，這往往是事先想好的。雖然沒有人會抱著失敗的預期去執行一個構想，但事先安排好退路是審慎的做法。

可測試性

　　任何新構想的設計過程，都應該考慮構想的可測試性。這個構想可以在試驗工場測試嗎？可以找消費者進行市場測試嗎？可以接受取樣測試嗎？可以接受消費者調查的檢驗嗎？可以藉由「放出風聲」或「洩露消息」，測試人們對它的接受程度嗎？

　　我們可以找一些人先試用，藉此檢驗這個構想嗎？我們可以利用焦點小組或店內測試的方式檢驗它嗎？如我先前指出，測試有幾方面的價值：

1. 看看構想是否行得通。
2. 根據蒐集到的意見修改構想。
3. 為構想提供支持力量。

設計實用且具說服力的測試程序，可能需要可觀的創造力。

風險

　　所有的判斷、決定和評估都涉及風險，設計和評估的目的正是要減少風險。

　　構想有失敗的風險。構想有成本大幅超出預期的風險。構想有造成損害的風險（形象、產品責任、通路關係和顧客關係等等）。新構想也可能搶走其他事情原本得到的注意力和資源。構想的實行可能因為不可預知的環境變化而遇到重大挫折。構想也可能因為技術方面的挫折而失敗。還有一項風險是構想可能觸發競爭對手非常有力的反應，導致公司得不償失。

　　新構想涉及的風險多不勝數，因為未來有太多未知數。組織可用多種方式處理風險：

1. 了解可能面臨的風險。
2. 設計退路和損害控制系統。
3. 藉由測試減少風險。
4. 重新設計構想以減少風險。
5. 建立預警系統。
6. 盡可能保持消息靈通。
7. 購買保險。
8. 迅速反應。
9. 藉由合夥或合資方式分攤風險。

10. 評估風險／報酬比率。

組織採取所有合理手段減少或控制風險之後，必須就願意承受多少風險作出最終決定。如果引進一項新產品的成本可以降低，風險也可以隨之降低。

組織終究必須作出「冒險」或「創業」的決定。組織要分配多少資源給有風險但潛在報酬相當高的新事業？

拒絕一切有風險的新事業，固守既有業務和無風險的活動，本身就是一種高風險的做法。什麼都不做並不能規避所有風險，反而是因為惰性而承受了高風險。

有時候企業可以等競爭對手開發出新市場之後，推出一款「我也有」的產品趕上對手。但有時候市場會被對手穩穩占領，此時再推出模仿的產品就為時已晚。

最終決定

在檢視構想的過程中，決定往往會自然浮現。例如我們可能越來越清楚看到構想可望帶來的好處太少，不值得進一步研究。我們也可能清楚看到構想的實行涉及太多困難，又或者構想中的致命要素無法消除。在這過程中，檢視構想的人往往會逐漸形成共識；這是日本人的決策方式。

討論構想將需要六頂思考帽的協助，以便各種思考模式均能發揮

作用。如果評估的過程中決定沒有自然浮現，就需要比較刻意的決策方法。我們可以考慮幾種決策方式：

▋ 評分

我們替基本要素以外的各項因素設定權值，然後替每一個構想的每一項因素打分，加權總分最高的構想應該就是值得優先考慮的構想。

評分法的問題在於勝出的構想往往平淡乏味，因為這種構想在各方面的表現比較平均。

▋ 直接比較

我們可以直接比較相互競爭的構想或可以考慮的替代方案，注意各方案的異同，並根據我們的評審標準檢視各方案的表現。直接比較的好處，是可以考慮評審標準以外的因素，也比較容易對構想作整體評估。

比較法最好是以否決方案的方式運作。你集中注意各方案的風險和缺陷，往往就能找到否決某些方案的理由。如果你集中注意方案的好處，你將很難否決任何構想，因為我們不大願意否決有潛力的構想。

▋ 事後邏輯

你輪流拿出一個構想，想像自己已經決定採用該構想，現在你必須向一群人解釋自己為什麼選擇該構想。你嘗試以合乎邏輯的理由解釋自己的選擇。此時你會發現，看似很強的構想其實往往薄弱，因為它們的吸引力是情大於理，是基於希望多於有事實支持的預期。

這是一項有用的作業，因為它往往有助我們選出基於可解釋的理由應該選擇的構想。不過，我們也可能因此否決了一些支持理由不夠強，但潛力豐厚的、比較不尋常的構想。

▋ 情緒

雖然我們不大願意承認，但所有決定終究是某種情緒促成的。資訊和邏輯只是令我們比較容易基於情緒作出決定。因此，我們可以辨明我們的決定背後的基本情緒。我們可以逐一檢視各構想，思考以下問題：如果我們選擇這個構想，我們是受哪一種基本情緒驅動？

最相關的三種情緒是恐懼、貪婪和懶惰。害怕風險和怕被指責是我們否決新構想，或對它們不熱心的基本原因。有時候恐懼可以成為一股驅動力。害怕落後，害怕損失市占率，害怕受競爭對手攻擊均可以促成積極的行動。

「貪婪」雖然是個貶義詞，但它在這裡是一股正面的驅動力，包含了追求成長、規模、促成事情、提升市占率和推高股價的意願。

懶惰也促成許多決定。惰性使人抗拒改變，偏好無風無浪的平靜生活。所有新專案均要求我們的注意力，涉及額外的變數，甚至要求我們思考。懶惰的人認為這些事情能免則免，因此會找理由否決各種構想，但他們這麼做的基本原因不過是懶惰。

我為什麼喜歡這個構想？我為什麼不喜歡那個構想？我在多大程度上是受恐懼、貪婪和懶惰驅使？

在怎樣的情況下我會選擇這構想？在怎樣的情況下我會想要執行這構想？

一如其他框架，情況框架可以使我們比較容易作出選擇。我們或許可以創造理想的情況，或許永遠做不到。

努力使構想成功

我們有時可能會認為某個構想太了不起、太強大了，人人都將受它吸引並支持它，但現實中幾乎沒有這種事。一個構想要成功，總是必須有人去努力推動：必須有某個人或某個團體認為該構想值得實行，然後決心克服一切障礙和摩擦，促成構想的成功。尋找不需要這種努力便能成功的構想，是不切實際的。同樣道理，表面看來不是很出色的構想也可能成功，如果有人看到它的潛力並決心推動它的話。

原始狀態的鑽石並不美。鑽石光芒四射，是靠鑽石切割師的技術。構想的價值，同樣要靠為它努力的人才能彰顯出來。

Summary

總結

我撰寫本書的目的，是為讀者提供一本全面闡述水平思考、包含最新內容的著作。它既是一本參考書，也是一本水平思考技巧使用手冊。水平思考具體關注如何改變概念和感知，以及如何產生新的概念和感知。水平思考的最終產物是可用的構想。所有需要思考的領域都涉及概念、感知與構想。除非你做的事完全是一再重複的例行公事，否則你將需要某程度的水平思考技術。我相信每一名大學生、每一位企業主管都需要這本書。我在本書提出的主要論點可歸納如下。

▌重點1：創意思考的重要性正快速提升

對組織來說，創意思考將一如財務、原料和人力那麼重要。隨著所有組織的能力達到難以提升的高原期，組織要占有競爭優勢，將只能仰賴更好的概念。湯需要水，但湯不止是水。水就像組織的基本能力。隨著企業從競爭過渡到超競爭狀態，企業必然更需要有力的概念思考。新概念不會來自資料分析，因為大腦只能看到它已準備好要看到的東西。

我們必須有創造新概念的能力。

　　有能力的組織潛力豐厚，但除非組織能將有力的構想付諸實踐，否則其潛力也只會白白浪費。

　　創意思考對那些正努力邁向能力高原期的組織一樣重要。這些組織在品質控管、持續改善和削減成本方面，真的需要創意思考來尋找更好的做法。

　　我們的世界面對越來越多問題，當中很多問題不是靠簡單的分析技巧找出原因並嘗試處理便能解決。在許多情況下，問題的起因無法消除，我們必須創造新概念來「設計」解決方案。如果不靠創意思考，這些新概念還能如何產生？

▌重點2：了解感知的運作形式

　　人類的大腦絕對需要創造力。感知是以自組織資訊系統的形式運作，進入大腦的資訊會自行組織成形態或序列。這些形態是不對稱的，我們必須有跨越形態的能力。人類發揮幽默和洞察事物的能力時，自然會出現這種跨越形態的行為。我們也可以藉由正式的水平思考程序，刻意促成這種事。因為我們只能認出事後看來合乎邏輯的創見，我們就誤以為光靠邏輯分析便能產生創見。但是，在形成和運用形態的系統中，這完全不正確。

　　我們的經驗「時序」設定了我們的概念和感知。事件的時序設定了我們的做事方式。歷史的時序設定了我們的體制和結構。我們必須掙脫這種時序的束縛，才能充分利用被時序鎖住的潛力。

▌重點3：每個人都能學會創意思考

創造力並不是某些人擁有、其他人只能羨慕的一種神祕天賦。水平思考是人人皆可學習、練習和運用的一種創意思考。一如任何技能，有些人的水平思考技術會比其他人出色。學習水平思考不會使人人都成為天才，但學習者可以在既有的思考技能之外，增添產生新構想的寶貴能力。

傳統觀點認為創意思考不過是解除思考者的束縛和恐懼；這種觀念很老派，就促進創意思考而言是顯然不足的。人類的大腦會自然形成形態並堅持使用這些形態，這正是大腦非常擅長理解世界的原因。因此，解除恐懼和束縛只能稍微提升創造力。如果想有效地發揮創造力，我們必須學會做一些對大腦來說並不自然的事，例如我們必須學會設定刺激想法，然後應用「移動」這種新的心智運作。

以瘋狂的方式發揮創造力是非常膚淺的觀念，妨礙我們以應有的認真態度去從事創意思考。人們會有這種瘋狂觀念，是因為對創意思考過程中必須發生什麼事了解不足。創意思考不是亂槍打鳥，提出大量構想，然後希望當中有一個能派上用場。

我們可以運用正式和系統化的水平思考技巧，以有力得多的方式，刻意避免我們的判斷限制創新構想。這些技巧可以個人獨自使用，也可以團體運用。團體作業不是必要的，而傳統的腦力激盪則必然是一種團體作業；腦力激盪是創造力「瘋狂」傳統的一部分。

▌重點4：水平思考的正式技巧

本書闡述了水平思考的系統化程序、工具和技巧。我四十多年的經

驗顯示，這些技巧是可以學會的，而且確實有用。像質疑、替代方案和刺激這些基本程序，均可以當成刻意的技巧來學習。抱著創造的態度等待創意出現是不夠的。需要新構想時，你可以坐下來，利用系統化的技巧來產生新構想。

本書也說明了這些系統化的技巧可以如何應用在解決問題、改善情況和機會設計等不同情況上。

創意思考不必等待靈感。

▌重點5：將創意思考引進組織

本書也談到如何將「認真的創造力」引進組織，這需要某位資深人士肩負「程序推動者」的責任，否則不會有什麼成果。組織除了建立創意思考這種能力外，還應該利用它來促進諸如品質控管、持續改善和削減成本等工作。創造力培訓，以及持續運用創造力的結構，在本書中均有闡述。一些在業界居領導地位的組織，在引進創造力這件事上已大有進展。

▌重點6：我們還要更認真

目前多數組織只是口頭重視創造力，它們在公司廣告中所講的，基本上也只是門面話。還有一些組織在引進創造力這件事還只是稍有努力，但卻沾沾自喜。總體來說，創造力仍被視為一種次要的奢侈品。未來的成功組織，將是那些已開始以不同方式思考的組織。創造力對解放人與組織的潛能是必要的。組織若有引進和認真運用創造力的意願，就

可以找到既有方法完成這件事。遺憾的是，還有許多創造力導師仍抱持落後的觀念，認為鼓勵人們瘋狂一點便已足夠。這顯然是不夠的。

我們真的需要認真的創造力。這就是為什麼本書英文版書名為《Serious Creativity》。

APPENDICES

附錄

水平思考技巧整理

▌六頂思考帽

　　我們以六頂不同顏色的帽子代表六種基本的思考行為模式。利用六頂思考帽，我們可以隨意地從一種思考模式切換到另一種模式。我們可以隨時要求某一類型的思考。我們可以將批判思考限制在適當時候，藉此提升效益。

　　六頂思考帽提供了一個具體的框架，幫助我們從傳統的爭辯和對抗思維，轉向合作探討一個主題。

　　白帽：考慮資料問題。
　　紅帽：直覺和感覺。
　　黑帽：警戒和符合邏輯的負面看法。
　　黃帽：符合邏輯的正面看法。
　　綠帽：創意思考，追求創見。
　　藍帽：控制思考的過程。

▌創造性暫停

思考者非常短暫地暫停思考，考慮是否有替代方案或另一種做法。思考者願意賦予任何東西創造性注意。在流暢的思考或討論過程中，許多事情被當作理所當然，創造性暫停使得思考者得以停頓稍久一點，檢視某些東西。

▌簡單聚焦

我們通常只思考那些迫使我們注意的問題和困難，但是，如果我們能集中注意其他人都忽略的東西，或許可以想出非常有力的創見。簡單聚焦並不是嘗試產生新構想，而是思考者願意注意某個點，將它當作創造努力的潛在焦點：「這可能是很好的創造力焦點。」思考者只需要記下這些潛在焦點，不需要嘗試產生構想。

▌創造性質疑

創造性質疑是水平思考最基本的程序之一。創造性質疑不是攻擊或批評，也不是嘗試證明某些東西不夠好。它是對「只能這樣」的質疑：「這是唯一的可行做法嗎？」創造性質疑假定現行做法有其原因，這原因在過去是成立的，但現在可能不再成立；無論如何，事情可能有更好的做法。

創造性質疑可以針對事情本身，也可以針對圍繞著這件事的傳統想法。創造性質疑也可以隨時應用在當下的想法上：「我們為什麼非這麼想不可？」質疑塑造我們想法的因素，包括主導概念、假設、界限、必

要因素、迴避因素，以及非此即彼的兩極觀念。在創造性質疑中，我們直接檢視這些因素，看看它們是否真的不可或缺。

創造性質疑也質疑「持續性」——現在這麼做是因為以前就是這麼做。持續性分析檢視以下類型的持續性：

忽略型持續性：因為沒有人去想這件事。

鎖定型持續性：因為必須配合某些事情。

自滿型持續性：因為持續成功，沒有人去重新思考這件事。

時序型持續性：因為受自身經驗的時序束縛。

▎替代方案

這是水平思考的另一項基本程序，創造力的本質正是尋找替代方案。思考者願意在並非顯然必要的情況下停下來尋找替代方案；即使已有合理的下一步可走，也願意停下來努力尋找更多替代方案，而非滿足於既有的方案（現實中有必要為這種追尋設定一個截止點）；願意設想新的情況來「設計」新的替代方案，而不是僅滿足於「分析」特定情況。

為替代方案界定「定點」很重要：「替代方案要以什麼為定點？」定點可以是目的、組別、相似或概念。我們通常可以為一種情況界定幾個定點，然後為每個定點尋找替代方案。

▍ 概念扇

概念扇對成就型思考特別有用：「我們如何走到那裡？」成就型思考包括解決問題和完成任務。概念扇是尋找替代方案的一種精巧方法，其手段是利用概念層層推出更多替代方案。

我們從思考的目的出發，倒推至達成目的必須仰賴的廣義概念——我們稱之為「方向」。再從方向倒推至「概念」，也就是朝該方向前進的方法。概念扇中可能有從籠統到比較明確的數層概念。然後我們再從概念倒推至「構想」，它們是將概念付諸實踐的具體可行的方法。

製造概念扇時，我們可以從任何一點出發，前進至思考的目的，或是倒推至具體的構想。

▍ 概念

能夠操作概念和在概念的層面運作是很重要的。概念是做事的通用方法或方式，以有些籠統、模糊、非具體的方式表達。

每一個概念都必須藉由某個具體的「構想」付諸實踐。在概念的層面運作是為了能夠衍生更多構想。

概念有時是直接創造出來的。但我們也可以從任何一個構想「折返」到概念的層面，找出構想背後的概念。當事情完成時，我們都應該嘗試提取當中涉及的概念，無論它們是否為刻意設計的結果。

我們提取出概念之後，可以嘗試加強概念，改變概念，或是尋找實踐概念的更好構想。

概念有多種類型，包括與我們想做什麼有關的目的概念，描述某種作用如何產生的機制概念，以及指出某些事物如何產生價值的價值概念。

▋刺激和移動

所有自組織資訊系統（例如感知）都需要刺激，我們需要刺激和移動來跨越形態。我們之所以必須跨越形態，是因為形態的不對稱性質，有些東西事後顯而易見，但事前卻是看不見的。

PO代表「刺激作業」，我們用它來示意某些東西是純粹用來刺激思考的。

任何刺激都必須用到「移動」這種主動的心智運作，幫助我們邁向新構想。移動是一種主動的運作，而非只是暫停判斷。

▋自行出現的刺激

創意思考者可以選擇將他遇到的任何陳述、評論或事件當作刺激，無論那些東西的本意是否如此。這完全是思考者的選擇。

被斷定為不可靠、甚至是荒謬的構想，都可以用來刺激思考，幫助思考者推出有用的構想。在這種情況下，刺激可說是「自行出現」，而非刻意設定的。

▋逃脫型刺激法

這是創意思考者刻意設定的刺激。思考者選擇當前情況下被視為理

所當然或正常的任何一點，然後嘗試「逃脫」它，方法可能是否定、取消、捨棄或不再仰賴它。

這個被視為理所當然的點，絕不能是某個問題、抱怨或困難。

▌踏腳石刺激法

我們也可以利用一些刻意的方法來設定刺激。有一點很重要：設定刺激時要大膽，完全不必去想設定出來的刺激想法可以如何使用。將既有的構想調整成刺激想法是毫無意義的。刺激想法應該機械式地設定。踏腳石刺激有四種設定方法：

1. **反向操作**：將正常的行動「方向」顛倒過來，形成刺激想法。相反的方向必須有行動。
2. **誇張**：將尺寸和規模（數量、大小、重量等等）設定在大幅高於或低於正常範圍的水準。如果是低於正常，數值絕不應該是零。
3. **扭曲**：隨意改變事物之間的正常關係或事件的正常順序，造成一種扭曲的情況，以此為刺激。
4. **如意算盤**：提出一種自己幻想的美好情況：「如果……該有多好！」這必須是一種幻想，而非只是一種渴望或目標。所謂幻想，是你並不認為真的會發生的事。

▌隨機輸入法

這種技巧的基本原理是，如果你從一個不同的點出發，你將有較大的機會開啟不一樣的形態——不一樣是相對於你從「中心」出發的情況而言。最方便的隨機輸入法是隨機詞輸入法，而我們可用數種方式得到隨機詞，包括利用手錶的秒針讀數，從六十個單詞的清單中取得一個隨機詞。我們利用隨機詞，圍繞著我們選擇的焦點研擬新構想。

隨機輸入法還可以借助於物件、圖片、閱讀資料和展覽等等。重點是輸入的東西是隨機產生，而非思考者選擇的。

▌移動

移動是一種主動的心智運作，而非只是暫停判斷。移動可以在一般的層面運作：思考者願意從某個構想「移動」到一個新構想。不過，移動也有系統化的正式技巧。

提取原則：我們從刺激想法中提取某個原則、概念、特色或方面，忽略其他部分，然後嘗試圍繞著我們提取出來的東西建立一個新構想。

注意差異：刺激想法與正常情況有何不同？我們可以從這差異移動到一個有用的新構想嗎？即使差異很小，我們仍以那差異為焦點，尋求一個新構想。這也是防止構想遭到「與……相同」的說法扼殺的最好方法。

想像每一步：我們想像刺激想法付諸實行的情況，即使這在現實中是不可能的。我們注意刺激想法付諸實行時「每時每刻」的情況，嘗試從中得出有用的新構想。

正面思考：我們集中注意刺激想法中正面的地方，忽略其他部分，嘗試藉此建立一個有用的構想。

思索適用情況：我們尋找刺激想法可以提供若干直接價值的特殊情況，然後嘗試移動到某個有用的構想——適用於那些特殊情況，如果對其他情況也適用當然更好。

▎語層

這是一種「敏感化」技巧。我們將關於某個情況、互不相關的五個句子放在一起，構成一個語層，看看會產生什麼新構想。我們不應試圖以這些句子描述某些情況，也不應嘗試涵蓋所有方面。為了確保語層的構成是隨機的，我們可以將句子寫在很多張紙條上，然後放進一個袋子裡，從中抽出五條。

選擇五句是出於感知上的方便。

▎抽絲法

我們圍繞著一個創造力焦點，寫下替該焦點設計東西時的一些正常要求。我們接著逐項檢視這些要求，但完全忽略創造力焦點的實際脈絡。我們從每項要求抽出「細絲」，也就是滿足該要求的各種方法。

抽絲法的被動運用方式，是檢視各條細絲，直到構想從這個敏感化過程中浮現。

　　抽絲法的主動或「強制」運用方式，是選擇若干細絲，設法將它們組織起來，藉此得到一個新構想。

　　本書具體說明了這些程序和技巧，解釋如何運用基本的創造程序，例如基本的刺激程序便可以系統化地逐步完成。當中部分程序，例如質疑和尋找替代方案，當然是許多創意思考方法的通用技巧。PO這個新詞、刺激和移動的正式技巧，以及隨機輸入法，都是我多年前開發的刺激思考的系統化工具。

　　使用這些技巧時，明確地逐項使用很重要。將它們與其他創意思考方法混合使用，會大幅降低它們的效能，也可能使人混淆，而混淆是有效思考的大敵。

水平思考運用筆記

有關水平思考技巧的運用在第23章有完整說明，以下只是整理出一些要點，方便讀者運用。

▋ 六頂思考帽

作為討論的一般框架使用。綠色思考帽要求明確的創造努力。黃色思考帽要求針對眼前的構想，提出正面和建設性的看法。黑色思考帽是在處理構想的稍後階段使用，幫助與會者在適當時候提出符合邏輯的負面看法，產生必要的警戒。討論過程中，為免過早扼殺構想，有時候可能要說：「我們現在還不需要黑色思考帽。」

▋ 改善

選定清楚的焦點，慎選子焦點。質疑現行做法、既有的概念和想法。利用定點尋找替代方案。利用逃脫型刺激法擺脫思考窠臼。利用踏腳石刺激法，尋求系統的根本改變。利用概念扇，較全面地重新考慮現

行做法。

▌問題

藉由聚焦界定問題。嘗試提出問題的多種定義。選擇問題的某些部分作為子焦點。質疑問題的定義和描述。質疑既有想法。質疑左右思考的因素（界限等等）。質疑基本概念。利用定點和替代方案處理簡單問題，利用概念扇協助重要的創造努力。利用逃脫型刺激法擺脫標準做法。利用踏腳石刺激法尋求觀念的根本革新。陷入僵局或需要截然不同的做法時，使用隨機詞刺激法。

▌任務

與處理問題類似，但一開始可以使用抽絲法。較重視渴望而非質疑。踏腳石刺激法中的「如意算盤」非常有用。

▌設計

與任務類似，但更重視設計要求，一開始可以使用語層和抽絲法。利用隨機詞尋找新做法。質疑既有概念。質疑創造努力過程中的想法。將逃脫型刺激法用在設計要求上。

▌綠地情況

綠地情況是一片空白，不知該從何開始，找不到逃脫的對象。這時可以利用隨機詞產生一個起點。利用語層為構想浮現創造條件。如果知

道要求，可以使用抽絲法。利用踏腳石刺激法中的「如意算盤」。

▌機會

當作綠地情況、設計和任務的結合處理。

▌發明

視發明的說明而定，可能以問題、任務、綠地情況或機會的形式
出現。

▌膠著狀態

無法提出新構想時，隨機輸入法是打破僵局最有用的技巧。逃脫型
刺激法可以用來擺脫既有想法的循環。如意算盤和其他踏腳石刺激法也
可能產生新方向。

▌專案

針對整個專案運用概念扇。選擇子焦點，運用質疑法，並嘗試提出
替代方案。問題和任務可能在專案中自然浮現，將它們當作問題和任務
處理即可。我們有必要釐清哪裡才真正需要創造努力。專案往往可以視
為任務與設計的結合。

▌衝突

焦點和需求必須非常清楚。衝突是問題、綠地情況、設計和任務

的結合，可能需要設計一種前進的方式，也可能需要利用隨機詞，嘗試真正的新做法。質疑法和逃脫型刺激法可以用在現行想法和鎖定型情況上，尤其是後者。

▍ 設想未來

一開始使用語層，產生一些想法。無計可施時，嘗試利用隨機詞產生一些新可能。利用逃脫型刺激法迫使自己提出新想法。概念分析也很重要。

▍ 制定策略

這基本上是一種設計過程，可能涉及子問題和設想未來。如果有清楚的要求，可以利用抽絲法。一般程序是提出某種策略，然後在幾個點提出質疑。過程中非常需要概念操作：「此處用了哪些概念？」逃脫型刺激法可能帶來有力的改變。一般策略框架中，經常需要定點和替代方案。

▍ 規畫

規畫最好是當作設計與任務的結合。過程中出現的子問題和新焦點，可能要當作問題和焦點處理。質疑在這裡是有力的技巧，尤其是用在規畫者自身的想法上時。過程中有多個點非常需要定點和替代方案。

假以時日，創意思考者將熟悉技巧的基本用法，懂得適時選用合適

的技巧，一如木匠懂得選用他的工具。

水平思考工具的基本功能可以概括如下：

聚焦和選定子焦點

研擬替代方案（概念扇）

質疑現狀

逃離現狀

徹底重新發想（踏腳石）

產生新構想和新起點（隨機詞）

敏感化（語層和抽絲法）

收割檢查表

　　收割是一種刻意的努力，目的是將個人或群體創意思考過程中出現的有價值結果全部記錄下來。我們可以利用這份檢查表協助收割，而非嘗試記下所有項目。

　　檢查表各項目可能會有重疊，這沒關係，你只需要將思考結果歸入最合適的類型，同一結果甚至可以歸入多種類型。

　　以下是完整的收割檢查表。並不是每次收割都要使用完整的檢查表，簡化的版本往往就已足夠。如果創意思考的任務是尋找已知構想以外的新構想，則沒有必要記下所有構想，只要記下與既有構想不同的主意。

▌具體構想

　　這是可以付諸實行的具體構想，我們對構想的現狀感到滿意。我們認為這些構想有新意、有價值，而且是可行的。這是我們渴望的創意思考結果。

例如構想

這是構想的例子，不是可用的構想。我們覺得這些構想例子含有有用的原則或概念，也示範了這些原則或概念可以如何應用。這種構想需要更多工夫才能變成可用的構想。

幼苗構想

幼苗構想是構想的雛形，我們從中看到構想的一點模樣。幼苗構想可能是模糊的，也可能是拙劣地拼湊出來的，但我們覺得它們可以栽培成可用的構想。幼苗構想不同於例如構想，因為思考者不會想要琢磨例如構想，但對幼苗構想則有此意願。

直接概念

這是我們在討論過程中注意到的概念，它可能發展出某些構想，也可能停留在概念的層面。即使我們未能找到可行的方法將概念付諸實行，仍要將概念記錄下來。概念不容易記錄，也不容易記住，因為許多人假定概念的目的，只是為了產生構想，但是以概念的形式記錄下來是很重要的。

折返概念

這是我們在創意思考過程或隨後的討論中，甚至是在收割過程中，從構想「折返」到概念層面所注意到的概念。我們檢視構想背後的通用方法，總是有可能藉由折返找到一個或更多概念。我們遇到例如構想

時，一定要試著折返，找出背後的概念，以便我們能研擬出更多實用的構想。

▌方向

方向是你能想到最廣義的概念，是處理某個問題或情況的門路。我們可以記下創意思考過程中選用的主要方向，它可能當時已明確記下來，也可能必須在稍後釐清。概念與方向有時會難以區分。

▌需要

創意思考過程中可能會出現一些明確的需要，例如可能需要一個概念：「我們必須找個方法做這件事。」也可能需要研擬更多替代方案或實用的構想。我們在收割階段記下這些需要。

▌新焦點

新的創造力焦點應該在創意思考過程中明確記錄下來。新焦點也可以在收割階段記錄下來，但價值會低得多。新焦點需要刻意的創意思考努力。

▌改變

在創意思考過程中，重點可能會改變，看某些事物的方式可能改變，方向可能改變，注意的範圍也可能改變，所有的重要變化都應該以「從……到……」的方式記錄下來。這些改變可能事後比較容易察覺。

▌氣息

　　氣息是整個創意思考過程給人的感覺。氣息可能無法涵蓋所有要點，但可以告訴我們大致上是怎樣的思考過程。例如某次討論城市塞車問題的氣息，可能是「譴責駕駛人的自私心態」。

　　創意思考過程中曾出現的任何有意思的點都可以記下來，包括針對思考過程的評論，例如某些門路或技巧是如何刺激思考、產生構想，哪些門路或技巧則沒有效果。收割是一種「藍帽」程序，我們退後一步檢視思考的結果。

構想處理檢查表

　　收割程序完成之後，我們有必要逐一檢視構想，嘗試將它們調整至可用的狀態。創意思考的最終目的總是產生可行、有價值和可接受的構想。這種構想有時候在創意思考的過程中便會出現，但更多的情況是我們仍需要一些努力，才能使構想變得直接可用。即使構想看似完美，我們仍應該好好處理，因為它可能還有可改善之處。

　　以下是一份實用的構想處理檢查表。這個重要題目在本書第25章有較完整的闡述。

　　處理構想的過程可能相當耗時，我們未必可以運用在每一個構想上，如何處理構想，取決於需求、情況和選擇。但值得注意的是，即使看似無望的構想，也可能因為有效的處理而大為改觀。

▌塑造構想

　　我們以現實中的限制條件如成本、是否合法和是否可接受，作為塑造構想的考量因素。這個構想可以改造到符合這些限制條件嗎？我們並

不是以限制條件作為否決構想的準則，而是建設性地用它們來塑造構想。我們可以降低這個構想的執行成本嗎？是否有方法可以令它變得合法？

▎修剪構想

塑造構想主要是考慮外在的限制條件，修剪作業則主要是考慮組織可動用的資源。這個構想可以調整到組織的資源可以配合的模樣嗎？資源包括人、時間、幹勁和金錢等等。我們有辦法令這個構想變得可用嗎？

▎強化構想

強化構想是嘗試提升構想的力量。構想的力量取決於它能提供多少價值。構想的初版未必是最有力的，即使是好構想也可以變得更好，而弱構想也可能變強。焦點是在構想的價值上。

▎補強構想

構想即使沒有實際缺陷，也可能有弱點。補強作業以構想的弱點為焦點。這個構想很複雜，我們可以使它變得簡單一點嗎？這個構想如果是非強制的，組織可能比較容易接受它。這個構想有什麼弱點？我們可以為此做些什麼？

▎推動構想

我們的注意力從構想本身轉移到構想的推動上。誰負責決定這構想該如何處理？誰將必須執行這個構想？構想要成功需要哪些人配合和支

持？我們集中注意這些問題，設法提高構想成功實行的機會。

▌ 比較

我們可能直接比較新構想和它將取代的構想，可能比較新做法與現行做法，可能比較思考過程產生的多個新構想。比較會以差異點、價值點和困難點為焦點。

▌ 缺陷和錯誤

利用黑色思考帽找出構想的缺陷和錯誤，這種檢視必須徹底執行。接著設法糾正這些缺陷和錯誤。這項作業的目的是改善構想，並預見構想評估階段將發生的事。

▌ 結果

我們展望執行構想的結果。這個構想付諸實行，估計將有怎樣的即時、短期、中期和長期結果？這種展望只能是合理的預期和猜測。實際時間尺度視構想的性質而定。考慮到我們預期的結果，構想需要作任何調整嗎？如果蓋一條新的道路，長期而言只會增加車流量，我們應該怎麼做？

▌ 可測試性

這個構想可以測試嗎？我們能想出測試方法嗎？這個構想可以如何修改以提高它的可測試性？可測試的構想獲得採用的機會將大得多。測

試成功可以賦予構想的支持者力量。如果不能實際測試，我們是否可以蒐集既有的資料，多少為構想提供一些支持？

▌預先評估

負責評估工作的人將如何評估這個構想？我們可以如何修改構想以求滿足評估標準？我們應該如何呈現這個構想？可以的話，我們最好先了解構想評估的過程，以及哪些人將參與評估工作。

處理程序完成之後，新構想的創造、建構和積極行動便告一段落。下一階段是構想的評估，創意構想將　如所有其他類型的構想那樣接受評估，我們不能期望創意構想獲得優待。這就是為什麼構想的處理如此重要。如果我們沒有妥善地處理構想，一個好構想可能就此被埋沒，浪費了我們的創造努力。因為新奇而看似怪異的構想必須經過適當的處理，使它們能夠提供真正的價值。新奇只對構想的創造者有價值，我們應該重視的是構想的使用價值、可行性、資源問題和是否適合組織。

BIG 354

誰說輪胎不能是方形？

從「水平思考」到「六頂思考帽」，有效收割點子的發想技巧

作　　者－愛德華・狄波諾（Edward de Bono）
譯　　者－許瑞宋
主　　編－陳家仁
編　　輯－黃凱怡
企　　劃－藍秋惠
封面設計－江孟達
內頁設計－李宜芝

總 編 輯－胡金倫
董 事 長－趙政岷
出 版 者－時報文化出版企業股份有限公司
　　　　　108019 台北市和平西路三段 240 號 4 樓
　　　　　發行專線－(02)2306-6842
　　　　　讀者服務專線－ 0800-231-705・(02)2304-7103
　　　　　讀者服務傳真－ (02)2304-6858
　　　　　郵撥－ 19344724 時報文化出版公司
　　　　　信箱－ 10899 臺北華江橋郵局第 99 信箱
時報悅讀網－ http://www.readingtimes.com.tw
法律顧問－理律法律事務所 陳長文律師、李念祖律師
印　　刷－勁達印刷有限公司
初版一刷－ 2015 年 12 月 18 日
二版一刷－ 2021 年 2 月 19 日
定　　價－新台幣 480 元
（缺頁或破損的書，請寄回更換）

時報文化出版公司成立於一九七五年，
並於一九九九年股票上櫃公開發行，於二○○八年脫離中時集團非屬旺中，
以「尊重智慧與創意的文化事業」為信念。

誰說輪胎不能是方形？：從「水平思考」到「六頂思考帽」，有效收割點子的發想技巧 /
愛德華.狄波諾(Edward de Bono)作；許瑞宋譯. -- 二版. --
臺北市：時報文化出版企業股份有限公司, 2021.02
400面；17x22公分. -- (Big；354)

譯自：Serious creativity : how to be creative under pressure and turn ideas into action

ISBN 978-957-13-8516-7(平裝)

1.水平思考

176.4　　　　　　　　　　　　　　　　　　　　　　　　109020872

Copyright © De Bono Global
First published in the US in 1993 by HarperCollins
This edition, first published by Vermilion, an imprint of Ebury Publishing. A Random House Group Company.
SERIOUS CREATIVITY: USING THE POWER OF LATERAL THINKING TO CREATE NEW IDEAS (A STEP-BY-STEP
APPROACH TO USING THE LOGIC OF CREATIVE THINKING)
By EDWARD DE BONO
Copyright: © 1992 by IP DEVELOPMENT CORPORATION
This edition arranged with Ebury Publishing
through Big Apple Agency, Inc. Labuan, Malaysia.
Complex Chinese edition copyright: 2021 by China Times Publishing Company
All rights reserved.

ISBN 978-957-13-8516-7
Printed in Taiwan